GUIDE
DE L'ANALYSE
INFORMATIQUE

Jacques SORNET

GUIDE DE L'ANALYSE INFORMATIQUE

LES ÉDITIONS D'ORGANISATION

5, rue Rousselet - 75007 Paris

ISBN : 2-7081-0635-X

TABLE DES MATIERES

Titre 3
COMPLEMENTS

ANNEXES

AVANT-PROPOS

Cet ouvrage présente une approche méthodique de la mise en œuvre d'applications informatiques de gestion.

Il a été construit dans une perspective essentiellement pratique, avec le souci constant de traiter de l'indispensable pour concevoir et réaliser les projets informatiques dans un environnement technologique très évolutif.

Les exercices d'études de cas, accompagnés de corrigés indicatifs, y tiennent notamment une place importante bien qu'encore trop modeste. Aussi ont-ils été conçus pour permettre des développements plus approfondis, ou des variantes, à l'initiative des personnes intéressées.

Des exemples en émaillent le texte, surtout inspirés d'un milieu industriel par souci de continuité. Le lecteur ayant l'expérience d'autres secteurs d'activité voudra bien excuser cette tendance, et le lecteur industriel pardonnera certainement le schématisme de ces illustrations.

Ce livre ne peut prétendre à l'exhaustivité sur un sujet aussi vaste que l'analyse informatique. Souhaitons cependant qu'il puisse atteindre son but et être un « guide » en ce domaine, tant pour le professionnel que pour l'étudiant.

Je tiens enfin à remercier MM. Michel Dassé et Reynald Sorel, ainsi que Françoise, mon épouse et Virginie, ma fille, qui m'ont aidé dans la réalisation de son manuscrit.

LEGENDE

*Lors de leur première apparition, ou lorsque leur sens est précisé, les notions et termes techniques figurent dans le texte en **italiques**.*

Les textes d'études de cas étant pour la plupart exploités dans différents chapitres, ils sont rassemblés à la fin de l'ouvrage (Annexe 1). Leur désignation est imprimée en caractères gras lorsqu'elle apparaît pour la première fois dans les exercices.

Enfin, les questions et exercices se rapportant à un chapitre antérieur sont marqués d'une étoile (*).

TITRE I

GENERALITES SUR L'INFORMATIQUE ET L'ORGANISATION ADMINISTRATIVE

100. L'informatique, l'information et son utilisation

1. L'INFORMATIQUE

1.1. Définitions

Le terme *informatique,* créé en 1962 par contraction des mots « information » et « automatique », désigne l'ensemble des techniques de traitement automatique de l'information.

L'informatique est indissociable de l'*ordinateur,* ensemble de dispositifs *matériels,* notamment électroniques, permettant le traitement des données sous le contrôle de *programmes* préétablis désignés par le vocable général de *logiciel.*

Sa mise en œuvre dépasse cependant largement la simple exploitation d'une machine spécialisée. Elle peut nécessiter le recours à des connaissances variées, par exemple en électronique, en mathématique ou en gestion de l'entreprise.

1.2. Le domaine de l'informatique

Le terme informatique recouvre en réalité de nombreuses activités ayant schématiquement comme objectifs la construction de deux « outils », complémentaires à des niveaux différents :

— *l'outil ordinateur,* produit par des travaux relevant de la mathématique ou de la logique et par des recherches technologiques ou méthodologiques visant à réaliser et à améliorer les matériels et les *logiciels de base* des ordinateurs ;

— *l'outil informatique,* résultant d'études et de réalisations d'*informatique appliquée* en vue d'utiliser l'outil précédent pour résoudre les problèmes spécifiques à une activité humaine particulière.

Les applications de l'informatique sont nombreuses, et chaque domaine d'application tend à développer des méthodes bien adaptées à la construction de ses outils informatiques : on parle ainsi d'informatique médicale, bancaire, individuelle, scientifique, de gestion...

Il serait vain de vouloir unifier des choses si différentes, mais il est essentiel de considérer les identités dues à la similitude de l'outil de base : l'ordinateur, et à l'environnement humain auquel il s'intègre.

En particulier, les méthodes d'analyse exposées dans cet ouvrage d'*informatique de gestion* représentent une démarche transposable à d'autres applications.

1.3. Rapide historique

Après la mise au point des premiers calculateurs prototypes (MARK 1 électromécanique en 1944, ENIAC électronique en 1946, puis EDSAC à mémoire interne), la commercialisation des ordinateurs a commencé vers 1952.

Depuis cette date, on distingue traditionnellement quatre générations d'ordinateurs correspondant à l'évolution des technologies couramment mises en œuvre :

— 1952-1958 (première génération) : tubes électroniques ;
— 1958-1964 (seconde génération) : transistors ;
— 1964-1974 (troisième génération) : circuits intégrés ;
— 1974 à ces jours (quatrième génération) : microprocesseurs.

Ce découpage est quelque peu arbitraire, les technologies cohabitant généralement plusieurs années.

Une cinquième génération est prévisible à l'horizon 1990, avec l'apparition de systèmes ayant un fonctionnement plus proche de celui du cerveau humain, grâce à l'exploitation des techniques d'intelligence artificielle et des mémoires associatives jusqu'ici assez peu utilisées.

2. L'INFORMATION

2.1. Définitions

Une *information* est un renseignement concernant un objet, un événement, un concept..., plus généralement une *entité* bien déterminée.

Elle peut être analysée selon sa *forme,* la manière dont elle se présente, et selon sa *signification,* les renseignements réels qu'elle nous apporte.

Pour atteindre sa signification, il est nécessaire que nous puissions analyser sa forme, que nous connaissions parfaitement les conventions de sa représentation.

L'information étant la matière première de l'informatique, il est notamment indispensable de savoir ce que l'on peut en faire : est-elle utile à notre problème, périmée, sûre... : voilà déjà quelques questions auxquelles devra répondre une analyse informatique.

En particulier, une distinction fondamentale sera faite entre :

— informations *quantitatives,* concernant des grandeurs mesurables, généralement représentées par des chiffres, et autorisant des calculs ;

— informations *qualitatives,* représentatives d'éléments non mesurables, donnant simplement une position par rapport à un ensemble de possibilités.

L'informatique de gestion traite des volumes importants d'informations pour l'essentiel qualitatives, avec des calculs relativement simples sur les données quantitatives.

> *Ex. :* sur une facture, nom, adresse, dates, désignation des produits représentent finalement la majeure partie des écritures, et prix, quantités, totaux sont combinés par des opérations simples d'addition et de multiplication.

2.2. Représentation des informations

L'information est représentée par des *symboles* auxquels des *conventions* permettent d'attribuer un sens.

Le mode de correspondance le plus élémentaire entre symbole et signification consiste à associer par couples symboles et sens : cela conduit à la *représentation analogique* de l'information.

> *Ex. :* signalisation routière, aiguilles d'une montre.

Une telle méthode ne permet de représenter qu'un nombre limité d'informations du fait de la multiplication des symboles.

Ces limites sont levées par la *représentation par le langage* dont l'utilisation du français est une illustration.

Un langage est construit à partir d'un nombre limité de symboles de base *(alphabet),* combinés selon des règles précises *(grammaire).*

Cette seconde forme de représentation est la plus usitée en informatique. Le passage des symboles à leur signification y est moins direct, plus long que par l'analogie, mais ses possibilités sont quasiment illimitées.

> *Ex. :* alphabet binaire pour représenter les données en ordinateur, langages de programmation, langages de commande.

3. LA COMMUNICATION

3.1. Information et communication

L'information nous arrive de l'extérieur. Certes nous pouvons la transformer, la combiner avec d'autres, mais à l'origine elle nous a été *communiquée.*

A l'inverse, l'essentiel de l'information dont nous disposons n'aura d'utilité que si nous pouvons en faire part.

En résumé, information et communication sont indissociables.

La connaissance des principes de la *communication* est fondamentale en informatique : pour l'analyste qui devra bâtir une solution programmée à partir des renseignements communiqués par diverses personnes, pour le technicien spécialiste qui exploite un *système informatique* au sein duquel circulent de nombreuses informations.

3.2. Principes de la communication

Nous pouvons résumer par un schéma les principes d'une bonne communication (le sens de l'échange peut généralement être inversé, émetteur devenant récepteur et réciproquement) :

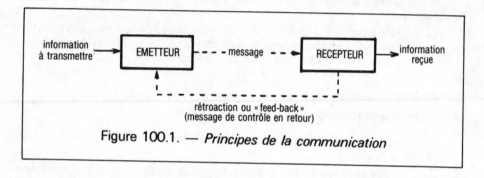

Figure 100.1. — *Principes de la communication*

L'information à transmettre est mémorisée par l'émetteur sous une certaine forme qui, n'étant pas compatible avec la *voie de communication* utilisée, devra être modifiée avant son envoi.

> *Ex. :* en morse, transformation du langage courant en impulsions longues ou courtes selon un code établi ; par téléphone, la voix est transformée en signaux électriques.

La traduction effectuée par l'émetteur pour s'adapter à la voie de transmission est une opération de *codage* dont résulte un *message,* présentation particulière de l'information.

A l'inverse, le message arrivant au récepteur doit être *décodé* par ses soins pour qu'il puisse en trouver la signification.

Pour qu'informations à transmettre et reçues soient identiques, deux conditions sont nécessaires :

— codage et décodage doivent être symétriques, les règles dictant ces opérations doivent être connues de part et d'autre ;
— le message émis ne doit pas être altéré au cours de la transmission, la voie de communication ne doit pas introduire de distorsions, de parasites.

Dans les communications humaines, la première condition est rarement satisfaite ; les ordinateurs bien conçus sont par contre parfaits sur ce point.

> *Ex. :* échange de vues sur le « bon café » entre une personne l'appréciant corsé et une autre le préférant juste teinté ; essai de dialogue entre un capitaine de navire connaissant le morse et un indigène pratiquant les signaux de fumée.

En ce qui concerne la seconde condition, l'imperfection est de règle, tant lors des communications humaines qu'informatiques.

> *Ex. :* « friture » sur les lignes téléphoniques.

Les erreurs de communication doivent être détectées et, si possible, corrigées : c'est l'utilité de la *rétroaction* (« *feed back* » en anglais), message envoyé du récepteur à l'émetteur pour lui signaler une anomalie apparente dans le message reçu, lui demander de réémettre pour contrôle...

> *Ex. :* demande de répétition lors d'une communication téléphonique ;
> « reçu 5 sur 5 » ;
> « vous avez bien dit 13 heures ? ».

Le « feed back » est essentiel dans les communications humaines qui jalonnent l'analyse informatique, ce d'autant plus que les déformations augmentent très vite avec le nombre de transmissions successives d'une même information.

4. L'UTILISATION DE L'INFORMATION

4.1. Fonctions de base du traitement de l'information

L'analyse des manipulations effectuées sur une information reçue en vue de son exploitation, notamment par un groupe organisé, conduit à isoler quatre fonctions de base :
— *l'acquisition,* la prise de connaissance de l'information ;
— *la mémorisation,* nécessaire à la conservation des données avant, pendant et après le traitement ;
— *le traitement* proprement dit (calculs, comparaisons...) ;
— *la présentation* des résultats obtenus.

Le *travail administratif* des *organisations* (entreprises ou administrations) consiste à gérer, à traiter des informations, et revient donc à une combinaison complexe de ces quatre fonctions appliquées à des cas particuliers.

Le travail d'analyse consiste en partie à déterminer les « formules » traduisant ces combinaisons et à les exprimer sous une forme adaptée, qui est d'ailleurs rarement mathématique.

4.2. Principe du traitement de l'information

En poursuivant notre analyse, un traitement particulier d'information, ayant sa propre finalité, peut être intégré dans un schéma facilement généralisable :

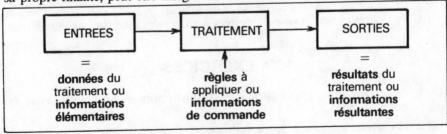

Figure 100.2. — *Schéma de traitement*

L'analyse informatique doit définir avec précision chaque élément de ce schéma et, en particulier, les règles qui permettront d'écrire les *programmes,* suite des *instructions* détaillées dirigeant le fonctionnement de l'ordinateur pour passer des données aux résultats désirés.

4.3. Organisation et information

Tout ensemble économique organisé fonctionne grâce à l'information dont il dispose et qu'il fait circuler.

L'information est nécessaire à l'organisation pour les prises de *décisions*, mais aussi pour l'accomplissement des tâches d'*exécution* et pour la *coordination* de l'ensemble, c'est-à-dire la *synchronisation* des différents actes à accomplir.

Sa manipulation représente le travail administratif qui se trouve ainsi être un domaine privilégié d'utilisation de l'informatique.

Les services administratifs se sont multipliés dans les entreprises, se sont diversifiés, spécialisés, mais il est généralement impossible d'y cantonner la totalité des traitements d'information : les secrétariats sont répartis, les cadres techniques ont à établir des imprimés, à calculer des statistiques...

Ces travaux restent en partie diffus, mais représentent un tout vital pour l'organisation : le *système d'information,* auquel seront intégrés les moyens informatiques éventuels sous diverses formes.

Parmi les rôles d'un système d'information, retenons schématiquement pour les besoins des développements qui suivent :

— *La saisie* des informations utiles, c'est-à-dire leur sélection parmi les *informations de base* parvenant à l'organisation ou y apparaissant, leur *contrôle* afin d'éviter et de corriger les erreurs, puis leur *mémorisation* sur un *support de saisie* exploitable par ordinateur en attendant leur traitement.

> *Ex. :* on extrait des lettres de commande l'identité des clients, les références des articles désirés (que l'on vérifie), les quantités et les délais ; puis ces informations sont saisies sur « disquette » dans l'attente de l'exécution des commandes.

— *La circulation* des informations entre les différentes *stations* de traitement où elles seront utiles, selon des circuits pouvant faire l'objet de *procédures* bien définies lorsqu'ils sont régulièrement utilisés.

> *Ex. :* les « disquettes » créées dans différentes agences de vente sont transmises chaque soir à l'entrepôt central où l'ordinateur prépare les bons de livraison et les factures. ·

— *La mémorisation* des informations réutilisables d'un traitement à l'autre.

> *Ex. :* les données concernant les articles en stock sont conservées en permanence et sont exploitées à chaque préparation de commande.

100. EXERCICES

100.1 Recenser cinq applications de l'informatique dont vous avez eu connaissance.

100.2 Un chèque arrive à votre entreprise. Quelles informations complémentaires vous sont nécessaires pour l'exploiter ?

100.3 Repérer informations qualitatives et quantitatives :
— puissance fiscale d'une auto ;
— cylindrée d'une moto ;
— date limite de paiement des impôts ;
— âge de grand-mère ;
— nombre de jours restant avant paiement des impôts ;
— date de naissance de grand-mère.

100.4 Repérer représentations analogiques et par le langage :
— zone rouge du compte-tour ;
— heure sur montre digitale ;
— feux de circulation ;
— sommaire d'un livre ;
— contenu binaire d'un mot mémoire d'ordinateur ;
— voyant « on » du pupitre d'un ordinateur.

100.5 Imaginer les contrôles possibles lors de la saisie sur terminal d'ordinateur d'une demande d'immatriculation d'automobile d'occasion.

100.6 Une entreprise qui vend et fabrique sur commande comprend les stations de traitement de l'information suivantes :
— suivi clientèle, courrier, organisation de la fabrication, facturation, suivi des stocks de produits finis, livraisons.
Décrire une circulation possible des informations dans cette entreprise.

100.7 La notion de système est couramment utilisée. Citer cinq exemples de systèmes pris dans le vocabulaire courant.

100.8 Cet employé établit les factures relatives aux commandes des clients : préciser les fonctions fondamentales qu'il réalise, ses « entrées », ses « sorties », quelles sont ses « instructions », les règles qu'il doit suivre ?

Exercice 100.8

(d'après une illustration de « Technologie des ensembles électroniques » STAIAT, La Documentation Française)

101. Fichiers et codification

1. NOTIONS DE BASE SUR LES FICHIERS

1.1. Définitions

Le chapitre précédent a montré l'utilité, voire la nécessité de mémoriser certaines informations entre les traitements : les fichiers apportent une solution à ce problème.

Un *fichier* est un ensemble structuré d'informations décrivant des entités de même nature à l'aide de renseignements similaires.

Chaque entité est décrite par un *article* du fichier regroupant les informations indivisibles qui s'y rapportent, et que l'on appelle les *rubriques* de l'article. Une ou plusieurs rubriques, permettant de différencier les articles, constituent l'*indicatif* du fichier.

> *Ex. :* un fichier « personnel » rassemble autant d'articles que d'employés, chaque article (chaque fiche dans le cas de fichier traditionnel cartonné) décrit une personne à l'aide des données utiles : nom, prénom, adresse, date de naissance, matricule, emploi... ; le matricule peut constituer l'indicatif de ce fichier.

1.2. Types de fichiers et accès

Divers critères permettent de différencier, de classifier les fichiers : le *support* de leur contenu (papier, photo, surface magnétique...), leur durée de vie (fichiers permanents, temporaires)...

On distingue en particulier les fichiers *manuels,* qui ne peuvent être exploités que par manipulation humaine, et les fichiers *informatiques* exploitables directement par un ordinateur.

Cette différence de possibilités tient essentiellement au support utilisé et à la façon dont les articles du fichier y sont *enregistrés* physiquement.

> *Ex. :* fiches cartonnées manuelles, fichier informatique sur support magnétique.

Une caractéristique fondamentale d'un fichier est la façon dont il est possible d'accéder à son contenu.

Trois possibilités d'*accès* peuvent être envisagées :

— **L'accès séquentiel,** dans lequel les articles étant rangés dans un certain ordre logique, il est nécessaire de balayer tous ceux qui le précèdent pour atteindre l'un d'entre eux.

> *Ex. :* paragraphes d'un livre dépourvu de sommaire.

— **L'accès direct ou sélectif,** dans lequel un article est accessible tout de suite grâce à un repérage approprié par une caractéristique qui lui est propre, sa *clé d'accès.*

> *Ex. :* accès aux personnes dont le nom commence par une lettre donnée à l'aide d'un répertoire alphabétique.

— *L'accès semi-direct,* où seul un groupe d'articles est repéré et accessible directement, un balayage séquentiel restant nécessaire dans ce groupe pour isoler un article.

> *Ex. :* le répertoire ci-dessus, si l'on s'intéresse à une personne précise et non plus à l'ensemble de celles dont le nom commence par la même lettre.

1.3. Interdépendance des fichiers

Bien souvent, plusieurs fichiers coexistent et se complètent. Des *relations* doivent alors être établies entre eux pour permettre de passer de l'un à l'autre lors des traitements qui les utilisent.

Ces liaisons peuvent être principalement réalisées de deux façons :

— En prévoyant dans les articles des fichiers à relier autant de rubriques qu'il est nécessaire pour mémoriser les clés d'accès ou les indicatifs faisant référence à d'autres articles. Cette solution est satisfaisante si les liaisons effectuées sont *stables*.

> *Ex. :* une entreprise désirant relier ses fichiers « personnel » et « services » selon les affectations, sachant que les mutations sont rares et que l'effectif varie peu d'un service à l'autre, pourra utiliser cette solution.

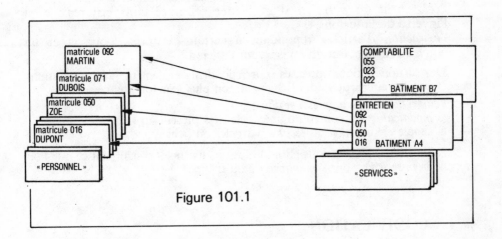

Figure 101.1

— En complétant ce système par autant de *fichiers liens* intermédiaires qu'il est nécessaire pour réaliser les relations *variables.* Cette méthode évitera des modifications continuelles ou une grande disparité du nombre des rubriques utiles de fichiers dont le contenu est essentiellement stable.

> *Ex. :* reprenons la figure 101-1 en supposant cette fois-ci que les effectifs varient d'un service à l'autre de façon notable et que les mutations sont fréquentes : nous introduisons un fichier lien « affectations » entre « personnel » et « services ».

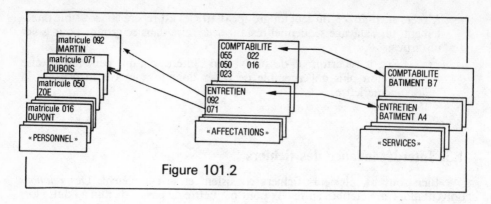

Figure 101.2

1.4. Opérations sur les fichiers

Les opérations les plus couramment effectuées sur les fichiers sont :
— la *création* et la *suppression,* première et dernière opération de la vie du fichier ;
— le *tri* ou *classement* des articles du fichier selon l'ordre croissant ou décroissant des valeurs de certaines rubriques, appelées *critères, clés* ou *arguments* de tri. Le critère prioritaire de tri est la clé *majeure,* à l'inverse, la clé *mineure* est la dernière prise en compte pour le classement ;
— la *fusion,* consistant à créer un fichier par la réunion de plusieurs, généralement triés selon un même critère (il s'agit alors d'un interclassement) ;
— l'*éclatement* ou *partition* d'un fichier selon certains critères : c'est l'inverse de la fusion ;
— l'*extraction* d'articles répondant à certains critères, pour créer un nouveau fichier tout en conservant l'ancien.

Des dénominations précises correspondent également aux opérations concernant certains articles des fichiers et non plus leur totalité, ce sont :
— l'*adjonction* ou la *suppression* d'articles ;
— la *modification* du contenu d'un article déjà présent au fichier ;
— la simple *consultation* ou *lecture* d'articles du fichier.

Adjonctions, suppressions et modifications d'articles constituent ce que l'on appelle la *mise à jour* ou la *maintenance* du fichier.

2. LA CODIFICATION

2.1. Définitions

Les informations saisies par les organisations se présentent parfois sous des formes difficiles à exploiter : elles sont volumineuses, verbeuses, la même information peut apparaître sous des présentations différentes.

La *codification* permet dans de nombreux cas, en réduisant et en normalisant la forme de ces données, d'en faciliter l'utilisation, de réduire l'encombrement des fichiers, d'éviter un coût de traitement prohibitif et de limiter les erreurs.

Elle consiste à associer un ensemble de symboles aux informations ou groupes d'informations à traiter pour aboutir à un système de représentation conventionnelle appelé *code*.

> *Ex. :* dans une entreprise, les clients réguliers peuvent se voir attribuer un numéro de code.

Un code peut généralement être représenté par une ou plusieurs *tables de codage*.

> *Ex. :*

Code	Client
0001	Dupont Jean
0002	Dupont Georges
0003	Durand
...	...

2.2. Les qualités possibles d'un code

Ces qualités doivent s'apprécier selon les circonstances présidant à la création du code.

Citons, par ordre de généralité décroissante :

— la *non-ambiguïté :* à un code correspond alors un renseignement et un seul ;
— la *concision :* un code de dimension réduite permet un gain de place sur les supports où il est enregistré ;
— la *durabilité :* le code sera utilisé dans différents documents ou fichiers généralement conservés assez longtemps. Il devra répondre au besoin sur une durée suffisante pour éviter la modification des supports où il apparaît déjà. A cet effet, il permettra, sans modification de la codification existante, la représentation de nouvelles entités. Ceci peut se traduire par l'*insertion* de symboles entre ceux qui existent déjà, ou par l'*extension* de la liste des codes après son dernier élément ;
— l'*adaptation* au problème à traiter : notamment aux moyens utilisés pour le *codage* et le *décodage* de l'information ;
— la facilité de *contrôle* qu'il présente : la validité d'un *code contrôlable* peut être en partie vérifiée grâce à son propre contenu afin de limiter les erreurs de codage, de retranscription.

> *Ex. :* un numéro minéralogique tel 203RZ802 sera immédiatement réputé faux dans notre pays ;

— la *logique :* la correspondance établie entre symboles et entités représentées doit être naturelle.

> *Ex. :* pour représenter des masses de 10, 20, 30 kg, mieux vaut choisir des codes 1, 2, 3 que 4, 6, 1 ;

— la *transparence :* dans le cas d'utilisations humaines du code, il doit être facilement interprétable sans recourir à des tables de codage compliquées.

> *Ex. :* VTF-8 pour « vis tête fraisée de 8 ».

2.3. Les codes informatiques

L'ordinateur dispose de moyens de mémorisation de capacité relativement limitée et traite plus facilement des informations rigoureusement structurées ; l'informatique est donc grande utilisatrice de codes.

Un code destiné à des traitements essentiellement automatiques sera de préférence concis, au détriment de sa transparence. Citons comme illustration les *codes techniques* utilisés dans le fonctionnement même des machines : ASCII, binaire... La signification portée le cas échéant par un code utile pour son exploitation humaine, ne générera pas, autant que possible, de traitements informatiques (sélection ou calculs par exemple).

L'analyste aura à définir des codes propres à certaines applications informatiques, notamment des *codes de gestion* qui, dans certains cas, devront assurer un compromis entre différentes qualités en raison des utilisations humaines et automatiques qui en seront faites successivement.

2.4. Principaux codes utilisés en gestion

Code *séquentiel compact :* il consiste à attribuer des numéros consécutifs aux objets à représenter ; cette méthode simple interdit les insertions.

Code *séquentiel à trous :* l'attribution de numéros non consécutifs aux objets à représenter permet de prévoir des insertions ; ce système est cependant tôt ou tard mis en échec sur ce plan.

Code *séquentiel par tranches :* c'est un code séquentiel où les numéros sont attribués par tranches de valeurs correspondant à des catégories d'entités à représenter.

Code *significatif :* où les symboles permettent de reconnaître directement l'entité représentée ou certaines de ses propriétés.

Il peut s'agir d'un code *mnémonique* évoquant l'entité (par exemple FCTR ou FACT pour facture), ou d'un code *descriptif* la représentant par un nombre réduit de ses propriétés, elles-mêmes codées (par exemple le n° INSEE qui donne le sexe, la date et le lieu de naissance des individus).

Un code descriptif est dit *articulé* quand chaque propriété y occupe une place fixe.

Il ne faut retenir que des propriétés stables pour former le code ; on choisira par exemple l'année de naissance et non l'âge.

Code à *niveaux :* c'est un cas particulier des codes descriptifs où chaque partie du code précise la précédente.

> *Ex. :* numérotation des comptes du plan comptable, 641 désigne un compte de charges (classe 6), concernant le personnel (4), et plus précisément les rémunérations (1) ; 645 désigne un compte de charges sociales relatives au personnel.

Code *combiné :* où le code résulte de la combinaison de plusieurs propriétés (cette méthode est peu appropriée à une exploitation manuelle).

> *Ex. :* pour coder l'aspect des individus (couleur des yeux et des cheveux), la table de codage suivante permettra d'obtenir un code combiné aussi concis que possible :

Cheveux \ *Yeux*	Bleus (0)	Marrons (2)	Verts (4)	
Clairs (0)	0	2	4	Valeurs
Foncés (1)	1	3	5	du code

Code *contrôlable par clé :* une *clé* (chiffre ou lettre), résultant d'un calcul effectué à partir d'un code de base, est accolée à ce dernier. Elle permet de détecter certaines erreurs de codage ou de retranscription d'un code.

> *Ex. :* méthode de la lettre de contrôle « modulo 23 » :
> — code de base = 0347 ;
> — reste de sa division par 23 = 2 ;
> — codage du reste à l'aide d'une table où sont éliminées les lettres pouvant être confondues avec des chiffres ;

1	2	3	4	5	6	7	8	9	10	11	12
A	B	C	D	E	F	G	H	J	K	L	M
13	14	15	16	17	18	19	20	21	22	0	
N	P	Q	R	T	U	V	W	X	Y	Z	

> — Le code complet, avec sa clé de contrôle (qui est une information redondante par rapport au code de base), est dans ce cas 0347B.

Lors de la saisie d'un tel code, un nouveau calcul de la clé et sa comparaison avec ce qui est saisi permettent de détecter une erreur sur un chiffre ou sur la clé elle-même : un code 0347D est manifestement erroné.

Code *mixte :* obtenu par l'association des différentes techniques exposées ci-dessus.

3. CONCLUSION

Avec les fichiers et la codification, nous avons abordé deux aspects fondamentaux des systèmes d'information.

Ils sont tous deux étudiés tant par l'organisateur que par l'informaticien et anticipent en ce sens sur les chapitres suivants.

101. EXERCICES

101.1   Comment décrire ce que contient un fichier?

101.2   Liste des caractéristiques d'un fichier.

101.3   Opérations envisageables sur le fichier personnel d'une entreprise à l'occasion :
— du regroupement avec une autre société;
— de l'abandon d'une partie de l'entreprise à la société X;
— de l'embauche de personnel;
— de la recherche des employés pouvant être placés en préretraite?

101.4   Les galeries Yalafete assurent le service après-vente de leurs articles d'électro-ménager et de Hi-fi.
On y distingue cinq rayons :
— machines à laver (jusqu'à 150 types d'appareils);
— télévision (200 types);
— Hi-fi (300 types);
— appareils de ménage (250);
— autres (550).
Par ailleurs les clients sont répartis par zones correspondant à six départements de la région parisienne et au «reste de la France».
3 500 000 clients sont prévus jusqu'en 2010, avec une moyenne de cinq achats chacun.
Un dossier est créé par achat et conservé trente ans.
Etablir un code permettant de différencier les dossiers et de les classer par mois et année de vente, rayon, type d'appareil, client et zone de vente.
Il existe par ailleurs un fichier clients aux galeries Yalafete et le code dossier devra être établi autant que possible par les vendeuses.

101.5   Il est possible d'attribuer des numéros d'appel de 0000 à 9999 aux postes téléphoniques du réseau interne d'une entreprise.
Effectuer cette attribution de façon à distinguer :
— les postes ayant accès direct à l'international (200 postes);
— les postes ayant accès direct au réseau PTT France (400);
— les postes ayant accès direct au réseau PTT local (800);
— les postes ne pouvant correspondre qu'avec d'autres postes internes à l'entreprise (1 200).
Prévoir les évolutions possibles dans cette codification.

101.6   Coder les quinze partants d'une course par ordre d'inscription et par association d'origine (cinq associations) à l'aide d'un nombre unique, le plus court possible.

101.7   Comment repérer les programmes suivants :
— édition de la paye;   — attribution de matricule;
— édition du stock;   — statistiques annuelles;
— édition des factures;   — budget (établissement);
— saisie des commandes;   — édition du bilan annuel;
— statistiques mensuelles;   — sauvegarde des fichiers.

101.8   Lettre de contrôle modulo 23 pour : 234, 007, 453, 679, 476. Conclusion?

101.9 Il existe une «méthode géométrique modulo 11» pour le calcul des clés de contrôle; elle est définie comme suit sur un exemple:

$$\begin{array}{cccc} 0 & 3 & 4 & 7 \\ \times 16 & \times 8 & \times 4 & \times 2 \end{array}$$

$$0+24+16+14 \qquad = 54 \,\big|\, 11$$
$$\qquad\qquad\qquad\qquad 10 \,\big|\, 4$$

soit code complet: 100347

Analyser cette méthode.
Comment pourrait-on faire pour réduire la taille du code résultant?
Calculer les clés pour les valeurs citées au 101.8.
Conclusion?

Voir solutions, p. 223

102. Eléments d'organisation administrative

1. PRESENTATION

1.1. L'organisation administrative

Pour être efficace, le travail administratif doit être organisé, optimisé : c'est le rôle de l'*organisation administrative,* activité ayant ses propres méthodes et ses propres spécialistes : les *organisateurs,* qui ont un rôle de *conseil* auprès des directions.

Un organisateur dispose de nombreux points d'action pour améliorer le fonctionnement d'un système d'information ; ce sont, en résumant à l'extrême :

— la *structuration* de l'activité de l'organisation : sur un plan général, il s'agit de la définition d'un *organigramme* faisant apparaître par exemple directions, divisions et services d'une entreprise. A un niveau plus détaillé, l'organisateur définira les *stations* élémentaires de traitement de l'information ou *postes de travail.*
   Le principe de cette structuration est la division du travail en vue d'un optimum d'efficacité ;

— la *simplification* des *processus administratifs* et des différentes procédures de traitement et de circulation des informations qu'ils font intervenir (un processus administratif correspond au traitement complet d'un acte administratif mettant en jeu différents postes de travail) ;

— l'*adéquation* entre les *moyens* à disposition et le *travail* à fournir : sur le plan humain (définition des compétences requises, formation, motivation) ou technique (matériel nécessaire). Sur ce dernier point, l'informatique prend de plus en plus d'importance dans l'arsenal de l'organisateur face à un problème donné. Le domaine de compétence de ce dernier tend donc naturellement à recouvrir en partie celui de l'informaticien.

Schématiquement, pour aboutir dans des délais raisonnables à une bonne solution, adaptée au cas qui lui est soumis, l'organisateur devra suivre une démarche progressive :

— examen d'ensemble, « *survol* » de l'activité à organiser et sélection d'un ou plusieurs domaines d'étude prioritaires et représentatifs ;

— *observation critique* détaillée de l'organisation actuelle de ces domaines (il peut alors s'avérer nécessaire d'étendre le champ d'étude) ;

— *conception* d'un nouveau système ou rénovation de l'ancien ;

— *mise en œuvre* de la solution retenue.

Nous constaterons par la suite que cette démarche est très similaire à celle de l'analyse informatique : de même que l'organisateur a recours à l'informatique, l'informaticien de gestion emprunte certaines méthodes aux organisateurs.

1.2. Organisation administrative et informatique

L'interpénétration de ces deux activités ne doit pas revêtir l'aspect d'un conflit : l'organisateur n'a pas vocation à établir des organigrammes de programmation, ni l'informaticien à modifier la structure de direction d'une entreprise.

Sans pouvoir prétendre à une tutelle particulière sur l'informatique, l'organisation administrative jouit cependant d'une préséance certaine :

— discipline plus ancienne, elle dispose de techniques, de méthodes d'analyse des travaux administratifs que l'informaticien sera amené à utiliser, donc à connaître. Nous en aborderons l'essentiel dans le paragraphe suivant ;

— ayant une vue globale sur le fonctionnement d'une organisation, elle devra intervenir avant les études informatiques dans le cas de projets importants : *l'organisation doit précéder l'automatisation.* L'automatisation de mauvaises procédures ne peut donner que de mauvais résultats.

Il reste que, dans certains cas de projets d'ampleur limitée et fortement empreints d'aspects techniques, un informaticien expérimenté pourra mener l'étude d'organisation nécessaire.

2. L'ESSENTIEL DES TECHNIQUES

2.1. L'entretien

L'*entretien* individuel ou « interview » est la pierre angulaire, la technique de base de toute intervention sur une organisation.

L'entretien est un moyen d'*enquête* ou d'*information,* d'ailleurs utilisé d'abondance par les informaticiens.

Pour qu'un entretien soit efficace, qu'il atteigne son but sans risquer de perturber les travaux de ses participants, quelques règles simples doivent être autant que possible respectées :

— il doit avoir un *objectif* déterminé (débroussailler le terrain par une rapide prise de contact, présentation, information, sensibilisation à un projet, à un problème, confrontation de points de vue, confirmation, enquête...) ;

— l'*interlocuteur* doit être choisi selon l'objectif, et en respectant les usages et règles de préséance en vigueur : il est généralement préférable de consulter un responsable avant d'aller interroger un de ses subordonnés sur la marche du service, il est par ailleurs inutile d'aller entretenir une employée du service personnel de problèmes de facturation ;

— de même pour la *forme* de l'entretien : on gagne du temps en utilisant le téléphone lorsque cela est possible ;

— les *sujets* à aborder doivent être soigneusement préparés (ce qui ne signifie pas que l'on doive refuser un élément imprévu mais digne d'intérêt) ;

— la *conduite* de l'entretien devra revêtir une forme appropriée, plus ou moins directive selon les circonstances.
Il faut en particulier éviter de s'engager trop avant dans des considérations critiques sur des sujets sans grand rapport après l'étude en cours ;

— tout entretien ou succession d'entretiens doit faire l'objet d'un *compte rendu* établi avec l'accord de l'interviewé, ou d'une note préalable en précisant l'objectif (en se limitant à un minimum de papier) ;

— enfin, l'entretien fera suite à une prise de rendez-vous à l'occasion de laquelle les sujets à aborder auront été évoqués, et il devra commencer à l'heure et au jour prévu.

Le respect de ces règles garantira au maximum l'organisateur contre deux risques majeurs :

— heurter les susceptibilités et provoquer une réaction d'hostilité *a priori* contre son projet ;

— travailler sur des données transmises oralement, qu'il peut avoir mal interprétées et qui sont donc peu fiables.

2.2. L'organigramme

Avant de commencer une étude détaillée, il est utile d'examiner l'*organigramme* de l'organisation concernée et, le cas échéant, celui plus détaillé des services faisant l'objet de l'étude.

Cet organigramme présente les regroupements de moyens (directions, divisions ou services, sections...) y ayant un rôle précis.

Il donne les noms de leurs responsables et les liens *hiérarchiques* existant entre eux.

L'organigramme présente deux intérêts :

— telle une carte, il permet de « naviguer » dans l'organisation, de trouver les responsables à contacter et de les situer ;

— il peut déjà mettre en évidence des anomalies, donnant des axes de recherche pour l'étude, par exemple si quelques entretiens font apparaître une différence notable entre l'organigramme théorique et la réalité.

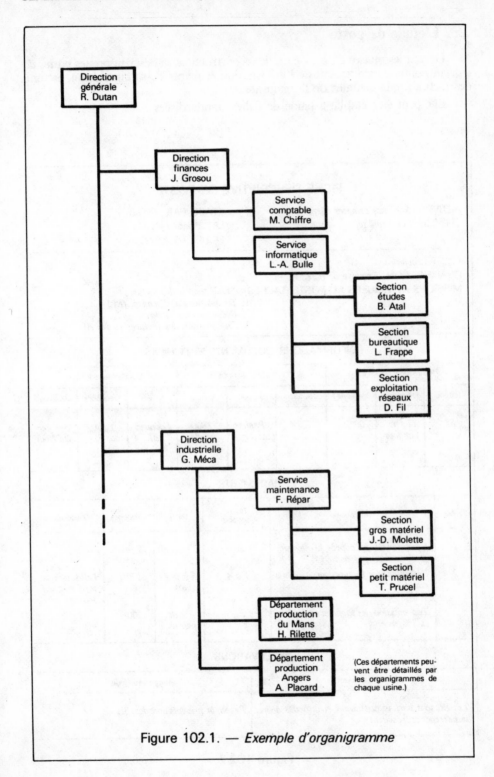

Figure 102.1. — *Exemple d'organigramme*

2.3. L'étude de poste

Durant les phases d'analyse ou de reconstruction, la description des *postes de travail,* points de traitement de l'information et pivots de sa circulation, est une des tâches fondamentales de l'organisateur.

Elle peut être établie à l'aide de fiches standardisées :

FICHE DESCRIPTIVE DE POSTE

ACTIVITE : *Suivi des comptes clients*   ETABLI PAR : *Dubois*
SERVICE : *Comptabilité*   LE : *25 mai 1983*
                                                FICHE : *1/1 EP 102*

POSTE : *Facturation*
QUALIFICATION : *Employé de bureau*
MISSIONS ATTRIBUÉES AU POSTE (TACHES) : *Etablissement des factures :*
1. *Tri des bons de livraison (BL)*
2. *Rédaction des factures*
3. *Transmission des factures et des BL*

INFORMATIONS, DOCUMENTS ET FICHIERS

ARRIVANT AU POSTE			CONSERVES AU POSTE			EMIS PAR LE POSTE		
Nature	Fréquence	Volume	Nature	Support	Volume	Nature	Fréquence	Volume
BL	*2 fois par jour*	*200/jour*	*Tarif*	*Papier (catalogue)*	*2 000 articles*	*Factures BL*	*1 fois par jour*	*200/jour 200/jour*

TRAITEMENTS

Tâches	Opérations	Durée unitaire	Délai	Fréquence	Observations
1	*Réception des BL auprès du magasin et classement par numéros.*	*30'*	—	*2 fois par jour*	
2	*Rédaction des factures en 2 exemplaires.*	*1 à 4*	*3 h par lot*	*200/j*	*Utilisation du tarif et d'une « calculette »*
3	*Transmission des factures et des BL au magasin.*	—	*Fin de journée*	*200/j*	

OBSERVATIONS

Titulaire du poste	Chargé de l'étude
Les BL sont parfois surchargés et difficiles à lire, des erreurs en résultent.	*Revoir la présentation des BL.*

Figure 102.2

DIAGRAMME RECAPITULATIF D'ATTRIBUTIONS

ACTIVITE : *Suivi des comptes clients*
SERVICE : *Comptabilité*

ETABLI PAR : *Dubois*
LE : *26 mai 1983*
FICHE : *1/1 EP 103*

LEGENDE : C : consultation du poste   I : information du poste
E : exécution   D : prise de décision
O : tâche de coordination   K : contrôle

ACTIVITE PROCESSUS / POSTES	Gestion des comptes clients	Facturation	Direction	Conseil juridique				
Ouverture de compte	E		K/D					
Mise à jour et relevé des comptes.	E							
Etablissement des factures ...	I	E						
Relance client	E		D					
Règlement des litiges	C/E	C	D	O				
Attribution de ristournes annuelles.	E		I/K					

Figure 102.3

Ces documents ne sont que des exemples, et de telles études doivent être menées avec rigueur, mais aussi avec toute la souplesse nécessaire : il ne faut pas s'encombrer de dossiers que le volume rend inutilisables, mais effectuer une enquête assez précise pour déceler les anomalies ou décrire les postes et les responsabilités correspondantes sans ambiguité.

> *Ex. :* l'étude montrera dans telle entreprise que les devis concernant les marchés sont contrôlés et visés trois fois à la suite par la même personne ; dans telle autre, les mêmes informations ou les mêmes calculs sont mis en œuvre dans deux services différents.

Dans le cas de l'étude d'une organisation existante, nous citerons quelques-unes des techniques utilisables pour l'observation d'un poste de travail :

— l'*observation continue* où un observateur note, durant le temps nécessaire, ce qui se passe au poste concerné (cette méthode très lourde peut présenter le désavantage de fausser la manière de faire des intéressés) ;
— l'*observation ponctuelle,* consistant à observer à des moments pris au hasard. Cette technique permet d'avoir une vue statistique du travail. Elle est surtout

adaptée aux examens quantitatifs (fréquences, volumes...) mais risque d'être mal ressentie par le personnel observé;
— l'*autoanalyse* par le titulaire du poste lui-même qui est sans doute la meilleure approche lorsqu'un climat de confiance peut être établi, moyennant éventuellement un recours occasionnel aux deux autres méthodes sur certains points.

L'entretien doit toujours précéder la mise en œuvre de ces techniques qu'il pourra, en certains cas, compléter voir remplacer. N'oublions pas par ailleurs qu'un travail d'enquête repose sur des recoupements d'informations qui feront apparaître des étrangetés dans les observations. Ces cas devront être éclaircis par un complément d'étude, en liaison avec les personnes concernées.

2.4. L'étude de document

L'étude des postes, même succincte, permet de dresser la liste des documents utilisés : *documents de position,* conservés en poste fixe, c'est le cas des fichiers, et *documents de liaison,* circulant entre différentes stations. L'analyse de ces documents est très importante et mettra en évidence les défauts qui peuvent nuire à leur efficacité. Elle devra être conduite avec un maximum de réalisme : il est donc difficile, compte tenu de l'extrême variété de documents, de s'en tenir à une fiche d'examen type, et il est indispensable de procéder à l'étude sur des *documents réels, remplis,* qui seuls feront apparaître les éventuelles insuffisances des supports ou des *imprimés.*

> *Ex. :* tel bon de commande semble parfait, mais l'examen des bons utilisés fait apparaître l'ajout du numéro de client, non prévu sur l'imprimé, dans un coin de marge, et de fréquents débordements au dos (il n'y a pas assez de lignes pour les commandes).

A l'inverse, *la conception de nouveaux documents* nécessite également de ne rien négliger.

Citons quelques points à prendre en considération pour la critique ou la conception d'un document :
— son *en-tête* permet-elle de le repérer facilement ?
— sa dimension est-elle pratique, normalisée ?
— sa matière est-elle adaptée à son usage (le papier léger, par exemple, ne convient guère à un fichier) ?
— sa couleur est-elle bonne (difficultés de photocopie en certains cas, fatigue de la vue...) ?
— son coût est-il élevé, justifié ?
— combien d'exemplaires d'un document doivent être établis simultanément, à l'aide de quel procédé ?
— l'ordre des rubriques est-il logique, correspond-il à l'ordre naturel de leur lecture ?
— la possibilité de *cadre préétabli,* de *cases « à cocher »* est-elle bien exploitée pour les informations se répétant d'un document à l'autre ?
— les rubriques prévues sont-elles toutes utilisées, en manque-t-il ?
— la taille des rubriques est-elle bonne, suffisante pour y inscrire les valeurs, excessive (il faut compter environ 12 caractères pour un nom, un prénom, 65 pour une adresse) ?
— les renvois pouvant exister sur le document (pour l'utilisation d'un code par exemple) sont-ils clairs, visibles ?

— fait-il double emploi avec un autre document ?
— est-il indispensable ?

Tout nouveau document sera bien sûr testé avant d'être produit et utilisé en grande quantité.

2.5. La circulation des informations

L'étude de l'organigramme, des postes et des documents a mis en évidence les services de l'organisation, les fichiers qui y sont entretenus et la circulation des informations.

Dans un domaine, pour un processus ou une activité donnés, il est possible de résumer par un diagramme les observations effectuées.

Parmi les formes utilisées, nous citerons :

— le *diagramme de processus* normalisé du *SCOM* (Service Central d'Organisation et Méthode du ministère des Finances), pour illustrer la possibilité de décomposer les travaux administratifs ;
— le *diagramme de circulation* des informations, en tant qu'outil d'analyse.

Le diagramme de processus utilise des symboles et une représentation normalisés pour décrire les opérations effectuées, les postes, les documents ou fichiers et la circulation entre les postes.

Les symboles suivants permettent en particulier d'y désigner, dans les colonnes correspondant aux supports d'information, les opérations sur ces derniers :

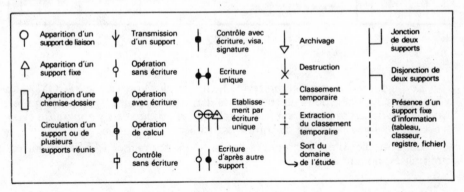

Exemple de « SCOM » simplifié : la fiche de stock est lue pour vérifier que la commande peut être honorée, puis mise à jour en fonction de la quantité livrée.

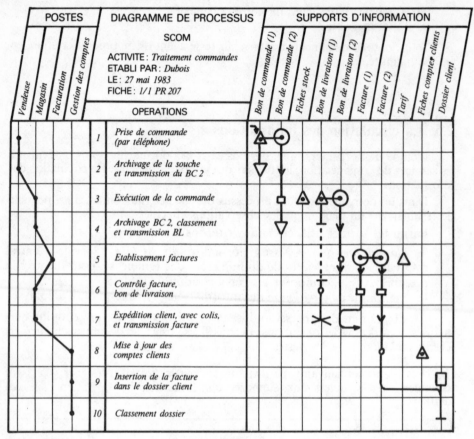

Figure 102.4

Le diagramme de circulation revêt une forme plus libre que le « SCOM » ; on y représente les opérations ou traitements dans des colonnes figurant les postes. Une échelle de temps peut compléter le schéma, et l'ordinateur y apparaîtra éventuellement comme un poste de travail particulier.

Les symboles d'organigrammes des données normalisés (AFNOR) doivent être utilisés, notamment :

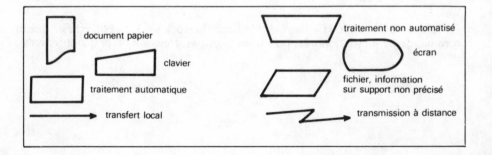

Exemple : retranscription de la figure 102.4

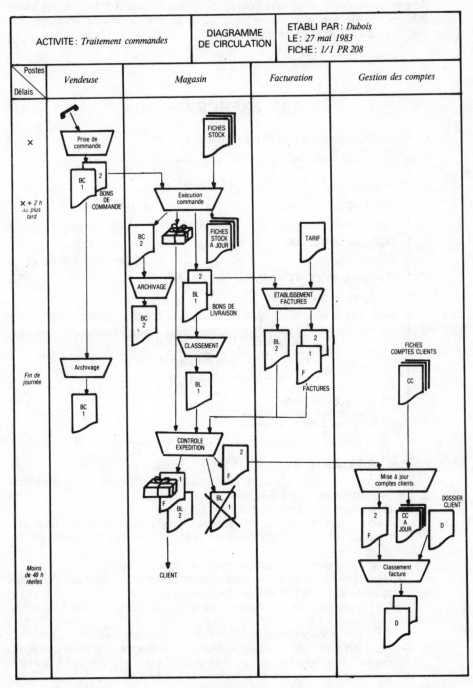

Figure 102.5

3. CONCLUSION

Remarquons simplement que l'étude d'une organisation existante est indispensable en vue de son informatisation, même si rien de fondamental ne doit changer : il faut connaître pour reproduire.

102. EXERCICES

102.1   Critique et redéfinition du document suivant :

Prénom : .... Nom : ....

Adresse : .... Age : ....

Profession : .... (1) Employeur : ....

Nombre de pièces : ....

Dates : du .... au .... Bord de mer : O   N (2)

Campagne : O   N ~ Montagne : O   N - Prix : ....

N° compte en banque : ....

Prix : mini .... maxi ....

DEMANDE DE LOCATION
Syndicat d'initiative de Beauchamp
Alpes-Maritimes (3)

(1) Voir codes au verso.
(2) Entourer la mention choisie.
(3) Retourner à cette adresse.

102.2   **Cas «SA CARTON»** (voir p. 191)
— Survol (résumer les caractéristiques essentielles de la situation présentée en 5 ou 6 lignes).
— Quel domaine sera étudié ?
— Description du poste «vendeuse» (vous pouvez vous aider du modèle de fiche descriptive de poste donné dans le texte de ce chapitre).
— Diagramme de circulation pour l'existant étudié.
— Grandes lignes des critiques pouvant être formulées sur l'organisation du travail et les procédures.
— L'ordinateur pourrait-il jouer un rôle pour l'amélioration de cette organisation ?
— * Etablir une codification significative des articles.
— Peut-on éviter de modifier le mode de dialogue entre vendeuse et client ? Pour quelle raison cela peut-il être souhaitable ? Conséquences concernant le principe du «cahier» ?

Voir solutions, p. 225

TITRE 2

MISE EN ŒUVRE DE L'INFORMATIQUE ET ANALYSE

21. PREALABLES

210. Etapes de mise en œuvre de l'informatique

1. SITUATION DU PROBLEME

1.1. Les objectifs de l'automatisation

La suite des opérations aboutissant à la mise en œuvre d'un *projet d'application* de l'informatique à la gestion représente, le plus souvent, une charge financière importante pour l'organisation.

Une telle réalisation doit donc être solidement justifiée économiquement (abaissement des coûts de fonctionnement, amélioration de la position d'une entreprise sur son marché), ou par une amélioration réelle des services publics.

L'informatique en elle-même est génératrice de coûts supplémentaires (personnel spécialisé, ordinateur, fonctionnement) qui devront être compensés par les avantages qu'elle peut apporter aux *utilisateurs* pour qui elle est mise en œuvre : services administratifs, ateliers de production, services commerciaux ou autres.

Ce sont par ailleurs les utilisateurs qui donnent aux informaticiens les indications leur permettant de réaliser les programmes de traitement. Ils fournissent ensuite les données à partir desquelles s'exécutera l'application.

En résumé nous pouvons énoncer un principe fondamental :

L'informatique existe par les utilisateurs et pour les utilisateurs.

1.2. Rôle du spécialiste en informatique

Comme nous l'avons vu, l'organisation doit, le cas échéant, précéder l'informatisation. Remarquons de plus que l'automatisation est généralement une occasion d'améliorer les procédures existantes à ne pas négliger.

Qu'il y ait ou non intervention d'un organisateur, l'informaticien chargé des préalables à la réalisation d'une application doit, en premier lieu, prendre connaissance de ce qui existe.

Il peut être amené à cette occasion à appliquer les techniques d'organisation ou à formuler des critiques et des propositions d'amélioration. Ses compétences peuvent en certains cas être également celles d'un organisateur. Son rôle essentiel reste cependant d'apporter ses connaissances techniques et son expérience, notamment aux utilisateurs, pour les aider à formuler leurs besoins avec précision, puis pour construire les applications correspondantes à l'aide des moyens mis à sa disposition.

Le spécialiste en informatique a en particulier un devoir de conseil objectif vis-à-vis des gestionnaires, de ses collègues non spécialistes et de sa hiérarchie.

Il doit savoir apprécier dans quelles conditions ce qui lui est demandé est réalisable techniquement, compte tenu de l'ordinateur disponible et même, s'agissant de concevoir l'ensemble d'un projet, en tenant compte de l'état actuel de la technique et des évolutions prévisibles.

2. LES ETAPES DE MISE EN ŒUVRE

2.1. Le schéma

La figure 210.1 résume les principales étapes pouvant se rencontrer, de la naissance d'un besoin de recourir à l'informatique au terme des réalisations correspondantes.

Elle présente, jusqu'au lancement, les travaux de *développement* d'un projet d'application et les principaux documents qu'ils produisent.

Plusieurs projets peuvent ainsi se développer simultanément, dans la mesure où l'on dispose de moyens suffisants.

Cette figure schématise une succession fréquente et logique des choses, mais ne doit pas être considérée comme représentant une règle immuable et absolue. Toujours valable dans le principe, elle doit être interprétée en fonction de chaque situation pratique :

— l'importance relative des étapes peut varier d'un projet à l'autre (durée et coût) ;

— la séparation des étapes est rarement si nette, elles sont presque toujours interdépendantes et se recouvrent dans le temps (1).

---

(1) Notre approche, classique, pourra être utilement comparée sur ce point aux étapes de la méthode MERISE.

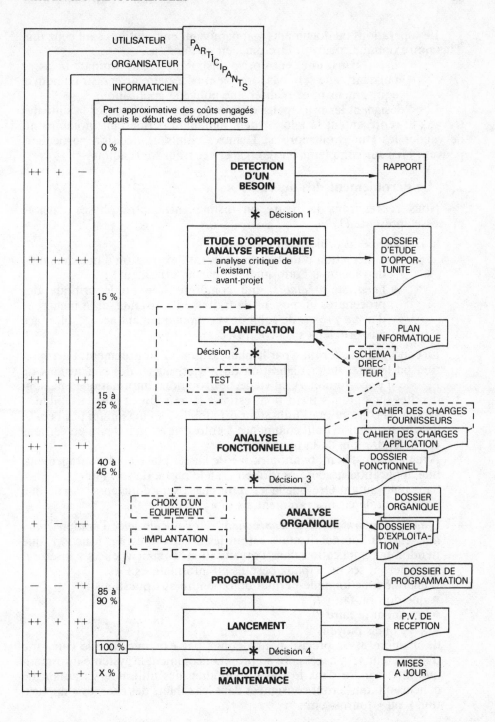

Figure 210.1. — *Etapes de développement d'un projet d'application informatique*

Les opérations ou documents y apparaissant en pointillés sont ceux qui, dans notre optique, peuvent être omis en certains cas.

> *Ex. :* dans une entreprise disposant d'un ordinateur assez puissant, il ne sera pas forcément nécessaire de choisir un nouvel équipement pour réaliser une nouvelle application.

Les * désignent les principales décisions pouvant influencer la suite des travaux et représentent le jalonnement minimum permettant, notamment, de valider les études entreprises. D'autres points de décision particuliers peuvent bien sûr compléter ou remplacer ceux qui sont indiqués.

2.2. **Le déroulement des opérations**

Nous reprendrons la figure en distinguant quatre phases dans le processus présenté (1) :

— la *conception* du projet, qui recouvre :
  - la détection d'un besoin (souvent l'expression d'une demande de recours à l'informatique par un utilisateur) ;
  - l'*analyse préalable*, qui comporte une étude critique des procédures et moyens de traitement existants, et la recherche d'*avant-projets* de solutions économiquement acceptables face aux problèmes rencontrés.

La conception se termine par la planification : l'ajournement, l'acceptation ou le rejet de la réalisation du projet, au vu des conclusions de l'étude d'opportunité. A ce stade, les solutions informatiques ne sont décrites qu'à grands traits pour estimer leurs coûts et leur faisabilité.
Durant la conception, l'utilisateur est mobilisé au maximum par l'étude de son application qu'il commence à entrevoir et qu'il devra en certains cas défendre lors de la planification.
Avec le temps, la motivation risque de laisser place au découragement, une application urgente perdra en grande partie de son intérêt.
Sans pour autant être négligée, cette phase sera donc aussi rapide que possible et dépassera rarement six mois.

— L'*analyse informatique de conception,* qui coïncide avec l'*analyse fonctionnelle* où l'on décrit quels seront les grands rôles, les fonctions que tiendra une application dans l'organisation, comment elle s'y insérera, quels seront ses principaux besoins en informations.
L'analyse fonctionnelle permet de répondre aux questions :
  - que doit-on faire ?
  - comment le faire ?
  - avec quels moyens ?
de manière assez précise pour définir, par exemple, quelle catégorie d'ordinateur sera nécessaire au projet et comment le système informatique interviendra dans le travail quotidien des utilisateurs ; autant de conclusions qui seront consignées dans les cahiers des charges « application » ou « fournisseurs ».

---

(1) A rapprocher, bien que légèrement différentes, des quatre phases de développement de la norme AFNOR Z 67 101 de 1984 : étude préalable, conception détaillée, réalisation et mise en œuvre.

— La *réalisation* du projet d'application, phase de fabrication concrète de l'outil informatique défini par les étapes précédentes, qui comprend :

- l'*analyse organique,* où l'on précise le "comment le faire" de l'analyse fonctionnelle compte tenu de l'ordinateur qui sera utilisé, de ses organes (mémoire, périphériques...) et de son logiciel d'exploitation ;
- la *programmation,* c'est-à-dire l'écriture et la mise au point des programmes de l'application ;
- enfin, si nécessaire, la *consultation* de fournisseurs informatiques, l'achat ou la location d'un ordinateur et de son logiciel de base en fonction du besoin, et son *implantation* physique dans l'entreprise ou l'administration.

— La *mise en service* du projet, consistant à mettre à la disposition des utilisateurs l'outil informatique préalablement construit, soit :

- le *lancement* du système, qui regroupe des opérations ne devant être exécutées qu'une fois : saisie sur support informatique des informations stables, essai de fonctionnement d'ensemble des programmes sur des données réelles et complètes ;
- son *exploitation* courante par les gestionnaires et la *maintenance* de l'application par les informaticiens (modifications mineures, correction d'erreurs subsistantes...).

3. LE DEROULEMENT PRATIQUE

3.1. Les intervenants

Les acteurs principaux du développement d'un projet d'application sont :
— les utilisateurs de tous niveaux concernés par le projet ;
— les spécialistes organisateurs, qui interviennent si nécessaire avant les développements informatiques ;
— les informaticiens de différentes qualifications, employés par le *service informatique* de l'organisation ou recrutés temporairement auprès d'une *Société de Service et d'Ingénierie en Informatique (SSII) ;*
— les responsables de *direction* (direction générale, financière, informatique...) qui interviennent lors des prises de décisions.

Lors de la mise en œuvre d'une application, ces intervenants peuvent être regroupés de manière plus ou moins stable dans le temps, plus ou moins formelle, rigide, selon les cas et les organisations. Nous pourrons ainsi rencontrer :
— un *groupe d'étude,* chargé de l'étude d'opportunité relative à un besoin particulier, et formé d'utilisateurs, d'informaticiens et si nécessaire d'organisateurs. L'importance du groupe d'étude est proportionnée à celle du projet. Ses travaux seront menés sous la responsabilité d'un de ses membres choisi de préférence parmi les utilisateurs, et il est généralement dissous à l'issue de la phase de conception ;
— un *comité informatique,* où siègent des cadres de haut niveau de l'organisation représentant la direction générale, le service informatique, les différentes directions utilisatrices et le service d'organisation s'il

existe. Le comité informatique est une assemblée stable qui se réunit régulièrement et dont le but est de prévoir, d'organiser et de contrôler les développements informatiques : en particulier, il décidera de retenir ou de rejeter les différents avant-projets d'application qui lui seront présentés. Ce comité assure la *planification* des applications et peut être absent dans des organisations où l'informatique tient peu de place, ou lorsqu'elle est très peu diversifiée. Les décisions sont alors prises directement par la direction.

Il faut enfin attirer l'attention sur un personnage clé des développements : le ***chef de projet,*** véritable « homme-orchestre » qui suit et dirige les opérations, de l'avant-projet jusqu'au lancement inclus, et poursuivra quelquefois avec la maintenance.

Il est souvent désigné, dès l'étude d'opportunité, parmi les membres du groupe d'étude.

C'est un homme expérimenté, connaissant bien les problèmes d'utilisation à traiter ainsi que l'informatique : il peut être choisi parmi les informaticiens, mais le sera de préférence chez les utilisateurs quand cela est possible, en raison de leur parfaite connaissance des problèmes à traiter.

3.2. L'enchaînement des étapes

Chaque étape doit produire un *dossier* matérialisant clairement les travaux qui y ont été effectués, et comportant un résumé et un sommaire.

Ce dossier permettra de poursuivre sur une base sérieuse, et si nécessaire de changer de personnel d'étude ou de réalisation, dans les meilleures conditions possibles.

> *Ex. :* selon le texte qui précède, les membres du comité informatique n'ayant pas participé à l'étude décident de la planification d'un projet en fonction du dossier d'étude d'opportunité qui leur est soumis.
> Le comité lui-même résume ses décisions dans un document appelé « plan informatique ».

Avant chaque étape, le rôle et les responsabilités de chaque participant doivent être clairement définis, un *planning* prévisionnel des travaux de l'étape sera donc établi selon une méthode appropriée (PERT, GANTT, POTENTIELS).

Ce planning permettra, en outre :

— de s'assurer que l'étape pourra se dérouler, *a priori,* dans des délais raisonnables, compte tenu des moyens dont on dispose ;
— de suivre l'exécution des opérations et de détecter à temps, par comparaison au planning, les difficultés, les retards, afin de prendre les mesures qui s'imposent ;
— à chacun de situer son travail par rapport à l'ensemble du projet.

En l'absence de planning, on s'aperçoit trop tard des décalages dans le temps et des problèmes de coordination pour pouvoir y remédier.

> *Ex. :* lors de la programmation d'une application par plusieurs personnes, le planning permet d'organiser les travaux de façon que les programmes soient mis au point dans l'ordre d'enchaînement logique de leur exécution. A défaut, certains programmeurs risqueraient d'attendre que leurs collègues aient terminé pour pouvoir entamer la mise au point de leurs propres programmes.

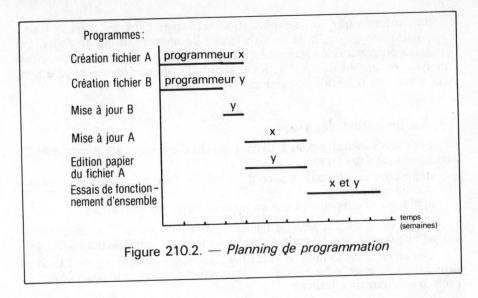

Figure 210.2. — *Planning de programmation*

3.3. Les coûts

Leur *estimation* à chaque étape est essentielle.

Les coûts de l'informatique seront évalués de plus en plus précisément au fur et à mesure de l'avancement du projet et leur *révision* à la hausse peut en certains cas conduire à l'abandon d'une application, ou à la modification de ses caractéristiques.

La probabilité d'abandon est évidemment plus forte au début qu'à la fin des développements : elle décroît quand le cumul des frais engagés augmente.

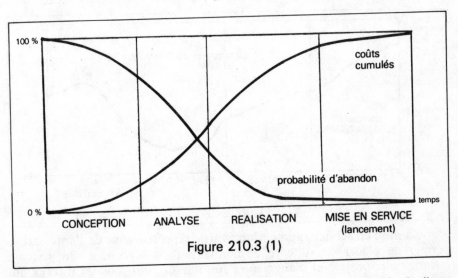

Figure 210.3 (1)

Une *erreur d'estimation* de 30 à 50 % est courante à l'issue de l'étude d'opportunité : le gain escompté devra donc couvrir cette marge d'erreur pour justifier, sur le plan économique, la poursuite des travaux.

Remarquons que des simplifications abusives dans les travaux d'une étape entraîneront par la suite un surcroît de charges, donc de coûts, qui dépassera en général les économies réalisées dans un premier temps. Ainsi l'analyse, en amont des réalisations, sera-t-elle en particulier menée avec soin, selon une méthode cohérente.

3.4. La limitation des risques

Les risques encourus dans le développement d'une application sont, pour les plus graves, de deux types :
— dépassement excessif des coûts rendant l'informatique sans intérêt économique ;
— application ne répondant pas au besoin concret des utilisateurs.

Le deuxième volet se ramène d'ailleurs souvent au premier, car on est amené alors à une reprise plus ou moins complète et toujours coûteuse des réalisations.

Des précautions techniques permettent de limiter ces risques, mais dans les deux cas l'origine réelle des ennuis est bien souvent une mauvaise connaissance du problème utilisateur à traiter :
— lors de la conception dans le premier cas, le rattrapage ultérieur faisant croître les coûts ;
— jusqu'au lancement dans le second.

Cette méconnaissance a généralement comme origine une participation insuffisante des utilisateurs aux différentes étapes, notamment en raison d'une baisse de leur motivation du fait de la longueur des développements et de l'aspect très technique de la phase de réalisation.

Cette situation peut être très schématiquement illustrée par un graphique, par exemple (1) :

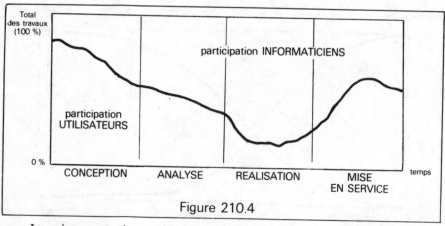

Figure 210.4

La mise en service rapide d'une partie représentative de l'application permet de placer de suite le gestionnaire dans le concret du système informatique projeté et d'augmenter son intérêt pour tous les travaux qui suivront.

La réalisation de ce *prototype* constitue, de plus, un *test* des solutions envisagées.

La figure 210.4 tend alors à devenir (1) :

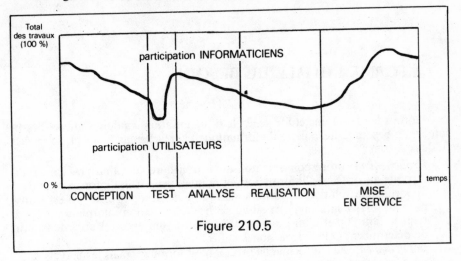

Figure 210.5

4. CONCLUSION

Les développements informatiques nécessitent la compétence technique, mais aussi un savoir-faire professionnel et humain bâti sur l'observation et le jugement de chacun.

Ces développements sont progressifs, mais peuvent nécessiter des retours en arrière ou des anticipations. L'étude détaillée de chaque étape de cette démarche sera l'objet des chapitres suivants.

210. **EXERCICES**

210.1 L'informaticien doit-il prendre des décisions concernant le fonctionnement, l'organisation des services utilisateurs ?

210.2 Etablir le planning de principe correspondant au schéma des étapes de l'automatisation.

210.3 Qui peut juger qu'une application répond au besoin ?

210.4 Quels moyens, utilisés en programmation, peuvent réduire le coût de la maintenance des applications ?

210.5 Avantages et inconvénients de la multiplication des dossiers ?

210.6 * L'informatique peut-elle réellement être introduite dans un processus de gestion sans modifier l'organisation existante ?
Préciser votre réponse.

Voir solutions, p. 229

---

(1) Représentations inspirées de l'ouvrage de Louis Naugès (*Informatique de gestion*, Association des anciens élèves de l'IAE de Paris, 1976).

211. La révélation du besoin

1. LA FORME INITIALE DU BESOIN

Hormis le cas où une étude générale d'organisation conduit à utiliser l'ordinateur, un besoin de recourir à l'informatique peut, schématiquement, se révéler de deux façons :

— *Explicitement :* un responsable utilisateur doit faire face à un problème qu'il attribue au système d'information, et auquel, pense-t-il, l'informatique peut apporter une solution. Il formule alors une demande précise qui est transmise au service informatique ou au service organisation informatique. Cette requête fera l'objet d'un examen rapide, en liaison avec cet utilisateur, afin de déterminer si elle est ou non justifiée.

— *Implicitement :* aucune demande précise n'est formulée, mais le mauvais fonctionnement de certains services ou de certaines procédures (un *dysfonctionnement*) laisse supposer un problème d'information, donc une éventuelle solution par automatisation. La direction devra alors, si elle le juge nécessaire, lancer une réflexion à laquelle seront associés utilisateurs, informaticiens et éventuellement organisateurs pour éclaircir la situation, pour expliciter le cas échéant un besoin d'informatique.

> *Ex. :* l'accroissement du nombre de commandes clients non satisfaites dans les délais peut avoir pour origine une mauvaise gestion manuelle des stocks ou un défaut de planification de la fabrication auxquels l'informatique peut remédier.

Remarquons qu'un besoin implicite non repéré deviendra évident dans un délai plus ou moins long : en certains cas, il pourra être trop tard pour mener une action efficace.

Les systèmes informatiques peuvent eux-mêmes être générateurs de besoins : les applications existantes peuvent se révéler inadaptées, insuffisantes ou dépassées.

2. FORMULATION DU BESOIN EXPLICITE

Le besoin détecté, explicité, sera formulé clairement dans un rapport de quelques pages émanant des responsables utilisateurs concernés ou ayant leur aval.

Ce rapport est le point de départ de la suite des études d'automatisation.

Il sera transmis à la direction et au comité informatique s'il existe, en vue de la *décision 1* (fig. 210.1) : lancer ou non une étude d'opportunité concernant le problème posé ; cette décision pourra déjà être orientée, le cas échéant, par le *schéma directeur* existant.

3. LA GENESE DU RAPPORT

3.1. L'événement d'origine

Les responsables gestionnaires sont naturellement et quotidiennement attentifs à tout ce qui pourrait les aider dans leurs tâches.

Ainsi l'idée d'un recours à l'informatique peut-elle leur arriver par des voies plus ou moins rationnelles. Elle peut par exemple résulter :
— de discussions de restaurant d'entreprise ;
— d'une rumeur ;
— d'articles de presse, qui peuvent alerter en exposant les problèmes rencontrés par des entreprises similaires, mais aussi présenter quelques réalisations de pointe comme monnaie courante, et inciter à des demandes excessives.

Ces sources d'information ont souvent plus d'importance qu'il n'y paraît dans la genèse des besoins explicites et ne doivent pas être négligées.

Des origines plus rigoureuses sont également décelables, citons :
— la lecture des notes internes à l'organisation ;
— l'examen des résultats de l'entreprise (comptes, coûts...) ;
— les courriers clients et fournisseurs ;
— les prévisions de production.

Dans certains cas, plutôt que d'attendre une matérialisation trop évidente des dysfonctionnements, responsables de direction ou service organisation-informatique pourront lancer des études préventives visant à détecter les problèmes latents du système d'information.

> *Ex. :* dans les organisations utilisant déjà abondamment l'informatique peuvent ainsi être lancées des opérations de contrôle, d'*audit informatique,* pour vérifier que les applications tiennent bien leur rôle dans les conditions économiques prévues et que l'ordinateur est bien exploité.

En réalité, toutes ces origines d'information se complètent, se renforcent dans la pratique pour aboutir à la prise de conscience du besoin, ou au moins d'un problème à résoudre.

3.2. L'analyse du besoin

Plus l'origine d'un besoin est imprécise, plus il faudra enquêter pour le clarifier ou l'expliciter.

Les personnes chargées de cette étude agiront avec souplesse en un minimum de temps sans entrer dans une critique détaillée de l'existant.

Cette analyse peut être menée en partant des manifestations apparentes pour remonter à leurs causes, souvent multiples, et donnant la nature du besoin (traitement, circulation...).

> *Ex. :* un fabricant de jouets n'arrive pas à facturer ses marchandises en temps voulu, la facturation manuelle emploie le personnel nécessaire pour écouler la charge de travail sur l'année, mais 80 % des ventes ont lieu en décembre. Ce problème résulte d'une masse d'informations à traiter variant dans l'année ; l'informatique pourra probablement contribuer à sa solution.

Le tableau suivant donne quelques liens de cause à effet possibles :

Causes possibles (relativement à l'information)	Observation — Informations erronées ou non fiables	Informations (ou événements) apparaissant trop tard	Manque d'informations
Masse d'informations supérieure aux moyens de traitement		X	
Masse d'informations à traiter variable («dents de scie»)		X	
Défaut des procédures de circulation	X	X	X
Défaut des procédures de traitement	X	X	X
Présence d'informations inutiles		X	
Manque de contrôles	X		
Trop de contrôles		X	
Manque de sources d'informations			X

Ayant déterminé à grands traits les causes des défauts constatés, il sera possible de savoir avec une assez faible probabilité d'erreur si l'informatique est susceptible de s'appliquer à la situation : hypothèse qui sera confirmée ou infirmée par les travaux d'étude d'opportunité.

211. EXERCICES

211.1 En reprenant le tableau de ce chapitre liant observations et causes possibles (§ 3.2), quels sont selon vous les défauts qui peuvent être corrigés par l'informatique ?
Précisez les nuances éventuelles à vos propositions ?

211.2 **Cas «INTERINFO»** (voir p. 194)
— * Survol (résumer en 5 lignes les points essentiels du sujet).
— Pourquoi contacter les services comptables et du personnel au début de l'étude ?
— Répertorier les besoins mis en évidence en essayant de séparer besoins explicites et implicites.
— Point commun aux applications envisagées ? Avantages de la globalisation des études ?
— Quels entretiens complémentaires doivent-ils être organisés avant de conclure le recensement des besoins ?
Préparer ces entretiens en précisant leur objectif principal.

Voir solutions, p. 231

212. Analyse critique de l'existant

1. SITUATION DE L'ANALYSE

1.1. Chronologie

L'*analyse critique* de l'existant est la première partie de l'étude d'opportunité décidée éventuellement au vu du rapport sur le besoin (décision 1). Son objectif est de préciser, de vérifier les insuffisances supposées du système d'information.

Remarquons que cette étude critique peut avoir déjà été menée dans le cadre d'une étude d'organisation plus générale : si cette étude est récente, il est inutile de la reprendre, sinon sur des points précis intéressant spécialement l'informaticien (nombre d'utilisateurs se sont lassés d'avoir eu à répondre aux mêmes questions posées par l'organisateur, puis l'informaticien de conception, l'analyste...).

1.2. Démarche

L'analyse de l'existant se propose de répondre à la question : « Quelles sont les procédures actuelles de traitement et de circulation des informations, doit-on les modifier ? »

Sa démarche, axée vers la recherche des points d'intervention utiles de l'ordinateur et la reconstruction de nouvelles procédures, est similaire à celle de l'organisation administrative (un organisateur est d'ailleurs au centre de l'analyse quand l'étude est importante).

L'*analyste de conception* utilise à cet effet les techniques et l'approche de l'organisateur : choix, analyse, critique, son activité étant articulée autour de ses entretiens avec les gestionnaires.

1.3. Les intervenants

L'analyse critique est l'œuvre d'un *groupe d'étude* de composition variable, mais qui comprendra toujours une représentation des utilisateurs concernés et un analyste informaticien expérimenté.

Ce groupe d'étude sera généralement constitué sur décision de la direction ou du comité informatique. Un de ses membres désigné assumera la responsabilité de l'étude, sa coordination, et sera chargé d'effectuer les synthèses nécessaires. Il sera souvent appelé à prendre en main la suite du projet.

1.4. Les effets secondaires

L'analyse critique amène à recueillir les avis de plusieurs utilisateurs potentiels de l'informatique, à évoquer avec eux les possibilités de l'informatique.

Une telle étude sera connue bien au-delà du domaine étudié, dans d'autres services, par exemple à l'occasion de discussions entre responsables.

Ainsi le simple fait de mener une étude peut provoquer la révélation d'autres besoins par un phénomène d'entraînement, et les *concepteurs* seront très attentifs à ce qui pourra ainsi leur être révélé.

Certains besoins qui apparaissent de cette façon peuvent en effet être liés au domaine d'étude ou lui être complémentaires, et l'on pourra avoir intérêt à les rattacher à l'analyse en cours.

Cette *globalisation* de l'étude, quand elle est logiquement et techniquement justifiée, permet souvent de réduire le coût de développement des applications ainsi rattachées au projet de départ, alors que celles-ci seraient devenues nécessaires à brève échéance.

Elle peut aussi permettre l'amortissement des frais d'équipement informatique qui n'auraient pas été récupérables sur une seule application (achat ou location d'un ordinateur par exemple).

2. L'ANALYSE CRITIQUE

2.1. Le déroulement

L'analyse de l'existant précède en principe sa critique : ces deux parties de l'étude ne forment pas cependant, dans la majorité des cas, deux blocs séparés dans le temps.

Dans la pratique, l'analyse de l'existant est réalisée avec un esprit critique, ce qui ne doit pas supprimer l'objectivité de l'observateur, et la critique finale consiste simplement en une synthèse des observations et des critiques déjà relevées.

Nous allons cependant donner quelques principes à respecter pour chaque partie de l'étude.

2.2. L'analyse de l'existant

Ces premiers travaux de l'analyse critique consistent à recueillir les informations nécessaires pour établir un diagnostic de la situation de l'organisation observée, puis élaborer un avant-projet de solutions aux problèmes rencontrés.

Ainsi il peut être utile de connaître dans le domaine observé :
— l'activité de l'organisation, de ses services ;
— les traitements effectués, les procédures en vigueur ;
— l'affectation des responsabilités (organigramme, étude des postes...) ;
— les documents et fichiers existants, les informations utiles ;
— les moyens de traitement utilisés ;
— les flux d'information, les délais ;
— les coûts du système existant (pas toujours faciles à établir avec précision).

Les informations réunies seront toujours validées par les responsables utilisateurs concernés (par exemple en leur transmettant pour accord et avant autre diffusion les observations effectuées) et présentées sous des formes appropriées et simples. Elles pourront notamment être réunies dans :
— des fiches descriptives de postes, des diagrammes de circulation ;
— une liste de documents, de fichiers ;
— des diagrammes d'attribution ;
— des fiches descriptives de documents et de fichiers :

Les états de coûts feront toujours mention des règles de calcul utilisées, et un rapport résumé des observations déterminantes facilitera la suite de l'étude.

2.3. La critique de l'existant

C'est un *diagnostic,* effectué point par point puis synthétiquement, et reposant sur l'observation préalable de l'existant.

A noter que le diagnostic d'une situation doit faire ressortir ses *points faibles* (critiques négatives) mais aussi ses *points forts* (critiques positives), ces derniers devant en règle générale être conservés ou renforcés par le projet qui suivra.

La critique de l'existant doit être réaliste, *pragmatique :*

— on ne peut tout changer, car il est difficile aux hommes et à leurs organisations de modifier brusquement et radicalement leurs façons de faire ;

— certains points imparfaits devront souvent être conservés car imposés par l'environnement du domaine observé (ce sont des *contraintes* de fonctionnement).

> *Ex. :* un fabricant de jouets ne peut pas modifier la répartition des commandes trop irrégulière sur l'année, il pourra par contre se doter de moyens de traitement plus souples de ces commandes.

Elle s'articulera en cinq étapes :

— *critique point par point,* le plus souvent commencée lors de l'analyse de l'existant ;

— *synthèse* des critiques, certaines pouvant se renforcer, d'autres se compenser et justifier l'existant ;

— établissement d'une *liste hiérarchisée* des anomalies subsistantes, de la plus grave à la plus anodine ;

— réflexion sur les *causes réelles* de ces anomalies, qui peuvent être masquées par de nombreuses manifestations différentes, qu'il serait vain de vouloir supprimer sans s'attaquer à leur origine fondamentale ;

> *Ex. :* les commandes sont souvent honorées en retard, car l'ordinateur de traitement est régulièrement en panne : en réalité, c'est l'alimentation électrique, le réseau 220 Volts, qui présente une faiblesse à heure fixe, il est donc inutile de changer d'ordinateur.

— *diagnostic final,* faisant apparaître, concernant l'existant :
  - les points à conserver ou à renforcer ;
  - les points à revoir, c'est-à-dire les insuffisances du système actuel.

212. EXERCICES

212.1 Situations relatives possibles de l'étude d'organisation et de l'analyse critique étudiée dans ce chapitre ?

212.2 Différences entre : recherche des besoins ; analyse critique de l'existant ?

212.3 *Cas «SA Carton»* (voir p. 191)
       En reprenant l'étude d'organisation déjà effectuée :
       — ordonner les critiques négatives de la plus grave à la plus
         anodine ;
       — face à chacune des critiques, préciser sa cause réelle à grands
         traits ;
       — établir le diagnostic de la situation.

Voir solutions, p. 232

213. La recherche des solutions

1. SITUATION DE L'ETAPE

1.1. Chronologie

La recherche de nouvelles solutions à un problème d'information fait suite, dans notre schéma, à l'analyse critique de l'existant. Elle consiste à chercher les remèdes aux anomalies constatées.

1.2. Les solutions et l'informatique

Face à un problème et compte tenu de son contexte (contraintes de l'environnement, possibilités de dépenses d'investissement, personnel disponible...), l'informatique n'apporte pas forcément la meilleure solution.

La modification ou la mise en place de nouvelles procédures manuelles ou mécanisées peut donner satisfaction.

> *Ex.:* l'établissement de devis concernant des fournitures spécifiques nécessitant une étude par un spécialiste ne peut être automatisé, mais sera facilité par des procédures de circulation de l'information adaptées en raison, par exemple, de leur rapidité.

On peut ainsi envisager trois cas de figure :

— modification des procédures et des moyens de traitement, sans recourir à de nouveaux traitements par ordinateur ;
— automatisation, sans modification de fond des procédures de circulation ni de la structure des services utilisateurs (postes, attributions...) : l'ordinateur s'insère simplement comme un outil de travail en certains points de l'organisation ;

> *Ex.:* la commande client, saisie dès son arrivée, sera disponible au service livraison, au service commercial et au service facturation par consultation d'un fichier des commandes géré par ordinateur à l'aide d'un *terminal clavier-écran,* et non plus sous forme d'une copie papier.

— automatisation avec modification, réorganisation des services utilisateurs.

Dans les situations intéressant cet ouvrage, l'ordinateur aura toujours son rôle à jouer, pour tout ou partie des solutions.

1.3. La démarche

L'objectif de cette étape est de fournir une réponse à la question : « Quelles solutions économiquement valables peut-on envisager pour le problème posé, et quel rôle l'ordinateur y jouera-t-il ? »

Pour préparer cette réponse, il faudra explorer plusieurs solutions et définir les contraintes qu'elles doivent respecter (coûts, délais de mise en œuvre...), puis en déduire ce qui est acceptable et constituera le *domaine du possible.*

1.4. Les intervenants

C'est au groupe d'étude d'élaborer les projets de solutions, aussi appelés *avant-projets,* qui seront soumis aux instances de décision.

Si celui-ci n'a pas été désigné plus tôt, un chef de projet sera nommé.

Il sera notamment responsable de la construction des avant-projets sur les plans technique, financier et organisationnel, et devra les défendre auprès de la direction ou du comité informatique.

2. LE DEROULEMENT

2.1. Le point de départ

Ce sont les informations recueillies lors de l'étude de l'existant, les conclusions correspondantes et le rapport concernant les besoins détectés.

L'élaboration d'un avant-projet étant l'œuvre des mêmes personnes que l'analyse critique de l'existant dans la plupart des cas, il n'y a pas de problème particulier de passation de l'information.

2.2. L'exploration

L'exploration des solutions envisageables peut se faire selon trois axes directeurs :
— objectifs à atteindre ;
— contraintes à respecter ;
— solutions.

En toute rigueur, cette exploration devrait être menée dans l'ordre cité, pour aboutir à des principes de solutions compatibles avec les objectifs et les contraintes.

Concrètement, l'approche se fait souvent globalement et progressivement : une ébauche de solution peut notamment faire ressortir des contraintes négligées jusqu'alors.

Dans cette recherche, il est difficile de tout répertorier dès le début, et une démarche *itérative,* avec de fréquents retours en arrière pour ajuster les données et les solutions, est presque toujours nécessaire.

Des *techniques de créativité* peuvent être mises en œuvre (« brainstorming » ou matrices de découverte par exemple), notamment lorsque les problèmes à résoudre nécessitent de sortir des solutions traditionnelles.

Reprenons un à un les axes d'exploration (1) :

• La *détermination des objectifs* des nouvelles procédures de circulation et de traitement de l'information repose sur la critique de l'existant (il s'agit de remédier aux anomalies éventuellement relevées), mais dépend aussi :
— des perspectives d'évolution de cet existant à moyen terme (de 2 à 5 ans environ), notamment concernant le volume des informations à traiter. Le système informatique mis en place devra pouvoir fonctionner plusieurs années sans modifications majeures. Il faudra donc, par exemple, prévoir la

---

(1) Voir R. Reix, *Informatique appliquée à la comptabilité et à la gestion,* Foucher, 1980.

puissance maximum attendue de l'ordinateur à acquérir pendant la durée de son utilisation ;
— de la politique de l'organisation, qui peut influer sur le type de solution à retenir.

> *Ex. :* telle entreprise ayant comme objectif la décentralisation totale de sa gestion au niveau de ses établissements régionaux d'ici 4 ans, les objectifs tendront plutôt à la construction d'un *système informatique réparti* qu'à celle d'un *système centralisé*.

Ces objectifs seront énoncés en termes généraux, mais assez explicites pour orienter les solutions. Ils préciseront les délais à respecter.

> *Ex. :* «réalisation d'une application facturation dans un délai de dix mois. Cette application devra traiter à terme 1 500 factures par jour et être utilisable sur chacun des trois ordinateurs de la société».

• La *détermination des contraintes* que doivent respecter les nouvelles procédures résulte également en partie de l'étude de l'existant (ordre des traitements, délais, confidentialité de certaines informations...), des évolutions prévisibles et de la volonté des dirigeants de l'organisation, de leur politique.

Citons la nature des contraintes le plus fréquemment rencontrées :
— coût, financement des solutions (tant pour la mise en place que pour l'exploitation et la maintenance des applications) ;
— délais de réalisation (au-delà desquels l'organisation peut, en certains cas, être placée dans une situation critique) ;
— emploi et réemploi du personnel (pas de licenciements, reconversions, embauches...) ;
— volume d'informations à traiter ;
— délais d'accès à l'information, aux résultats des traitements ;
— protection de certaines informations confidentielles ;
— préservation des fichiers contre la destruction ;
— respect de procédures imposées par l'environnement de l'organisation, ou du domaine étudié.

Certaines de ces contraintes, d'importance capitale pour les développements envisagés, peuvent apparaître, comme nous l'avons vu, dans les objectifs généraux.

• La *recherche de principes de solutions* envisageables se fait à partir des résultats de l'analyse critique de l'existant et des objectifs généraux énoncés.

Elle est menée en tenant compte en permanence des contraintes spécifiées, mais aussi d'autres éléments auxquels le groupe d'étude est sensibilisé, tels :
— la possibilité éventuelle d'utiliser un ordinateur déjà en place dans l'organisation (et qui n'est pas « saturé » par d'autres travaux) ;
— les résistances humaines aux changements ;
— les possibilités techniques en matière d'informatique.

Remarque : sur ce dernier point, les possibilités des deux principaux modes de traitement des données seront en particulier présentes à l'esprit des concepteurs de systèmes informatiques.

Il s'agit du mode de traitement en différé, par *lots*, de données préalablement regroupées et traitées périodiquement toutes ensemble, et du traitement en *temps réel, immédiat,* des données dès qu'elles apparaissent dans l'organisation.

Le traitement immédiat est par exemple possible si l'on dispose de terminaux clavier-écran aux postes de travail concernés ; le résultat d'un tel traitement apparaîtra sur l'écran presque immédiatement après la saisie des données au clavier. Le délai s'écoulant entre saisie et affichage du résultat est appelé *temps de réponse* du système (sur un terminal, des temps de réponse de 2 à 5 secondes sont considérés comme très convenables en gestion).

Il s'agit là d'une première approche : un approfondissement, des coûts en particulier, pourra conduire à l'élimination de certains avant-projets. Il est donc utile d'en envisager plusieurs (qui peuvent n'être que des variantes d'un même schéma de base).

2.3. Représentation des principes de solutions

La représentation adoptée pour chaque avant-projet devra faire ressortir ses caractéristiques essentielles, sa réponse aux objectifs énoncés.

Une solution recourant à l'informatique pourra être décrite à grands traits par un *diagramme des flux et fichiers* (1), appelé aussi *organigramme général des traitements.*

Ce schéma, dont un exemple est donné par la figure 213.1, fait apparaître les principaux fichiers, documents et traitements manuels ou automatiques qui la caractérisent, ainsi que les flux d'informations (les *interfaces*) reliant l'ensemble.

Il utilisera autant que possible les symboles d'organigrammes des données.

Certains types d'équipements caractérisant la solution peuvent y être représentés (ici, des claviers de saisie).

Lorsqu'un projet *intègre* plusieurs applications, chacune d'entre elles sera représentée par un rectangle de traitement unique.

Un tel diagramme doit bien sûr être accompagné de toute indication complémentaire utile à sa compréhension.

2.4. L'approfondissement des solutions

Les principes établis doivent être approfondis en vue de s'assurer de leur *faisabilité* pratique et technique, avec une probabilité très faible d'erreur, et de *préparer* l'estimation de leur coût (qui rappelons-le peut être entaché à ce stade d'une erreur de 30 à 50 %).

A cet effet, on s'attachera surtout à préciser les moyens nécessaires à la mise en œuvre des solutions.

Les principales questions à se poser dans ce but sont les suivantes :
— quel matériel sera nécessaire (dans le cas d'un ordinateur : type, puissance) ?
— quels logiciels de base ?
— matériel et logiciel nécessaires sont-ils opérationnels, disponibles sur le marché (les revues et expositions informatiques permettent d'évaluer l'évolution des techniques en termes de probabilités, mais présentent très souvent les choses avec optimisme) ?

---

(1) R. Reix, *Informatique appliquée à la comptabilité et à la gestion,* Foucher, 1980.

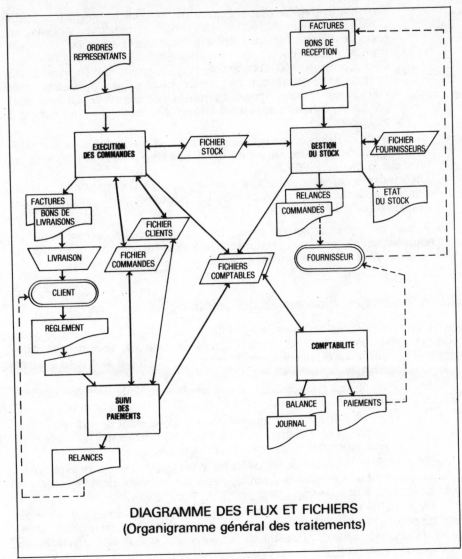

DIAGRAMME DES FLUX ET FICHIERS
(Organigramme général des traitements)

Figure 213.1

— la solution, ou une solution voisine, a-t-elle déjà été réalisée en totalité ou en partie (prendre contact éventuellement avec d'autres organisations ou des spécialistes de l'extérieur)?

Une réponse affirmative est encourageante et l'étude de cette réalisation évitera sûrement des erreurs.

— quelles fournitures, quels locaux seront nécessaires?
— la saisie initiale des informations stables de l'application, ou *saisie de masse,* représente-t-elle un travail important (point crucial lors d'un passage traitement manuel/traitement automatique)?

Ex. : une entreprise désirant gérer par ordinateur son fichier client actuellement manuel (3 000 articles contenant chacun en moyenne un texte de 1 200 caractères) devra préalablement saisir ce fichier sur support informatique.

Ceci représente 3 600 000 caractères qui devront être frappés par un opérateur de saisie sur un clavier raccordé à l'ordinateur, soit 400 heures de travail pour une cadence de frappe de 2,5 caractères par seconde (sans compter les erreurs de saisie qui seront ensuite à rectifier).

— quels seront les délais et les conditions de mise en œuvre du projet (un planning général des grandes phases du développement pourra être établi à cet effet par la méthode PERT)?

— quels moyens en personnel seront nécessaires, dans l'organisation, et le cas échéant à l'extérieur, en sous-traitance, pour les développements, puis l'exploitation et la maintenance?

Passées au crible de ces questions, les solutions envisagées pourront être amendées ou simplement, pour certaines, éliminées. Ne resteront que celles qui sont pratiquement et techniquement valables.

2.5. L'évaluation économique des solutions

L'approfondissement des solutions nous a fait recenser les facteurs de coûts correspondants. Pour apprécier leur pertinence économique, nous devons maintenant les «chiffrer» avec une incertitude minimale, en faisant intervenir si nécessaire des fourchettes de valeurs.

Les calculs au centime sont superflus, compte tenu de la précision espérée : on compte souvent en multiples de 1 000 F (en «KF» ou kilo-francs).

Ex. : le coût horaire d'un opérateur de saisie étant de 85 F pour l'entreprise, toutes charges et frais de gestion inclus, les 400 heures de saisie représentent un coût de personnel de 34 KF.

Il faut mettre en regard de ces coûts les avantages économiques escomptés : gain en personnel, croissance des ventes, gains sur la trésorerie, le matériel, les locaux, les fournitures, le téléphone...

L'estimation de ces gains provient pour l'essentiel des économies attendues par rapport à l'ancien fonctionnement, ou d'hypothèses commerciales ; elle est aussi délicate que celle des frais du nouveau système et doit être effectuée avec méthode et prudence.

Elle est largement facilitée par l'étude des coûts de la *comptabilité analytique, des statistiques de ventes* ou, quand cela est possible, par référence à des situations analogues.

Les conclusions de ces estimations doivent être résumées dans un tableau récapitulatif, année par année, sur une période correspondant à la *durée de vie* minimale du système projeté, sans négliger la durée de sa mise en place (ex. fig. 213.2).

Un tableau sera établi par avant-projet, en mentionnant ses justifications éventuelles non chiffrables.

Il résulte de ce bilan que certaines solutions doivent être abandonnées, ou simplement modifiées : les objectifs mêmes des applications peuvent être revus à la baisse si aucun avant-projet n'est réellement rentable.

Dans ce dernier cas, la décision appartient bien entendu aux responsables de la direction et du comité informatique, et le processus de construction des avant-projets sera repris sur de nouvelles bases.

L'ensemble des solutions faisant apparaître un bilan financier compatible avec les possibilités de l'organisation constitue le domaine du possible, en règle générale beaucoup plus restreint que celui que l'on pouvait envisager au début de l'étape.

POSTES	ANNEES					Coûts en KF 1984
	1984	1985	1986	1987	1988	TOTAL
A. Coûts ancien système :						
— *personnel*	*210*	*210*	*210*	*280*	*280*	
— *fournitures*	*50*	*60*	*70*	*80*	*90*	
— *entretien matériel*	*20*	*20*	*30*	*30*	*50*	
TOTAL A	*280*	*290*	*310*	*390*	*420*	*1 690*
B. Coûts nouveau système :						
— *personnel*	—	*70*	*70*	*70*	*70*	
— *développement*	*350*	*100*	—	—	—	
— *matériel, entretien*	*250*	*50*	*50*	*50*	*80*	
TOTAL B	*600*	*220*	*120*	*120*	*150*	*1 210*
C. Gains escomptés :						
— *crédit clientèle réduit*	*50*	*60*	*60*	*70*	*70*	
TOTAL C	*50*	*60*	*60*	*70*	*70*	*310*
RESULTAT A — B + C	— *270*	+ *130*	+ *250*	+ *340*	+ *340*	
TOTAL						+ 790

DATE : *23 avril 1984* PROJET : *Suivi, gestion commandes* Version 1

D. Avantages non chiffrables ... *Délais de livraison plus concurrentiels.*

Figure 213.2. — *Tableau récapitulatif*

3. CONCLUSION

L'ensemble des documents établis durant l'analyse critique de l'existant et la recherche des solutions, auquel s'ajoutera un rapport de synthèse de quelques pages constituent le *dossier d'étude d'opportunité* (concernant les seules solutions valables).

Le rapport de synthèse y occupe une place importante puisqu'il permettra aux responsables compétents de décider de la suite à donner aux projets. Il reprendra notamment les objectifs, une description rapide des solutions et les bilans chiffrés.

213. EXERCICES

213.1   *Cas «Interinfo»* (voir p. 194)
— Liste des applications envisageables.
— Tableau récapitulatif économique sur cinq ans en vue de la prise de décision d'automatiser ; arguments non chiffrables.
— Diagramme des flux et fichiers.

213.2   *Cas «SA Carton»* (voir p. 191)
— Décrire succinctement la solution proposée, notamment en ce qui concerne :
   • l'assistance informatique à la vendeuse ;
   • la conservation des documents papier ;
   • la gestion du stock ;
   • la facturation.
— *Matérialiser cette solution par un diagramme de circulation où figurera l'ordinateur.
   Comment conserver sa responsabilité au service facturation ?

Voir solutions, p. 233

214. Le choix de solution et la planification

1. SITUATION

1.1. Chronologie

L'étude d'opportunité produit un dossier présentant plusieurs avant-projets de solution.

D'autres études d'opportunité peuvent coexister dans l'organisation, concernant des domaines différents de sa gestion.

La présente étape va permettre de trancher entre toutes ces possibilités de développement *(décision 2* de la fig. 210.1).

Elle marque la fin de la période de conception d'un projet informatique et est suivie de l'analyse fonctionnelle.

1.2. La démarche

Elle consiste à effectuer une synthèse entre les besoins pressentis, les développements en cours, les projets présentés, les analyses préalables engagées, de façon à retenir un ensemble de travaux et de méthodes de travail compatibles avec les moyens financiers, matériels et humains disponibles et présentant une utilité maximum pour l'organisation.

1.3. Les intervenants

Les décisions orientant les réalisations informatiques sont prises ici au plus haut niveau, car elles mettent en jeu l'efficacité du système d'information : elles sont le fait de la *direction* ou du *comité informatique*, s'il existe, la direction y étant représentée.

Le responsable du groupe d'étude ou le chef de projet peuvent être amenés à présenter et soutenir leur étude lors de réunions préparant les décisions, voire à effectuer un complément de recherches à la demande de la direction ou du comité.

2. LA BASE DES DECISIONS

Une organisation indépendante peut gérer comme elle l'entend son *informatique interne :* les résultats obtenus permettent seuls de juger de l'efficacité de cette gestion.

Ainsi les décisions peuvent être l'œuvre d'un seul homme et prises au coup par coup dans telle entreprise de faible taille, ou au contraire collégiales, planifiées dans telle autre.

Les éléments qui suivent peuvent ou non être présents formellement, c'est de peu d'importance. L'essentiel est que les méthodes, les raisonnements, les précautions qu'ils représentent ne soient pas négligés.

• Le *comité informatique* orchestre les développements informatiques et contrôle leur déroulement, l'efficacité des applications produites, le fonctionnement du service et plus généralement du système informatique de l'organisation (il peut, à cet effet, lancer des opérations d'audit, par exemple).

C'est un centre d'échange de vues, de réflexion et de décision qui est garant de l'efficacité du plan informatique.

• Le *schéma directeur* de l'informatique est un document regroupant l'ensemble des règles auxquelles doivent obéir les réalisations dans ce domaine.

C'est un véritable « code » de l'informatique interne.

Il est établi initialement, lors des premières réunions du Comité informatique nouvellement créé, puis si nécessaire modifié par ce dernier.

Ce schéma directeur peut notamment définir les grands objectifs de l'automatisation, les priorités entre différents domaines d'activité, les comités et commissions divers et leurs rôles dans les développements informatiques, les méthodes à utiliser sur le plan technique, pour la documentation des produits...

• Le *plan informatique* répartit les développements dans le temps, conformément aux règles du schéma directeur quand ce dernier existe.

Il est indispensable dès que l'activité informatique interne est diversifiée et sera alors avantageusement placé sous le contrôle d'un comité informatique.

Un plan informatique doit être respecté pour permettre un échelonnement dans le temps harmonieux et sans « à coups » des réalisations.

Pour ceci, il ne doit être *ni trop rigide* (les aléas le rendraient vite irréaliste) *ni trop souple* (il mènerait alors au chaos) et être soigneusement adapté aux moyens disponibles.

Un bon moyen de répondre à ces deux exigences est de distinguer deux *plans* « *glissants* » :

— un plan *prospectif,* indicatif des développements envisagés pour les cinq ans à venir (domaines et problèmes concernés et années de prise en charge prévues) ;
— un plan *opérationnel,* véritable planning de développement et de mise en place des applications, établi au trimestre ou au mois près pour les deux ans à venir.

Ces deux plans seront complétés périodiquement de façon à toujours couvrir les cinq ans ou deux ans à venir (le plan prospectif sera par exemple complété et corrigé tous les ans et le plan opérationnel complété tous les trois ou six mois). Ils serviront bien sûr en permanence de cadre de référence pour apprécier la situation réelle *d'avancement* des travaux.

Le plan est consigné dans un document diffusé aux responsables intéressés.

3. LE DEROULEMENT

3.1. Le point de départ

C'est l'ensemble des dossiers d'étude d'opportunité, et en particulier les rapports de synthèse, qui contiennent et fournissent les bilans économiques estimés de chaque avant-projet.

Ces dossiers seront étudiés par les personnes concernées avant les décisions ; ils seront notamment remis aux membres du comité informatique en temps opportun.

3.2. Les prises de décision

La direction ou le comité informatique devront effectuer les choix suivants :
— *inclure un projet* informatique dans les prévisions de développement, dans le plan, ou le rejeter définitivement, temporairement, partiellement ou en totalité (certaines applications le constituant pouvant être retenues) ;
— *choisir, parmi les avant-projets* de solution d'un problème, lequel sera réalisé, ou relancer le groupe d'étude si aucun n'est satisfaisant ;
— *accorder des priorités* aux projets, aux problèmes à résoudre, ce qui conduit à échelonner les développements correspondants dans le temps, à les placer dans le plan informatique ;
— *regrouper* des projets voisins qui peuvent faire avantageusement l'objet d'une étude unique ;
— *tester* un projet à petite échelle, en partie, pour des raisons techniques ou humaines.

Ces choix dépendent des dossiers d'étude présentés, mais aussi du contexte général dans lequel ils se situent : du plan existant, du schéma directeur, des besoins en cours d'étude ou des limites du *budget informatique.*

> *Ex. :* tel projet rentable verra sa réalisation repoussée de trois ans, le personnel de développement étant occupé à d'autres travaux pour cette période, toute embauche étant provisoirement suspendue et la sous-traitance trop coûteuse.

Remarque : Pour apprécier les dépenses informatiques d'une entreprise, l'observateur extérieur peut utiliser en première approche le ratio dépenses/chiffre d'affaires.

Sa valeur moyenne pour les entreprises d'un même secteur d'activité peut servir de référence, avec prudence, puisque chaque entreprise est un cas particulier. En 1982 par exemple, cette moyenne était en France d'environ 0,7 %, tous secteurs confondus, 1 % dans l'électronique et le textile, 0,3 % dans le papier et l'édition, les compagnies d'assurances dépassant 2 %.

Il convient d'insister sur la nécessité de préparer les prises de décision, en particulier le comité informatique ne pourra valablement traiter que de sujets prévus à l'*ordre du jour* de sa réunion.

4. LE TEST DES SOLUTIONS

L'expérimentation des solutions proposées par un avant-projet *a priori* satisfaisant répond à deux préoccupations :
— vérifier que ces solutions sont pratiquement ou techniquement valables ;
— s'assurer d'une participation permanente des utilisateurs tout au long des développements qui suivront, en leur fournissant rapidement un outil informatique concret.

La décision de tester une solution est donc réservée pour l'essentiel à des applications importantes par leur volume ou les conséquences qu'elles peuvent avoir.

Le *prototype* ainsi réalisé consiste en une partie de la solution, le plus souvent mis en œuvre à échelle réduite (dans un service particulier par exemple).

A cet effet, toutes les étapes suivant la conception seront réalisées pour cette partie dans un bref délai.

Son coût, s'il ne dépasse pas certaines limites (10 à 15 % du total des développements), sera généralement récupéré :

— grâce aux études d'analyse et de réalisation qu'il aura en partie avancées, « débroussaillées » ;
— en évitant un investissement coûteux dans des solutions imparfaites ou inadaptées.

Le bilan de cette expérimentation sera, dès son achèvement, examiné par la direction ou le comité informatique pour décision de lancement, de modification ou d'arrêt du projet.

Le maintien en service du prototype jusqu'à la fin des réalisations, s'il est possible, permettra par ailleurs de soutenir la motivation des utilisateurs, leur permettra de mieux comprendre le futur système informatique qu'ils aborderont alors avec une certaine expérience et de formuler au plus tôt des remarques ou demandes complémentaires le concernant.

> *Ex. :* l'implantation, dans une administration, d'un système complexe permettant de gérer l'affectation des personnels en s'aidant de terminaux d'ordinateur placés dans les bureaux des responsables, habitués à un traitement manuel de ces problèmes, sera précédée d'un essai. Un terminal permettra de mesurer l'impact d'une telle solution sur un responsable, les réactions du personnel, et l'efficacité des techniques utilisées pour garantir certaines informations contre les indiscrétions.

5. TABLEAU RESUME DE LA CONCEPTION INFORMATIQUE

ACTEURS : utilisateurs, organisateurs, informaticiens, direction.

DETECTION DES BESOINS D'INFORMATISATION :

— *recueillir* les demandes des utilisateurs, rechercher par tout moyen des indices du besoin (pas toujours par des études officielles, organisées) ;
— quand les besoins se concrétisent dans un domaine particulier (par exemple demande utilisateur), enquête, *analyse rapide* pour recenser les principales anomalies pouvant justifier une automatisation ;
— *rapport* succinct résumant constatations et besoin supposé (2 à 3 pages).

ETUDE D'OPPORTUNITE (ou ANALYSE PREALABLE)

Deux volets :

Analyse critique de l'existant :

— *observation détaillée* de l'organisation du traitement de l'information existante, en utilisant les méthodes de l'organisation administrative (entretiens, études de postes, de documents, diagrammes de circulation...) les mieux adaptées au cas ;
— estimation des *coûts de fonctionnement* du système actuel (au moins de ceux qui pourraient être supprimés, des temps perdus) ;
— cette enquête peut révéler des besoins liés à ceux de l'étude en cours, qui pourront y être associés *(globalisation)* ;
— *critique* de ce qui existe : diagnostic points faibles (à améliorer) et points forts (à renforcer).

Avant-projet de solution :

— réponse au diagnostic : plusieurs solutions peuvent être envisagées au départ ; elles peuvent ou non, ou partiellement, recourir à l'informatique et seront compatibles avec les moyens concrets (notamment financiers) de l'organisation ;
— *comment améliorer l'existant* (il est généralement exclu de tout changer) ? Où faire intervenir l'ordinateur, pour quelles *applications,* où saisir les données, fournir les résultats, liens entre traitements manuels et automatiques, quels seront les principaux fichiers et documents, quelle catégorie d'ordinateur est nécessaire ?
Les réponses constituent un *avant-projet* pouvant être résumé par un diagramme des flux et fichiers ;
— estimation des *coûts des avant-projets,* tableaux comparatifs à l'existant sur 3 à 5 ans, arguments non chiffrables.

CHOIX ET PLANIFICATION, ou rejet des avant-projets, ajournement pour test à échelle réduite (prototype).

214. **EXERCICES**

214.1   Utilité du comité informatique? du plan?

214.2   Pourquoi le comité informatique regroupe-t-il des représentants des
         utilisateurs de différentes directions, de différents services de
         l'organisation?

214.3   **Cas «SOMECACE»** (voir p. 197)
         — * Survol, rapide éventail des problèmes.
         — * Quelles applications informatiques pourraient être développées?
         — Priorités, ordre logique de mise en œuvre de ces applications.
         — Plan informatique opérationnel correspondant, en supposant que
           chaque application représente le travail d'une personne durant
           huit mois (développement), que l'on dispose de cinq spécialistes,
           mais que l'on ne puisse en affecter plus de deux par application et
           que le suivi de chacune des réalisations (maintenance, exploitation)
           représente un mois de travail d'une personne chaque année.
           Nous admettrons également que les applications peuvent être
           développées en parallèle.

Voir solution, p. 237

22. L'ANALYSE FONCTIONNELLE

220. Principes de l'analyse fonctionnelle

1. SITUATION ET OBJECTIF

L'étude d'opportunité et les décisions de la planification ont produit finalement un avant-projet de solution à un problème donné de gestion.

Cette solution est ébauchée succinctement : applications la constituant, principaux documents et fichiers, liaisons de principe entre ces éléments ; voilà pour l'essentiel.

Il en va de même concernant un éventuel prototype.

Nous sommes encore loin de la décomposition des travaux correspondants en opérations élémentaires de traitement (acquisitions, mémorisations, traitements, présentations) ou d'une description détaillée des fichiers et des relations entre ces derniers.

De telles précisions seront cependant indispensables pour finalement réaliser les programmes d'ordinateur : nous les atteindrons par paliers successifs, selon une *démarche descendante,* analytique, menant du général au particulier.

L'analyse fonctionnelle est un de ces paliers, dont le but est de préciser quelles fonctions réalisera une application, de quelle manière et avec quels moyens pratiques et techniques elle répondra au problème posé.

Elle étudie les grands processus à mettre en œuvre et doit préparer les travaux de réalisation en décomposant chaque application en ensembles homogènes de *traitements,* mais elle ne fournit pas leurs détails de mise en œuvre sur tel ordinateur particulier : ce sera le rôle de l'étape suivante, l'analyse organique.

2. LA DEMARCHE

Il n'y a pas de méthode universelle et absolue pour mener une analyse fonctionnelle.

La façon de faire peut varier selon l'importance de l'application, les opportunités pratiques, la personnalité et l'expérience des informaticiens et des utilisateurs. Il est cependant essentiel :
— de procéder logiquement, avec ordre ;
— d'aborder tous les points nécessaires pour définir les fonctions prises en charge par l'ordinateur au sein de l'organisation.

Cette seconde remarque va nous permettre, malgré la diversité des cas concrets, de tisser la toile de fond de toute analyse fonctionnelle, qui devra comporter :
— la description des informations résultantes, des *sorties* de l'application à destination des utilisateurs ;

— la détermination des *règles* de traitement particulières à l'organisation, qui permettront d'obtenir ces sorties ;
— la détermination des informations élémentaires, d'*entrée,* nécessaires pour l'obtention des résultats ;
— la définition des *fichiers* qui devront être utilisés pour mémoriser des informations stables d'un traitement à l'autre ;
— la description des grandes *fonctions de traitement* qui seront prises en charge par l'application, et de la manière dont se fera leur *insertion* dans l'organisation et ses procédures.

L'ordre des points cités correspond à une méthode très utilisée : l'*approche par les sorties,* que nous adopterons dans cet ouvrage pour des raisons pédagogiques.

Elle est parfaitement justifiée pour l'étude d'applications de gestion qui produisent d'abondants résultats, de nombreux documents. Partant de l'examen des sorties dont on recense le contenu, l'analyse se développe alors suivant un enchaînement de questions et de réponses :

— comment s'obtiennent les sorties ? → règles ;
— à partir de quoi les règles s'appliquent-elles ? → entrées ;
— parmi ces entrées, lesquelles sont stables → fichiers ;
— quels assemblages de règles, entrées et sorties correspondent à un rôle, une activité homogène dans l'organisation ou l'application ? → fonctions de traitement, insertion.

Notons que d'autres approches sont possibles : par les entrées, par les fichiers, par les traitements, ou même globale dans le cas des applications *interactives.*

On commencera généralement à étudier une application par sa composante la plus significative des problèmes à résoudre.

L'extension aux autres aspects se fera ensuite automatiquement, car ils sont tous liés : ainsi, pour démêler une pelote de laine, commence-t-on par saisir le bout le plus accessible.

Quel qu'en soit le point de départ, l'analyse fonctionnelle se réalise par approches successives, par *itérations,* jusqu'à construction d'un édifice satisfaisant.

3. LES PARTICIPANTS

Utilisateurs et *analystes fonctionnels* informaticiens collaborent étroitement à l'étude fonctionnelle qui est orchestrée par un chef de projet.

Des organisateurs se joindront à cette équipe si des problèmes d'organisation restaient en suspens dans l'attente d'une solution informatique précise, ou si le projet est de grande importance.

4. LES CONCLUSIONS DE L'ANALYSE FONCTIONNELLE

L'analyse fonctionnelle d'un projet est le regroupement cohérent des analyses de chaque application le constituant.

Les conclusions de cette analyse sont consignées dans un dossier qui sera étudié plus loin et qui aura principalement trois utilisations :
— prise de la *décision 3* (fig. 210.1) ;
— choix d'un équipement informatique si nécessaire ;
— spécification précise de ce qui doit être réalisé.

4.1. La prise de décision

Les abandons sont rares à l'issue de l'analyse fonctionnelle, compte tenu des investissements déjà réalisés et des conséquences personnelles et psychologiques qu'ils pourraient avoir. Ils restent cependant possibles.

Cette étape permet de préciser les coûts : ils peuvent être à la hausse et sortir du cadre prévu. L'étude peut aussi mettre en évidence des difficultés techniques nouvelles, un allongement des délais.

Dans tous ces cas, relativement fréquents, la décision sera prise par la direction ou le comité informatique de modifier les caractéristiques du projet initial (renforcement des moyens, limitation des objectifs...), à défaut de l'abandonner.

4.2. Choix d'un équipement

C'est le cas où l'organisation ne dispose pas d'un ordinateur suffisant (ou de pas d'ordinateur du tout) pour mettre en œuvre le projet.

Il faut alors rechercher sur le marché informatique le matériel et le logiciel de base pouvant convenir ; puis l'acheter ou le louer : deux actes importants, se traduisant par un *contrat* liant *fournisseur* et organisation.

Cette recherche devra se faire sur des bases sérieuses, prenant en compte les besoins de traitement automatique et leur évolution, si nécessaire pour plusieurs projets devant utiliser le même équipement.

L'analyse fonctionnelle produit tous les éléments qui, en complément de l'étude d'opportunité, permettent de définir le système informatique nécessaire (traitements à effectuer, temps de réponse, fichiers utilisés, nombre de terminaux, nombre de lignes à imprimer...).

Ces éléments, qui d'ailleurs bien souvent sont estimés dès l'analyse préalable assez précisément pour anticiper la *consultation* des fournisseurs, sont résumés dans un *cahier des charges fournisseurs* permettant à ces derniers d'établir leurs *propositions* techniques et économiques.

Les *offres* de fournitures seront dépouillées par l'organisation qui effectuera son choix en conséquence. Le matériel retenu sera ensuite *installé* dans les locaux appropriés (*implantation* de la figure 210.1).

4.3. Spécification des réalisations

L'analyse fonctionnelle définit parfaitement ce que doit faire l'application pour les gestionnaires utilisateurs, et précise sur certains points comment le faire.

Ces spécifications, en grande partie résumées dans un *cahier des charges de l'application,* serviront de base à l'analyse organique qui va suivre.

220. **EXERCICES**

220.1 Expliquer le déroulement logique des différents points d'étude de l'analyse fonctionnelle dans le cas d'une approche par les fichiers.

220.2 Différencier les résultats de l'étude d'opportunité et ceux de l'analyse fonctionnelle.

220.3 Parmi les éléments suivants, lesquels peuvent être définis lors de l'analyse fonctionnelle ?
— travaux administratifs pris en charge par l'ordinateur ;
— nature des entrées et sorties des traitements ;
— nombre de programmes d'ordinateur à réaliser ;
— règles de décision pour l'octroi d'une prime ;
— mode de diffusion d'une sortie vers les utilisateurs intéressés (écran, papier, multicopie...) ;
— rubriques contenues dans les principaux fichiers ;
— supports des fichiers ;
— description au caractère près d'une sortie sur imprimante.

220.4 Quels éléments du diagramme des flux et fichiers cité en exemple du chapitre 213 anticipent sur l'analyse fonctionnelle qui va suivre ?

Voir solutions, p. 238

221. Etude des sorties

1. OBJECTIF

Les *sorties* d'une application, ses résultats, sont destinées aux utilisateurs et concrétisent l'utilité de l'informatique dont elles constituent le « produit ».

Faute de répondre aux besoins des gestionnaires, elles conduiront le projet à un échec.

L'*étude fonctionnelle des sorties* est donc de grande importance. Sans entrer dans le détail des réalisations, elle doit définir la *nature* des informations résultantes de l'application, leur *présentation* et les moyens de les faire parvenir à leurs destinataires.

2. DEMARCHE

2.1. Détermination de la nature des sorties

Quelles informations sont nécessaires en sortie ? L'utilisateur est en principe le seul à pouvoir répondre à cette question : l'informaticien enregistrera attentivement ses réponses. Il le conseillera s'il n'a pas sélectionné rigoureusement les informations qui lui sont vraiment nécessaires, en raison de la souplesse ou de l'imprécision des procédures manuelles utilisées jusqu'alors.

Généralement, toutes les données disponibles sur un sujet ne sont pas indispensables à un moment et en un point précis d'une procédure du système d'information :
— elles sont regroupées suivant les besoins préétablis, par *unités de sortie* ou groupes de sortie ;
— une unité de sortie doit contenir toutes les informations utiles en vue de son utilisation, et elles seules (une même information peut se retrouver dans des groupes de sortie différents).

> *Ex. :* à la suite d'une commande, facture et bon de livraison constituent deux unités de sortie différentes, mais contenant des renseignements communs (nom, adresse, liste des produits livrés et quantités) ; à l'inverse, la facture contiendra des prix, absents du bon de livraison.

Le premier travail d'analyse concernant les sorties sera de dresser une liste complète des unités de sorties désirées par les gestionnaires.

Chaque unité sera ensuite étudiée en détail en vue de préciser ce qu'elle doit contenir.

> *Ex. :* une facture contiendra : nom, adresse client, raison sociale de l'entreprise expéditrice et adresse, date, numéro de page, n° client, libellés « code produit », « désignation », « quantité », « prix unitaire H.T. »..., et pour chaque produit livré le code, la désignation..., total H.T., taux de T.V.A., total T.T.C.

Il faut alors considérer toutes les informations qui devront être produites par l'ordinateur, y compris les informations techniques concernant la présentation de la sortie sur son support. Ces dernières peuvent, pour certaines, être déterminées par l'informaticien.

> *Ex. :* libellés, titre du groupe de sortie (plutôt utilisateur), numéro de page pour sortie papier (plutôt informaticien).

Pour chacune seront précisés :
— sa *longueur* maximum (en nombre de caractères) ;
— son *type* (numérique, alphabétique ou alphanumérique) ;
— le *code* permettant de la désigner sans ambiguïté dans l'analyse (un mnémonique le plus souvent, utilisé pour la repérer dans les différentes descriptions de sorties, entrées, fichiers...).

Ces données seront résumées dans un *descriptif d'unité de sortie,* tel celui de la figure 221.3.

2.2. Détermination de la forme des sorties

Compte tenu des souhaits des utilisateurs, des contraintes et des possibilités techniques, l'analyste détermine les *modalités de sortie* des informations.

Ainsi il fixera :
— leur *support* (papier : on parle alors d'*état* imprimé, écran de terminal...) ;
— leur *aspect* (texte, courbes et graphiques, noir et blanc ou couleur, dimension, nombre d'exemplaires, reliure si nécessaire, papier standard ou à cadre *préimprimé*...) ;
— leur *fréquence* (chaque heure, jour, semaine, mois... ou sur demande) ;
— les *délais* acceptables pour les obtenir à partir du moment où elles sont demandées, attendues (de quelques secondes sur un terminal en *temps réel* à quelques heures en *traitement différé* des données par lot) ;
— leurs procédés de *reproduction* et de *diffusion* (réseau de terminaux, d'imprimantes, télex, micro-fiches, liasses carbonées, courrier interne, photocopie, offset...).

Tous ces éléments sont interdépendants, se complètent, et leur choix est notamment déterminé par le *volume* et le *lieu* des sorties à effectuer :
— nombre de caractères par unité de sortie ;
— nombre d'unités de sortie par unité de temps (l'heure ou le jour par exemple), ce qui peut se traduire par un nombre de caractères ou un nombre de lignes par unité de temps dans le cas d'une sortie sur imprimante ;
— points de l'organisation où les résultats des traitements doivent parvenir, et en combien d'exemplaires.

Bien que cela soit plutôt le travail de l'organisateur, l'analyste peut en certain cas définir de nouveaux postes de travail ou modifier les caractéristiques de postes existants pour tenir compte des nouveaux procédés de diffusion des informations.

> *Ex. :* création d'un poste de déliassage-reliure de listes d'imprimante, ou définition de nouvelles compétences pour utiliser un terminal clavier-écran et une imprimante située à distance de l'ordinateur.

Le tableau suivant résume les *modes de sortie* les plus courants et quelques-uns de leurs avantages et de leurs inconvénients :

Support	Périphérique d'ordinateur utilisé	Avantages	Inconvénients
Papier	Imprimante locale (près de l'ordinateur)	Lisible humainement, plusieurs exemplaires possibles (jusqu'à 5), rapide	Support encombrant, préparation nécessaire (déliassage, reliure), à diffuser.
	Imprimante distante (près de l'utilisateur).	*Idem*, généralement moins rapide, création directe du support chez l'utilisateur.	Lignes de raccordement à l'ordinateur pouvant être coûteuses, bruit chez l'utilisateur
Ecran	Terminal clavier-écran alphanumérique.	Lisible, rapide, silencieux, peu encombrant.	Information fugitive, fatigue la vue coût des lignes de raccordement éloigné, coûts des terminaux graphiques.
	Terminal graphique	*Idem*, permet en plus de faire apparaître des dessins.	
Micro-fiches	Imprimante C.O.M. (Computer Output to Microfilm).	Support peu encombrant et peu cher, accès assez rapide à l'information par équipement spécial.	Matériels d'écriture et de lecture coûteux, fiches à diffuser et à mettre à jour.

Citons simplement d'autres modes de sortie possibles : traceur de courbes sur papier (peu utilisé en gestion), supports magnétiques (illisibles par l'homme mais permettant de transmettre des informations à un ordinateur) ou imprimante de *recopie d'écran,* raccordée sur la même ligne qu'un terminal.

La forme des sorties sera également définie par une *esquisse* de chaque unité de sortie donnant les grandes lignes de sa présentation (en respectant les principes de la conception des documents énoncés au chapitre 102).

La description détaillée, au caractère près, de chacune de ces sorties sera effectuée lors de l'analyse organique.

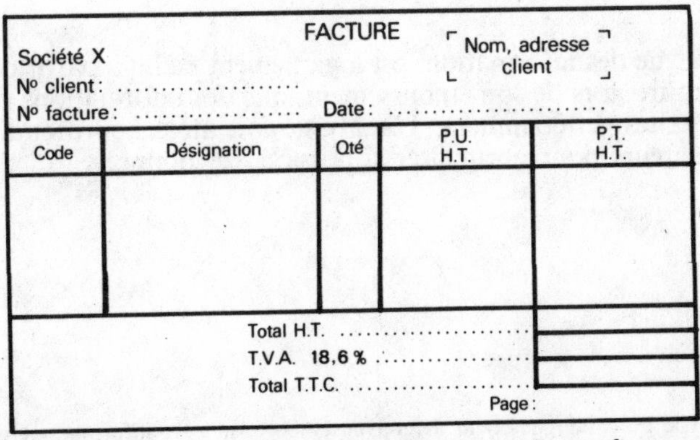

Figure 221.1. — *Exemple d'esquisse d'une facture*

2.3. Les documents récapitulatifs

Les études précédentes peuvent être pour l'essentiel résumées par deux documents qui seront en pratique remplis au fil de l'analyse :
— le *descriptif d'unité de sortie,* établi en autant d'exemplaires que de sorties différentes ;
— le *catalogue des informations résultantes,* unique pour une application, véritable *dictionnaire* des rubriques de sortie permettant d'harmoniser leur codage (1).

Nous présentons à titre d'exemples ces documents d'analyse :

CATALOGUE DES INFORMATIONS RESULTANTES

APPLICATION : *Exécution des commandes*   ETABLI PAR : *Durand*
PROJET : *Suivi, gestion commandes*   LE : *10 mai 1984*   PAGE : *1/3*

Nom mné-monique	Désignation	Type (A, N)	Lon-gueur	Unités de sorties											
				S01	S02	S03	S04	S05							
ADCB	Bureau distributeur client	AN	15	×			×								
ADCP	Code postal client	N	5	×			×								
ADCR	Adresse rue client	AN	24	×			×								
ADCV	Adresse ville client	AN	16	×			×								
CATCLI	Catégorie client	AN	8				×								
CODART	Code article	N	6	×											
DESART	Désignation article	AN	30	×											
DFAC	Date facture	N	6	×											
DLIV	Délai de livraison	N	3		×										
MONTVA	Montant T.V.A.	N	8	×											

Figure 221.2

Le catalogue des informations est logiquement établi à partir des descriptifs. Il peut apparaître, lors de son établissement, que des informations *a priori* identiques sont décrites différemment. L'analyste doit alors approfondir la question avec les utilisateurs pour normaliser si possible ces données.

---

(1) Ce type de catalogues peut avantageusement être géré informatiquement, notamment par des logiciels d'aide au développement des applications.

DESCRIPTIF D'UNITE DE SORTIE

APPLICATION : *Exécution des commandes*   ETABLI PAR : *Durand*
PROJET : *Suivi, gestion commandes*   LE : *5 mai 1984*   PAGE : *1/1*

DESIGNATION SORTIE : *Facture*   CODE SORTIE : *S01*

CARACTERISTIQUES	CONTENU				
MODE DE SORTIE :	Nom mnémo.	Désignation	Type (A, N)	Long.	Observation
— support : *papier*	*NOMCLI*	*Nom client*	*A*	*30*	
— nombre exemp. : *3*	*ADCR*	*Adresse rue client*	*AN*	*24*	
— périph. : *imprimante*	*ADCV*	*Adresse ville client*	*AN*	*16*	
	ADCP	*Code postal client*	*N*	*5*	
FREQUENCE :	*ADCB*	*Bureau distributeur client*	*AN*	*15*	
jour	*NUMCLI*	*Numéro de code client*	*N*	*5*	
	NOFAC	*Numéro de facture*	*N*	*3*	*= n° commande*
DELAI D'OBTENTION :	*DFAC*	*Date facture*	*N*	*6*	
24 heures	*CODART*	*Code article*	*N*	*6*	
	DESART	*Désignation article*	*AN*	*30*	
VOLUMES :	*QUART*	*Quantité article*	*N*	*3*	
— unitaire (caractères)	*PHTU*	*Prix unitaire HT*	*N*	*5*	
- mini : *183*	*PHTT*	*Total HT article*	*N*	*7*	*dont*
- moyen *948*	*TOTHT*	*Total HT facture*	*N*	*8*	*2*
- maxi : *1662*	*MONTVA*	*Montant TVA*	*N*	*8*	*décimales*
.... (lignes - pages)	*TOTTTC*	*Total TTC facture*	*N*	*8*	
- mini : *1*	*PAGE*	*Page courante*	*N*	*2*	*en prévision*
- moyen : —	*TOTPAGE*	*Nombre de pages*	*N*	*2*	*d'une*
- maxi : *2*					*augmentation*
— par unité de temps					*du nombre*
- mini : *30 factures/jour*					*de pages*
- moyen : *40 factures/jour*					
- maxi : *80 factures/jour*					
DESTINATIONS					
Client, facturation, service commercial					

REMARQUES : *Cadre et libellés préimprimés, 30 articles maximum par facture actuellement.*

Figure 221.3

221. EXERCICES

221.1* Citer des unités de sortie que l'on pourrait rencontrer dans une application :
— de gestion de stock ;
— de comptabilité générale ;
— de réservation de places SNCF.

221.2 Une entreprise dispose d'un ordinateur central pour gérer ses ventes et désire informer le soir même chaque entrepôt régional (5 en tout) des livraisons qu'il aura à faire le lendemain matin.
Forme, modalités des sorties correspondantes ?

221.3 **Cas «SOGECODIAL»** (voir p. 199)
— Liste des documents de sortie, fréquence d'obtention.
— Descriptif de l'état de ventilation du chiffre d'affaires.
— Volume global des impressions en lignes par mois (en se limitant aux annexes du cas).
Conclusion quant à l'activité de l'imprimante disponible.

221.4 Quelle peut être l'utilité du catalogue des informations résultantes pour la maintenance de l'application (par exemple lorsqu'une rubrique doit augmenter de taille) ?

Voir solutions, p. 238

222. **Des sorties aux entrées formulation des règles de passage**

1. OBTENTION DES SORTIES

1.1. **Les règles de gestion**

Dans toute organisation, les informations résultantes sont obtenues à l'issue d'un processus comprenant diverses opérations : calculs, comparaisons, contrôles, visas...

Ces opérations sont menées selon certaines règles, appelées *règles de gestion*.

Ex. : prix TTC = prix HT + TVA et TVA = prix HT × taux/100, le prix HT est trouvé dans un tarif général ; le bon de livraison doit être visé par le représentant qui peut attribuer une remise, avant déclenchement de la facturation.

Les règles de gestion sont établies par l'usage, la direction ou les utilisateurs.

Dans la pratique, elles sont malheureusement trop rarement formulées avec précision, surtout lorsque les procédures sont manuelles.

L'informaticien devra en ce cas faire en sorte que les règles nécessaires à sa compréhension des traitements soient précisées par écrit :
— par l'utilisateur responsable ;
— par lui-même, si vraiment c'est impossible de faire autrement, en liaison avec l'utilisateur qui devra contrôler les documents établis et donner le « feu vert » pour leur exploitation.

1.2. **Utilité des règles pour l'analyste**

La connaissance des règles de gestion permettra à l'informaticien de répondre à la question « comment obtenir les sorties ? » et par là même :
— de connaître les informations élémentaires nécessaires à l'obtention de chaque résultat (les entrées de chaque traitement) ;
— de disposer des informations de commande, décrivant le passage des entrées aux sorties, qui lui permettront d'organiser et d'écrire les programmes correspondants.

L'analyste, qui prendra connaissance des règles de gestion tout au long de son étude, devra conserver sous une forme facilement exploitable les informations recueillies.

A cet effet, il peut suivre les principes suivants :
— attribuer à chaque règle, c'est-à-dire chaque moyen d'obtention d'une rubrique de sortie, un nom repère codé ;

— mentionner le nom repère de chaque règle en regard de la ligne correspondante du catalogue des informations résultantes ;
— décrire les règles repérées sur papier libre et annexer l'ensemble obtenu au catalogue des informations.

Il est également possible de décrire les règles de gestion simples en observation dans les descriptifs de sortie.

Dans tous les cas, l'analyste devra s'assurer de la cohérence de l'ensemble des règles qu'il aura recensées.

1.3. Les formes de règles

Les règles de gestion peuvent revêtir des formes très variées. Citons en exemple :

— les *formules de calcul,* généralement simples en gestion : encore faut-il les appliquer dans les cas précis où elles sont valables ;
— les *rapprochements d'information,* permettant des contrôles ;
— les *contraintes administratives,* les autorisations matérialisées par des signatures et conditionnant la suite des opérations. Les traitements informatiques devront en tenir compte : à un endroit judicieux de leur enchaînement, une procédure manuelle permettra le visa nécessaire, ou bien sera prévue une autorisation préalable aux traitements, ou encore une intervention humaine directement sur les données informatiques, par exemple à l'aide d'un terminal.

> *Ex. :* le représentant consultera une fois par jour, depuis un terminal placé dans son bureau, un fichier informatique contenant les livraisons en cours. Il indiquera pour chaque livraison, grâce au clavier du terminal, quelle réduction doit être effectuée.
>
> Chaque fin de journée, ce fichier mis à jour par le représentant sera utilisé pour l'impression automatique des factures ;

— les *conditions d'application* des différentes règles, notamment les *délais de péremption* concernant les informations qu'elles utilisent, les délais pour la mise en œuvre de certaines procédures, de certains traitements.

> *Ex. :* passé la période de garantie, une demande de réparation ne passera plus par la même procédure ; la paye des employés doit être faite pour le 28 du mois ; le contrôle des livraisons par un représentant ne lui sera autorisé que pour son secteur de ventes ; une remise de 10 % sera appliquée seulement pour un montant facturé compris entre 7 000 et 14 000 F HT.

2. LA REPRÉSENTATION DES RÈGLES DE GESTION

Selon leur nature, les règles seront plus facilement représentées par une formule de calcul, un texte, un schéma, un diagramme de circulation d'informations, un tableau...

Deux représentations particulières vont être décrites ci-dessous en raison de leur commodité.

Elles nous permettent par ailleurs d'anticiper sur la suite des développements, car elles sont souvent utilisées en programmation, pour décrire la logique des traitements.

Ce sont l'*organigramme logique* et la *table de décision.*

2.1. L'organigramme logique

L'organigramme est un schéma représentant la succession d'opérations dans le temps à l'aide de symboles normalisés (AFNOR). Il se lit de haut en bas, sauf indication contraire, et les opérations y sont logiquement reliées par des traits. Elles-mêmes sont décrites à l'aide d'un texte placé à l'intérieur du symbole [   ] s'il s'agit d'un traitement effectif, ou ◇ pour vérifier une condition (on précise alors par quel chemin il faut poursuivre la lecture de l'organigramme en indiquant sur ceux-ci si OUI ou NON la condition doit être remplie).

Lorsqu'une page ne suffit pas à la description, un renvoi est effectué à l'aide d'une référence placée dans le symbole ◯ . Le début de l'organigramme et sa fin sont matérialisés par(DEBUT)et(FIN.)

Les traits reliant ses différents éléments peuvent être fléchés si ils ne doivent pas être suivis de haut en bas.

Les opérations consistant à acquérir, à entrer des informations dans la procédure décrite (par exemple en consultant un document), ou à présenter des informations à l'extérieur, doivent figurer dans le symbole : ▱

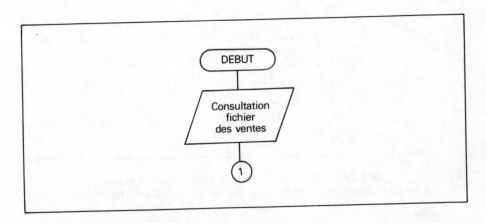

Figure 222.1. — *Exemple d'organigramme logique - page 1/2*

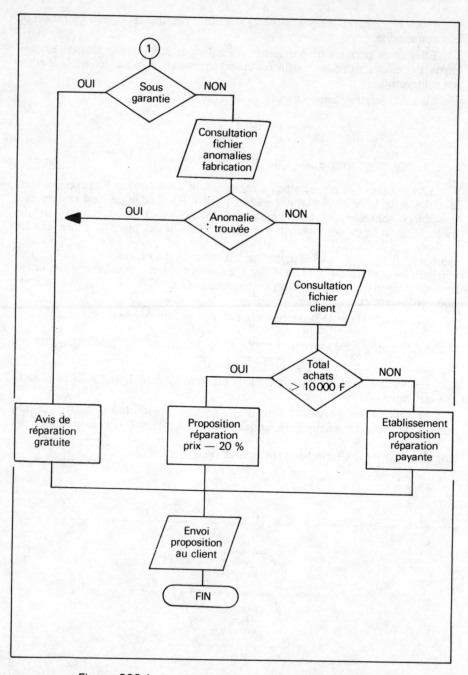

Figure 222.1. — *Application d'une garantie client*
à partir d'une demande faisant référence à l'achat - page 2/2

2.2. Les tables de décision

Une table de décision est une représentation sous forme de tableau résumant :
— des *conditions* ;
— des *actions*, opérations à mener lorsqu'un ensemble de conditions est vérifié ;
— des *règles*, chaque règle étant un ensemble d'actions sous la dépendance de certaines conditions satisfaites simultanément.

La partie gauche d'une table de décision est appelée la *souche* : elle regroupe les désignations de chaque condition et de chaque action.

Les règles sont les colonnes formant la partie droite de la table.

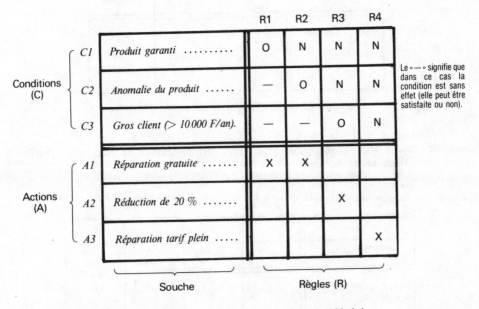

			R1	R2	R3	R4
Conditions (C)	C1	Produit garanti	O	N	N	N
	C2	Anomalie du produit	—	O	N	N
	C3	Gros client (> 10 000 F/an).	—	—	O	N
Actions (A)	A1	Réparation gratuite	X	X		
	A2	Réduction de 20 %			X	
	A3	Réparation tarif plein				X

Le « — » signifie que dans ce cas la condition est sans effet (elle peut être satisfaite ou non).

Souche — Règles (R)

Figure 222.2. — *Exemple de table de décision*

Des combinaisons anormales de conditions peuvent apparaître dans une table de décision : l'action correspondante permettra de signaler ou de corriger cette situation indésirable (message d'erreur, procédure de correction).

Les actions d'une même règle doivent, le cas échéant, s'exécuter dans l'ordre de leur apparition, la table étant lue de haut en bas.

Les tables de décision sont très utiles pour traduire une logique de décision résultant de textes réglementaires administratifs, législatifs...

Leur établissement permet de dépouiller sûrement ces textes et de mettre en évidence leurs insuffisances, leurs ambiguïtés.

Plus généralement, elles pourront être employées pour décrire une logique complexe d'enchaînement de traitements : actions à décider en fonction des contenus de différents fichiers, contrôles combinés...

On distingue trois catégories de tables de décision, différentes par leur présentation :

— les *tables limitées,* où conditions et actions sont exprimées entièrement dans la souche (fig. 222.2).
La partie droite de la table (règles) se limite à indiquer pour chaque cas si la condition est vraie, fausse ou indifférente (par O = oui, N = non et — = oui ou non), et si une action doit être exécutée ou non (× ou blanc);
— les *tables étendues,* où les indications de la souche sont complétées par des informations figurant dans les règles, en regard des conditions et des actions;

Produit	Garanti ou anormal	Autres cas	Autres cas
Achats client	—	> 10 000 F/an	≤ 10 000 F/an
Tarif à appliquer pour la réparation	Gratuit	Remise 20 %	Tarif plein

Figure 222.3. — *Exemple de table étendue*

— les *tables mixtes,* recourant aux deux formes limitée et étendue, selon les conditions et les actions.

Produit garanti	0	N	N	N
Condition de prise en charge réparation	—	Anomalie produit	Achats client > 10 000 F	Autres cas
Préparer une proposition de réparation			X	X
Tarif à appliquer	Gratuit	Gratuit	Remise 20 %	Tarif plein
Préparer un avis de réparation gratuite.	X	X		

Figure 222.4. — *Exemple de table mixte*

La représentation choisie sera la mieux adaptée, la plus claire (c'est-à-dire généralement la plus concise) face au cas traité.

Lorsqu'un problème de logique est important, qu'il risque de conduire à une table très volumineuse donc peu lisible, et qu'il est possible d'y distinguer des sous-ensembles de conditions et d'actions indépendants (ces conditions étant seules déterminantes de ces actions), on construit plusieurs tables correspondant à chacune de ces parties.

Les tables de dimension réduite obtenues seront reliées les unes aux autres à l'aide d'une action particulière notée «faire table X», chaque table étant repérée par un nom.

Une table appelée depuis une autre peut être :

— *fermée,* si elle se termine par une action «retour» qui ramène à l'action de la table appelante suivant directement l'appel «faire table...» ;
— *ouverte,* si l'action retour n'existe pas.

Les appels de plusieurs tables peuvent ainsi s'*enchaîner* ou provenir d'une table unique centralisant les appels, appelée *table maître* ou *table principale;* cette dernière fait alors référence à des *tables esclaves* ou *sous-tables.*

Notons que cette *logique d'appel* est analogue à celle que l'on rencontre en programmation entre programme principal et sous-programme.

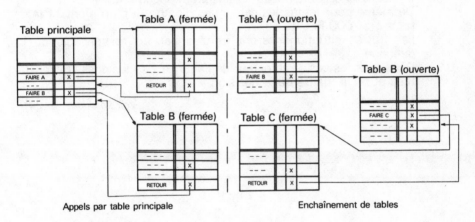

Figure 222.5. — *Exemple de liaisons entre tables*

La *construction des tables* de décision peut schématiquement être décomposée en cinq phases :

— inventaire des conditions simples à satisfaire et des valeurs correspondantes ;
— liste de toutes les actions possibles, dans l'ordre logique de leur exécution ;
— tracé d'une table de longueur maximale en vue d'y faire apparaître toutes les combinaisons possibles de conditions, même pour des règles sans objet ou absurdes : elles seront éliminées ensuite.
C'est le meilleur moyen de ne rien oublier.
Pour une table limitée à N conditions, le nombre de règles à prévoir est ainsi de 2^N ;
— définition des règles, une à une, en relevant les cas impossibles ou anormaux ;
— simplification de la table, par regroupement des règles conduisant à des actions identiques : c'est alors qu'apparaîtront des conditions indifférentes.

Remarquons que les phases de tracé et de définition des règles peuvent être allégées quand, d'évidence, certaines conditions s'excluent ou sont indifférentes au sein de certaines règles.

222. EXERCICES

222.1 Table de décision correspondant au calcul d'une prime annuelle d'ancienneté :
— ancienneté $<$ 1 an, prime de   5 % du salaire mensuel ;
— ancienneté $\geqslant$ 1 an, prime de 20 % du salaire mensuel pour tout le personnel.
Pour les cadres, majoration du pourcentage de :
— 10 % pour un âge $\geqslant$ 30 ans et une ancienneté $\geqslant$ 4 ans ;
— 20 % pour un âge $\geqslant$ 40 ans et une ancienneté $\geqslant$ 6 ans.

222.2 Traduire par une table de décision la note de service suivante :
«La demande de prêt d'un client sera enregistrée par l'employé affecté à cette tâche.
Il sera responsable de l'instruction du dossier dans le cas de prêts immobiliers conventionnés ou d'épargne logement.
De même pour toutes les catégories d'emprunt d'un montant inférieur à 50 000 F.
Les autres situations seront traitées par un responsable de la direction.
Dans tous les cas, le directeur de l'agence vise les dossiers constitués et reste maître de la décision.»

Voir solutions, p. 240

223. Etude des entrées et modes de saisie

1. DÉTERMINATION DES ENTRÉES

1.1. Situation de l'étude

La connaissance des règles de gestion nous permet de déterminer quelles données sont nécessaires à leur exécution.

Ces *entrées* sont des *informations élémentaires* pour les traitements correspondants.

Nous pouvons y distinguer deux catégories :

— les informations *permanentes,* utilisées plusieurs fois de suite en entrée de traitements de même nature, à l'occasion de leurs exécutions successives.
Ces informations stables constituent les *fichiers permanents* de l'application et feront l'objet du chapitre suivant.

> *Ex. :* une entreprise à la clientèle régulière constituera un fichier « clients » donnant pour chacun ses caractéristiques (nom, prénom, n° client, adresse, solde de compte client...) ; ce fichier permanent « clients » sera utilisé en entrée des traitements de facturation, occasionnés par chaque commande du client ;

— les informations *variables,* en nombre ou en valeurs, chaque fois qu'elles sont utilisées en entrée des mêmes traitements. Ces entrées variables résultent de la *saisie* des *informations de base* apparaissant dans l'organisation suite à un événement précis, répétitif.

> *Ex. :* la commande du client, document de base, contient des informations constituant des entrées variables des traitements (référence des produits commandés, quantité) ; chaque commande contiendra en général des informations de ce type différentes, engendrant des traitements similaires telles des facturations.

Après un recensement de toutes les données nécessaires, l'*analyse fonctionnelle des entrées* concernera plus spécialement les informations variables provenant des utilisateurs : les *saisies.*

Ces données, après leur introduction dans le système informatique, peuvent subir diverses transformations et mémorisations successives au sein d'une application. Cet aspect sera étudié lors des étapes ultérieures de l'analyse, notamment durant l'analyse organique.

> *Ex. :* les quantités de chaque produit reçues des fournisseurs ou livrées aux clients sont des entrées, saisies chaque jour ; ces informations pourront ensuite être triées par produit, cumulées, analysées statistiquement, permettre le calcul du stock résultant : autant de transformations, de mémorisations, d'entrées pour des traitements différents sans qu'il n'y ait à nouveau saisie, donc entrée pour l'analyse fonctionnelle.

1.2. Recensement des entrées

Reprenant pas à pas le catalogue des informations résultantes et les règles de gestion associées, il est possible d'établir, moyennant si nécessaire un complément d'enquête pour lever doutes ou ambiguïtés, l'équivalent pour les entrées : le *catalogue des informations d'entrée.*

Ce catalogue nous aidera à distinguer données permanentes et variables ; il contiendra les entrées de toutes catégories nécessaires à l'obtention des rubriques de sortie de l'application.

Il peut se présenter comme l'exemple de la figure 223.1.

CATALOGUE DES ENTREES

APPLICATION : *Gestion du stock*
PROJET : *Suivi, gestion commandes*

ETABLI PAR : *Dubois*
LE : *5 mai 1984*   PAGE : *1/2*

Nom mnémo.	Désignation	Type (A, N)	Lon-gueur	Nature (P, V)*	Observations
ADFB	Bureau distributeur fourniss.	AN	15	P	
ADFP	Code postal fournisseur	N	5	P	
ADFR	Adresse rue fournisseur	AN	24	P	
ADFV	Adresse ville fournisseur	AN	16	P	
ARNUM	Numéro d'article	N	6	P/V	Indicatif article en stock
DART	Désignation article	AN	30	P	
DATEB	Date bordereau	N	6	V	
DMAX	Délai maxi enregistré	N	3	P	
FIAB	Fiabilité des délais	N	2	P	
MREM	Remise accordée %	N	2	P	
NBPR	Nombre de produits	N	3	P	
NFOUR	Numéro fournisseur	N	3	P/V	Indicatif fournisseur
NOMFOU	Nom fournisseur	AN	30	P	
QREC	Quantité reçue	N	5	V	
QSTAN	Ancienne quantité en stock	N	5	P	Stock début de journée

* (P = permanente, V = variable)

Figure 223.1

Nous nous intéresserons désormais, dans ce chapitre, aux informations de ce catalogue marquées par la lettre V.

De même que nous avons regroupé les résultats par unités de sorties, nous rassemblerons les entrées fonctionnelles introduites en même temps dans le système par *unités de saisie* ou *groupes de saisie*.

> *Ex. :* un bordereau de réception de marchandises contient des informations formant un groupe de saisie (articles reçus, quantités, date de la livraison...).

2. LA SAISIE

2.1. Définition

Comme nous l'avons déjà vu au chapitre 100, la *saisie* informatique consiste à enregistrer sur un *support* approprié les informations utiles à l'organisation.

Elle doit être faite avec toutes les précautions nécessaires pour éviter d'enregistrer des informations erronées et s'accompagne donc généralement du contrôle des données : de leur forme, de leurs valeurs, de leur vraissemblance...

Ces contrôles peuvent être réalisés par l'homme ou par l'ordinateur.

> *Ex. :* la saisie sur terminal par un employé de banque d'un ordre de virement déclenchera un contrôle par ordinateur de la clé associée au numéro de compte, l'employé sera immédiatement informé d'une erreur par un message sur l'écran de son terminal ; le magasinier vérifie lui-même la date du bordereau avant de le saisir ; les commandes clients sont regroupées chaque jour et saisies toutes ensembles, ce *lot de saisie* comprenant toutes les commandes du jour est ensuite contrôlé par exécution d'un programme prévu à cet effet, et les commandes anormales seront signalées.

La saisie est aussi l'occasion de *coder* certaines informations en vue de permettre ou de faciliter leur traitement.

Ce codage peut, comme les contrôles, être effectué par l'homme, l'*opérateur ou l'opératrice* de saisie, ou par l'ordinateur.

> *Ex. :* le magasinier transforme la désignation des articles, formulée selon les habitudes des fournisseurs, en référence codée de produits en stock dans son entreprise (à l'aide d'une table de codage sur papier) ; l'ordinateur transformera automatiquement un ancien numéro de compte bancaire ayant changé en nouveau numéro à l'aide de tables informatiques.

Le codage de texte est cependant difficile à effectuer automatiquement (il nécessite de complexes recherches syntaxiques ou phonétiques comportant d'importants risques d'erreurs) et sera souvent œuvre humaine.

> *Ex. :* comment reconnaître automatiquement, par programme, l'identité des articles suivants :
>
> — vis de longueur 8 mm ;
> — vis de 8 mm de long ;
> — vis, longueur 8 mm ;
> — ...?

Enfin la saisie peut s'effectuer selon des procédures, des *modes de saisie,* et avec des équipements variables.

2.2. Les modes de saisie

On distingue essentiellement deux modes de saisie, qui peuvent bien entendu être agrémentés de nombreuses variantes :

— le mode *groupé différé*, dans lequel les informations sont regroupées par *lots homogènes* (ensemble d'unités de saisie de même nature) et saisies ensemble par un personnel spécialisé.
Dans ce mode, les équipements de saisie sont le plus souvent regroupés géographiquement, sur un ou plusieurs sites.
Compte tenu des délais de constitution des lots, d'acheminement vers le lieu de la saisie et de la durée de la saisie elle-même (qui doit, notons-le, être terminée pour que le traitement du lot par l'ordinateur puisse commencer), les données seront placées sur support informatique bien après leur naissance : en temps différé ;

— le mode *unitaire immédiat,* où les informations de base sont saisies dès leur apparition, au coup par coup (par unité de saisie), le plus souvent là où elles apparaissent (*saisie « à la source »*) et en temps réel.
Dès lors, la saisie par l'utilisateur lui-même est envisageable, sur le lieu de son travail, par exemple à l'aide d'un terminal connecté à l'ordinateur.
Dans ce mode, la saisie peut être guidée directement par l'ordinateur, grâce à un dialogue permanent entre l'opérateur de saisie et un programme qui signalera à ce dernier d'éventuelles erreurs par un message sur son terminal : c'est une *saisie interactive.*
Des contrôles très complets peuvent alors être envisagés, comme des comparaisons au contenu de fichiers, et certaines erreurs détectées peuvent être corrigées immédiatement.

> *Ex. :* lors de la saisie interactive de commandes sur terminal, l'opérateur commet une erreur de frappe à l'entrée du code client : elle est de suite détectée par le programme de saisie qui consulte le fichier clients à la recherche du code, elle est signalée par un message à l'opérateur qui n'a plus qu'à entrer à nouveau le code, sans erreur de frappe cette fois-ci.

Remarquons que l'étude de telles saisies implique l'imbrication de l'analyse des entrées, des sorties et des traitements correspondants, bien que les liaisons entre ces éléments restent dans la logique de la méthode que nous présentons.

Les choix de l'analyse fonctionnelle entre ces différentes possibilités auront une grande influence sur la nature des équipements informatiques nécessaires à l'application.

2.3. Les équipements de saisie

D'une grande diversité, ils sont étudiés en détail dans les ouvrages de technologie.

Le tableau ci-joint présente les plus usuels et quelques-uns de leurs avantages et inconvénients.

Support de saisie	Equipement nécessaire	Avantages	Inconvénients
Papier : Cartes perforées.	Perforatrice de cartes. Vérificatrice. Lecteur de cartes.	Manipulation humaine des fichiers de saisie possible.	Matériel très spécialisé, peu souple, lourd, support fragile et assez coûteux, démodé.
Cartes ou documents à graphiter. Cartes pré-découpées.	Crayon, support imprimé. Lecteur de marques graphitées ou lecteur de cartes.	Support de saisie établi et lisible directement par l'homme, pouvant être créé en tout lieu.	Support fragile, cher. Capacité du support limitée. Utilisation dans des cas très précis, préétablis.
Caractères magnéti-sables.	Marqueur et lecteur de caractères magnétisables.	Lecture humaine possible. Utilisation directe du document de base lors de la saisie.	Détérioration facile, capacité de mémorisation limitée du support. Equipements spéciaux assez coûteux.
Code à barres	Imprimante adaptée et lecteur de code à barres.	Cf. caractères magnétisables	Capacité de mémorisation très limitée (code "article" par exemple)
Caractères machine.	Machine à écrire. Lecteur optique.	Cf. caractères magnétisables, grande capacité de mémorisation du support.	Erreurs de lecture. Coût élevé des équipements (plus adapté à la saisie groupée).
Magné-tique : Disque, bande, cassette, disque souple	Equipement de saisie "mono" ou "multi" clavier.	Coût assez faible. Souplesse d'utilisation. Support de grande capacité (bande, disque). Contrôles simples possibles par programmation.	Faible capacité du support (cassette, disque souple). Pannes (cassette). Personnel de saisie spécialisé.
	Terminal connecté l'ordinateur	Souplesse (programmation). Contrôles puissants. Accessible à du personnel non spécialiste. Saisie "à la source". Information immédiatement disponible pour traitement.	Peu adapté aux saisies volumineuses (charge de l'ordinateur). Lignes de raccordement lointain coûteuses.

2.4. L'analyse fonctionnelle des saisies

La saisie conditionne le bon déroulement des traitements, donc la justesse des résultats. Elle comporte des opérations de codage et de contrôle et est réalisée en certains points de l'organisation par des machines, des hommes : elle modifie ou crée des postes de travail.

L'analyste doit définir les *modalités des saisies* de l'application, en tenant compte de tous ces aspects. Il recherchera donc, en liaison avec les utilisateurs, des réponses aux questions suivantes :

— comment saisir, en quel lieu, par qui, avec quel matériel ?
— quelle sera l'importance des moyens de saisie (nombre de personnes, d'équipements) ?
— comment seront pris en charge les éventuels cas particuliers, les erreurs détectées ? Ce dernier point, très lié à l'étude des traitements, aboutira si nécessaire à la définition de nouvelles sorties, permettant de signaler aux utilisateurs les *anomalies* rencontrées dans les données en vue de leur correction (*listes d'erreurs* par exemple) ?
— comment contrôler la saisie, quels codes utiliser (s'ils n'ont pas déjà été établis par des études préalables) ?
— comment seront agencées les informations à saisir (définition du contenu des unités de saisie) ?

Ces réponses résulteront, cas par cas, d'une synthèse entre des aspirations et des contraintes, parmi lesquelles :
— le volume et la forme des informations à saisir ;
— le délai de péremption des données ;
— le délai de déclenchement des traitements (en temps réel, ou par lots en différé) ;
— les risques d'erreurs de saisie et les taux d'erreurs acceptables ;
— les moyens de saisie existants déjà, à réutiliser ;
— la formation, le profil des employés amenés à saisir (ils peuvent avoir des difficultés à utiliser tel matériel) ;
— la répartition des sources d'information à saisir et la stabilité de ces lieux dans le temps ;
— le nombre de sources d'information (l'ordinateur ne pourra gérer « techniquement » qu'un nombre réduit de terminaux et le recours à un réseau d'ordinateurs est coûteux) ;
— les coûts admissibles pour le système.

Les aspirations peuvent se résumer en une phrase : *réduire les coûts et les erreurs de saisie,* c'est-à-dire :
— simplifier au maximum les opérations de saisie, limiter les interventions humaines ;
— rapprocher la saisie et les contrôles des sources d'information, éviter les intermédiaires ;
— réduire le volume des saisies au strict minimum nécessaire.

Remarquons que les coûts de saisie sont proportionnels au nombre de caractères à acquérir. Ils atteignent couramment 40 à 50 % du budget d'exploitation des applications informatiques classiques.

Les résultats de ces réflexions seront en grande partie résumés à l'aide d'un descriptif, établi autant de fois que d'unités de saisies différentes, et dont un exemple est donné par la figure 223.2.

Ce document permet notamment de calculer une *charge de saisie* évaluée en caractères par unité de temps.

DESCRIPTIF D'UNITE DE SAISIE

APPLICATION : *Gestion du stock*   ETABLI PAR : *Dubois*

PROJET : *Suivi, gestion commandes*   LE : *1er mai 1984*   PAGE : *1/1*

DESIGNATION SAISIE : *Bordereau réception magasin*   CODE SAISIE : *E 10*

CARACTERISTIQUES	CONTENU				
	Nom mnémo.	Désignation	Type (A, N)	Long.	Observation
MODE DE SAISIE :	*DATEB*	*Date bordereau*	*N*	*6*	
— immédiat - différé	*ARNUM*	*Numéro d'article*	*N*	*6*	*Autant de*
— équipement : *terminal clavier/écran*	*QREC*	*Quantité reçue*	*N*	*5*	*fois que d'articles*
ORIGINE : *livraison fournisseur, bordereau de réception*	*NFOUR*	*Numéro fournisseur*	*N*	*3*	
DELAI MAXI : *1 heure*					
FREQUENCE :					
— mini					
— moyen : *30 par jour*					
— maxi					
VOLUMES UNITAIRES (caractères) :					
— mini : *20*					
— moyen : *53*					
— maxi : *130*					
OPERATIONS SPECIALES					
— codage : *numéros d'articles, fournisseurs*					
— contrôle : *date bordereau*					

REMARQUES : *Saisie effectuée par le magasinier après réception de la marchandise.*

Figure 223.2

Selon les cas, il sera utile de joindre au descriptif d'unité de saisie :
— un descriptif d'unité de sortie, lorsque des anomalies doivent être signalées par un document ;
— un exemplaire des *documents de base* existants qui seront exploités lors de la saisie, ou leur esquisse si ces documents ne sont pas encore réalisés.

C'est en particulier lors de l'analyse fonctionnelle que le principe d'utilisation de *bordereaux de saisie* sera éventuellement retenu.

Le bordereau de saisie est un document créé pour les besoins de l'application, sur lequel les informations sont préalablement consignées selon un *format* préétabli, adapté à la saisie informatique.

Ex. : commande, bon de livraison, chèque peuvent constituer des documents de base, lus afin d'en saisir directement le contenu ; une feuille de programmation COBOL est un bordereau de saisie des programmes réalisés par le programmeur.

— une esquisse des *grilles de saisie sur terminal*, le cas échéant (présentation schématique de ce qui apparaîtra sur l'écran du terminal en des emplacements étudiés pour guider l'opérateur).

Les documents de base existants sont fournis par l'utilisateur.

Les projets de documents ou d'écrans de saisie seront établis en collaboration étroite entre gestionnaire et informaticien, en respectant les principes de bonne présentation des documents exposés au chapitre 102, et sans négliger les aspects techniques de la saisie.

Ex. : l'utilisation d'un cadre préétabli avec des cases « à cocher » facilite grandement, quand cela est possible, le codage à la saisie :

taux de cotisation   10 % [1] [ ]   20 % [2] [ ]   30 % [3] [X]   40 % [4] [ ]

(1, 2, 3 et 4 sont les codes à saisir pour 10 %, 20 %, 30 % et 40 %).

Le détail des documents et écrans de saisie sera établi lors de l'analyse organique.

L'analyste fonctionnel sera par ailleurs amené à définir, si cela n'a pas été fait par une étude d'organisation préalable, les *postes* de travail *de saisie* pouvant être créés (collecte des informations, mise en forme, saisie proprement dite...) ou les modifications de postes existants.

223. EXERCICES

223.1 Nous avons jusqu'à présent établi des catalogues (entrées, sorties) et des descriptifs pour une application.
Quels inconvénients cela peut-il avoir si le projet inclue plusieurs applications intégrées ?
Comment y remédier ?

223.2 Critique et amélioration du système de saisie suivant :
une entreprise de vente sur catalogue (3 250 articles) utilise, pour les prises de commande par téléphone, des bons de commande où figurent tous les articles (désignation et une case vierge pour noter la quantité désirée).
Le bon, qui comprend plusieurs feuillets, est ensuite transmis au service préparation, complété par le nom et l'adresse du client.
Environ 20 % des articles du catalogue évoluent chaque trimestre.

223.3 *Cas «SA CARTON»* (voir p. 191)
— * Tracer l'esquisse d'un document pouvant servir de bon de commande et de bon de livraison.
— * Quelle approche semble la plus adaptée pour l'analyse fonctionnelle ?
Entrées, fichiers et traitements peuvent-ils dans ce cas être réellement étudiés séquentiellement ?
— Esquisse d'une fiche de saisie des commandes destinée à remplacer le cahier.

Voir solutions, p. 241

224. Etude des fichiers

1. SITUATION DE L'ETUDE

1.1. Rappels et compléments sur les fichiers

Un fichier est un ensemble d'articles composés de rubriques, et décrivant des entités de même nature (objets, individus...).

Les fichiers informatiques, qui intéressent plus spécialement l'analyste fonctionnel, sont placés sur un support pouvant être traité automatiquement par l'ordinateur.

Les *supports informatiques* courants sont le *papier* (cartes perforées par exemple, de moins en moins utilisées) et les supports *magnétiques* (bande ou disque notamment).

L'utilisation d'un support particulier est, entre autres, dictée par la présence du *périphérique d'ordinateur* correspondant. En règle générale, les supports de fichiers seront donc déterminés lors de l'analyse organique, la *configuration* matérielle de la machine n'étant généralement pas connue avec précision avant la fin de l'analyse fonctionnelle. La répartition des périphériques entre les différents fichiers ne peut de toute façon se faire qu'après que ceux-ci soient tous répertoriés pour l'application, le projet ou même l'ensemble des projets mis en œuvre sur le même équipement.

1.2. Objectifs de l'étude

Les études précédentes (sorties, règles de gestion et entrées) ont fait apparaître que des informations stables étaient utiles aux exploitations successives de mêmes traitements.

Ces informations seraient inutilement saisies à nouveau à chaque exécution des programmes : elles seront conservées dans des *fichiers permanents* qui sont l'objet principal de ce chapitre.

D'autres données peuvent devoir être mémorisées dans une application, et constituer des fichiers de durée de vie limitée :

— si nécessaire, les *fichiers de saisie* pourront être décrits de la même façon que les fichiers permanents, en particulier lors de l'étude fonctionnelle des entrées ;

— les *fichiers intermédiaires,* assurant la *liaison* entre différents traitements, ne pourront par contre être définis qu'avec ces derniers, lors de l'analyse fonctionnelle et surtout de l'analyse organique.

> *Ex. :* les informations descriptives des clients d'une entreprise seront mémorisées dans un fichier permanent « clients » ; chaque jour, les commandes saisies constitueront un fichier de saisie « commandes du jour » ; un fichier intermédiaire, de liaison, peut être utilisé pour mémoriser les sorties du traitement « calcul du stock restant » et servir de base au traitement « réapprovisionnements ».

2. LES FICHIERS DE SAISIE

Ce sont des *fichiers temporaires* contenant les informations saisies. Ils seront utilisés notamment pour mettre à jour les fichiers permanents.

Ils correspondent très souvent à des flux entrant ou sortant de l'organisation (marchandise, matières premières, argent...) et sont couramment appelés *fichiers mouvements*.

> *Ex. :* commandes (sorties de stock vers le client) ; approvisionnement (entrées en stock) ; embauche et départ de personnel (mouvements de personnel).

Ces fichiers sont pour l'essentiel définis par la description de la saisie correspondante : à une unité de saisie seront associés un ou plusieurs de leurs articles.

Il n'est cependant pas inutile de les décrire de la même façon que les fichiers permanents afin de disposer de descriptifs homogènes pour aborder l'étude des traitements.

3. LES FICHIERS PERMANENTS

Les fichiers permanents décrivent les entités stables.

Ils contiennent des informations de valeurs quasiment constantes (informations *signalétiques*), ou au contraire variables (informations de *situation* ou *historiques*).

Ces deux types d'informations stables, en ce sens qu'elles décrivent des entités utilisées durablement dans l'application, peuvent d'ailleurs être réparties dans des fichiers permanents différents mis en relation entre eux.

> *Ex. :* un fichier «fournisseurs», donnant pour chacun nom, adresse, délais de livraison, tarifs livraison en vigueur, liste des produits avec prix..., pourrait être décomposé en un fichier «identification fournisseur» (nom, adresse...) et un fichier «conditions de vente fournisseur» (produits, prix, tarif...) : la liaison entre les articles de chaque fichier correspondant au même fournisseur serait alors établie grâce à un indicatif commun (code fournisseur).

La création des fichiers permanents nécessite une saisie exceptionnelle de leur contenu *(saisie de masse)* pouvant occasionner une charge de travail ponctuelle, mais importante.

Leur mise à jour est ensuite effectuée au fil des traitements.

> *Ex. :* initialement, le fichier des fournisseurs sera créé ; il sera ensuite mis à jour depuis des mouvements établis par le responsable des achats (nouveaux fournisseurs, abandon de certains, changements de conditions de vente...) à l'aide d'un programme spécial.

4. REALISATION DE L'ETUDE

4.1. Intervenants

L'étude est l'œuvre conjointe des utilisateurs et des informaticiens, les uns pour préciser les caractéristiques d'utilisation (volumes, activité...) et les autres les caractéristiques techniques des fichiers (sécurités, accès...).

4.2. Démarche

La définition des fichiers permanents ne peut être faite sans commencer à réfléchir sur les fonctions de traitement à réaliser. Elle nécessite au moins une synthèse des différentes règles de gestion établies et des données qui leur sont nécessaires.

La démarche correspondante pourra être la suivante :

a) Détermination, parmi les entrées, des groupes homogènes d'informations permanentes qui constitueront les articles des fichiers. Divers critères peuvent être retenus. Citons la fréquence d'utilisation, la stabilité des valeurs, le type d'utilisation, et bien sûr la correspondance avec une entité manipulée par le système de gestion étudié, dont on précisera l'indicatif. Il est toujours instructif d'analyser avec soin la définition et l'utilisation des fichiers déjà existants, qu'ils soient manuels ou automatiques, pour déterminer les regroupements d'informations permanentes.

Un *inventaire des fichiers,* leur liste, résulte de cette étude. Les *rubriques de gestion* constitutives de leurs articles seront précisées, et il leur sera attribué un nom de code mnémonique.

Il est recommandé de prévoir dans les articles les zones éventuellement nécessaires à une extension prévisible de leur contenu, et de ne pas y faire figurer de rubriques pouvant se déduire les unes des autres par des opérations simples.

b) Si elle n'est déjà faite, l'analyste établira la *codification* des informations, le cas échéant, nécessaire.

Il complétera le contenu des articles par les *rubriques techniques* utiles (comptage de rubriques, indicateurs divers).

> *Ex. :* un fichier « clients » est prévu pour que les clients puissent avoir plusieurs comptes de natures différentes, matérialisés dans l'article par autant de soldes ; des rubriques techniques pourront indiquer le nombre et la nature des comptes d'un client donné.

c) Détermination du *volume* de chaque fichier, de sa taille en caractères, et de ses évolutions prévisibles.

d) Détermination des *taux d'activité* ou *taux d'utilisation* des fichiers. Pour un fichier et un traitement donnés, ce taux T vaudra :

$$T = \frac{\text{nombre d'articles utilisés}}{\text{nombre total d'articles}} \times 100 \text{ (en pourcentage).}$$

On peut ainsi définir un taux de consultation, d'adjonction, de suppression, de mise à jour.

e) Détermination des *modes d'accès* qui doivent être possibles sur chaque fichier (accès séquentiel, direct ou semi-direct), en anticipant sur la définition des traitements où ils interviennent.

Ce choix est très important puisqu'il conditionne les performances de l'application.

Il sera effectué en appliquant la règle du « qui peut le plus peut le moins » et en tenant compte des nécessités et des caractéristiques de chaque utilisation du fichier, soit :

• des contraintes de *temps de réponse,* notamment en cas d'accès depuis un terminal : un accès séquentiel peut nécessiter le « balayage » de tout le fichier avant d'atteindre l'article désiré, ce qui pourra être long si le fichier est volumineux.

L'accès direct est le meilleur dans ce cas, le semi-direct peut convenir à la limite ;

• des *taux d'utilisation* du fichier : un taux faible (10 % par exemple) signifie que, lors du traitement, peu d'articles seront concernés. Il est alors inutile de tous les balayer, et un accès direct ou semi-direct est préférable.

A l'inverse, l'accès séquentiel combiné à des taux élevés garantira souvent un meilleur rendement technique de l'ordinateur.

Ces deux critères s'agencent généralement très bien à l'occasion d'un traitement, par exemple :

Temps réponse Taux	Sans importance	Court (terminal)
Faible.	Direct ou semi-direct.	Direct ou semi-direct.
Elevé.	Séquentiel (sauf accès aux articles dans un ordre aléatoire : accès direct ou semi-direct peuvent alors s'imposer).	Séquentiel (le direct ne ferait qu'abaisser le rendement de l'ordinateur en augmentant le temps de réponse). Temps de réponse correct si le fichier contient peu d'articles.

f) Détermination des nécessités de *rémanence* des contenus de fichiers, pour des raisons légales ou en vue de traitements particuliers (par exemple statistiques ou relance après incendie).

L'analyste devra déterminer la fréquence des opérations correspondantes, le fait les provoquant, et la façon de faire : copie intégrale ou sélective des fichiers. En résultent des *archives* ou des *historiques* sur support informatique.

g) Détermination des dispositifs de *préservation* des fichiers contre les destructions plus ou moins importantes qui pourraient résulter d'un mauvais fonctionnement de l'ordinateur.

L'analyste doit prévoir des procédures d'exploitation de l'application permettant de remédier à de telles situations.

Une technique très utilisée est la *sauvegarde* (copie) des fichiers à des moments bien choisis du déroulement des traitements. On dispose ainsi de versions de *rétention* des fichiers qui seront protégées et réutilisées en cas d'incident pour les *restaurer* dans un état cohérent en vue de la *reprise* des traitements, après suppression de la cause de l'incident.

h) Détermination des dispositifs nécessaires à conserver le *secret* des données confidentielles, en autorisant seulement certains utilisateurs à y accéder (*mot de passe,* badge, chiffrage...).

Les trois derniers points, qui concernent globalement la *sécurité* des fichiers de l'application, sont de grande importance. Négligés, ils peuvent en certains cas mettre en péril l'organisation tout entière.

> *Ex. :* entreprise de vente par correspondance, sur catalogue, ayant son fichier « clients » détruit par un incendie, ou par une banale panne de l'ordinateur non prévue par l'analyste !

Les procédures correspondantes devront être clairement spécifiées dans leurs principes lors de l'analyse fonctionnelle. Le détail de leur mise en œuvre sera précisé par l'analyse organique puisqu'il dépendra des possibilités techniques de l'équipement informatique disponible.

4.3. Les tables

Les *tables* d'une application sont des ensembles d'informations, en nombre généralement réduit, entre lesquels il existe une relation binaire.

> *Ex. :* table de code ; table de correspondance entre codes produit et remises ; table des taux de frais de livraison en fonction de zones géographiques.

Ces tables varient généralement peu dans le temps, et sont utilisées systématiquement dans certains traitements : ce sont des informations permanentes de l'application.

Les plus importantes constitueront de véritables fichiers qui seront étudiés comme tels lors de l'analyse fonctionnelle.

5. DOCUMENTS RECAPITULATIFS

Les caractéristiques des fichiers pourront être résumées à l'aide d'un *descriptif de fichier* similaire à l'exemple de la figure 224.1.

Ce document décrit le fichier sous l'angle de son utilisation par l'application : c'est une description *logique.*

Nous en sommes par ailleurs à l'issue de l'étude des informations sorties, entrées et permanentes.

Leurs apparitions dans les documents, les unités de sortie ou de saisie et dans les fichiers mouvements ou permanents peuvent être résumées par une *grille des informations.*

DESCRIPTIF DE FICHIER LOGIQUE

APPLICATION : *Gestion du stock*
PROJET : *Suivi, gestion commandes*

ETABLI PAR : *Dubois*
LE : *30 juin 1984*   PAGE : *1/1*

DESIGNATION FICHIER : *Fournisseurs*   CODE : *FOURN*   INDICATIF : *Numéro fournisseur*

CARACTERISTIQUES			Nom mnémo.	Désignation	Type (A, N)	Long.	Observation
CONTENU							

CARACTERISTIQUES

UTILISATION :

Opération	Fréquence	Taux d'activité
Consultation	*10/jour*	*< 1 %*
Mise à jour	*2/jour*	*< 1 %*
Edition	*1/semestre*	*100 %*

VOLUME :

— article :
- mini : *103 caractères*
- moyen : *103 caractères*
- maxi : *103 caractères*

— nombre d'articles :
- mini : *300*
- moyen : *400*
- maxi : *600 (d'ici à 2 ans)*

— fichier :
- mini : *30 900 caractères*
- moyen : *41 200 caractères*
- maxi : *61 800 caractères*

ACCES :

— direct : *terminal service achats*
— ~~semi-direct~~
— séquentiel : *liste semestrielle*

SECURITE :

— confidentialité : *mot de passe sur terminal*
— sauvegardes :
- nature : *copie*
- fréquence : *mensuelle*

CONTENU

Nom mnémo.	Désignation	Type (A, N)	Long.	Observation
NFOUR	*Numéro fournisseur*	*N*	*3*	*Indicatif*
NOM FOU	*Nom, raison sociale fournisseur*	*AN*	*30*	
ADFR	*Adresse rue fournisseur*	*AN*	*24*	
ADFV	*Adresse ville fournisseur*	*AN*	*16*	
ADFP	*Code postal fournisseur*	*N*	*5*	
ADFB	*Bureau distribut. fourn.*	*AN*	*15*	
NBPR	*Nombre de produits fournis*	*N*	*3*	
MREM	*Remise accordée en %*	*N*	*2*	
FIAB	*Appréciation de fiabilité des délais de livraison*	*N*	*2*	} *Confidentiel service achats*
DMAX	*Délai maxi enregistré*	*N*	*3*	*En jours*

REMARQUES : *Support disque en cas d'utilisation de l'ordinateur actuel de l'entreprise.*

Figure 224.1

GRILLE DES INFORMATIONS

APPLICATION : *Gestion du stock*   ETABLI PAR : *Dubois*
PROJET : *Suivi, gestion commandes*   LE : *15 juillet 1984*   PAGE : *1/3*

Rubrique d'information (désignation)	Nom mnémo-nique	Entrée				Fichier				Sortie				Observations
		E 10	E 11	E 12	/	FOURN	STOCK	FX	FY	S 10	S 11	S 12	S 13	
Bureau distributeur fournisseur	ADFB					×					×	×		
Code postal fournisseur	ADFP					×					×	×		
Adresse rue fournisseur	ADFR					×					×	×		
Adresse ville fournisseur	ADFV					×					×	×		
Numéro d'article	ARNUM	×	×				×					×	×	= CODART (exécution des commandes)
Coefficient prix/service	CPS												×	
Désignation article	DART		×				×					×	×	= DESART (idem)
Date bordereau	DATEB	×						×						
Délai maxi enregistré	DMAX			×		×			×		×			
Fiabilité des délais	FIAB					×			×					
Modification désignation	MDART		×											
Remise accordée %	MREM		×			×					×			
...	...													

Figure 224.2. — *Exemple de grille des informations*

Quand un projet regroupe plusieurs applications, le rapprochement de leurs grilles des informations est un moyen de vérifier que leurs éventuelles données communes ont été bien définies. Ceci peut concerner des fichiers, ou quelques rubriques, et entraîner la correction des dossiers d'analyse. Ainsi, dans notre exemple, il sera judicieux d'harmoniser les mnémoniques et les désignations relatifs aux articles.

224. EXERCICES

224.1 A quelles catégories peut-on logiquement rattacher les fichiers suivants (permanent ou temporaire):

- clients;
- fournisseurs;
- commandes;
- embauches;
- automobiles;
- emprunts en cours;
- personnel;
- immeubles;
- contrats de location;
- charges du mois;
- salaires annuels;
- bulletins de paye?

224.2 Comment est calculé le volume du fichier décrit dans ce chapitre?

224.3 Quelle peut-être l'utilité de la grille des informations lors de la maintenance d'une application?

224.4 *Cas «Sogecodial»* (voir p. 199)
- — Descriptif du fichier «stock» selon le texte. Y distinguer informations signalétiques et de situation.
- — Inventaire des principaux fichiers utilisés.
- — Grille des informations correspondant aux deux descriptifs établis depuis le début de cette étude de cas.

224.5 **Cas «EMMANUEL SAND»** (voir p. 206)
- — * Survol: caractéristiques de l'entreprise.
- — * Type de solution envisageable (équipement, mode d'utilisation...).
- — * Modalités de saisie des informations.
- — Liste des fichiers permanents et des tables.
- — Descriptif du fichier «produits».

Voir solutions, p. 243

225. Etude des traitements et insertion de la solution dans l'organisation

1. SITUATION

Après avoir étudié successivement les sorties, les règles, les entrées et les fichiers de l'application, il nous reste à regrouper ces éléments en ensembles cohérents prenant en charge des travaux de gestion déterminés.

Ce travail de synthèse est aussi œuvre analytique : il consiste à diviser l'application en sous-ensembles, à définir comment ils s'articulent et de quelle façon ils s'insèrent dans l'organisation.

2. DECOUPAGE DE L'APPLICATION

2.1. Objectif et critères

Un des objectifs essentiel du découpage de l'application est de diviser le problème pour mieux l'appréhender.

Il se matérialisera par des avantages concrets :
— clarté des dossiers d'analyse ;
— distribution plus facile des tâches au personnel d'analyse - programmation (il sera par exemple possible de confier une unité de découpage fonctionnel à chaque personne, qui aura ainsi son domaine de responsabilité bien délimité) ;
— facilité de test de fonctionnement des programmes par parties.

> *Ex. :* une application de traitement des commandes clients comprend des opérations diverses, tels saisie des commandes, ajout de nouveaux clients au fichier, établissement des bons de livraison, enregistrement comptable des créances clients ; autant de sous-ensembles possibles de traitements, relativement autonomes.

Le choix d'un découpage résulte de la prise en compte de nombreux critères, nous en citerons quelques-uns, en commençant par le plus important :
— les sous-ensembles de traitements de l'application, appelés *unités fonctionnelles* (ou UF), doivent avoir des frontières bien définies et correspondre à un ensemble de traitements formant un tout par leur objectif ou leur nature.
En règle générale, cette division ne va pas jusqu'au découpage en programmes : ce sera l'objet de l'analyse organique ;
— quand des traitements ont déjà été programmés sur ordinateur en dehors de l'application étudiée et qu'ils peuvent être réutilisés pour prendre en charge une partie de celle-ci, on leur fera correspondre une ou plusieurs UF bien distinctes. C'est par exemple le cas lorsque des programmes standard, des *progiciels* (*packages* en anglais), sont acquis sur le marché des produits informatiques ;
— les interactions entre unités fonctionnelles et leurs fichiers communs doivent être réduits au maximum.

Il en restera bien entendu toujours, les UF étant par définition complémentaires ;
— la taille de chaque unité fonctionnelle sera aussi limitée que possible, tout en respectant notre premier critère, ainsi que le nombre de fichiers différents utilisés par chacune (la multiplication des fichiers ne va pas dans le sens de la clarté des dossiers ni dans celui de la facilité de programmation).

2.2. Bases du découpage

Nous venons d'énoncer des critères qui nous aideront à choisir entre différents découpages et nous permettront d'arriver progressivement à la solution retenue en nous posant chaque fois la question : « Peut-on faire mieux ? »

Etudions maintenant comment aborder concrètement le problème. Deux solutions de base peuvent être envisagées (1) :
— découpage par *fonctions de gestion* (c'est souvent le mieux adapté à l'analyse en vue de *traitements immédiats,* depuis un terminal utilisateur par exemple). Une UF correspond alors à une action complète de gestion.
  • avantages : relativement aisé, car ne mettant en jeu que des critères de gestion, accessibles sans problème par l'utilisateur ;
  • inconvénients : risque d'inadaptation à la réalisation technique (notamment programmation), performance technique non optimale en certains cas (par exemple le même fichier sera réutilisé à plusieurs étapes du traitement de façon similaire, le système informatique sera saturé par une utilisation simultanée de trop nombreux fichiers...).
Ce partage de l'application sera facilement mis en évidence par un diagramme de circulation des informations où apparaît l'ordinateur ;
— découpage par *fonctions de traitement* (généralement plus adapté à l'analyse en vue de *traitements classiques différés*), où une UF est définie par type de traitement informatique (par exemple saisie, contrôle, édition, calcul...).
L'unité fonctionnelle est alors parfois appelée *unité de traitement* (UT), non sans ambiguïté avec la terminologie de l'analyse organique (chapitre 230).
  • avantages : très accessible aux informaticiens, simplifie le travail de l'analyse organique et garantit une utilisation correcte de l'ordinateur ;
  • inconvénient : en général peu accessible aux utilisateurs.

Ces deux solutions de base peuvent être combinées dans une même application : on choisira pour chaque UF la solution la mieux adaptée.

Un autre élément à prendre en compte est la *chronologie* des traitements : il est préférable que les différents programmes qui constitueront une UF s'exécutent au même moment, à la même date, consécuvitement au même événement générateur.

Plusieurs UF peuvent ainsi se compléter, s'enchaîner dans le temps pour aboutir à un résultat final, constituant une *chaîne fonctionnelle,* baptisée quelquefois *chaîne de traitements.*

---

(1) Voir X. Castellani, *Méthode générale d'analyse d'une application informatique*, Masson.

2.3. Les liaisons entre unités fonctionnelles

Les UF sont généralement interdépendantes.

Elles peuvent se partager le contenu des fichiers permanents, des fichiers mouvements ou se transmettre des informations intermédiaires grâce à des fichiers temporaires particuliers : les *fichiers de liaison*.

> *Ex. :* une UF de saisie des commandes clients produira un fichier de liaison contenant les caractéristiques des clients nouveaux, fichier utilisé en entrée des traitements de mise à jour du fichier permanent « clients ».

Ces fichiers de liaison permettent de ne pas concevoir d'UF trop volumineuses, où tout se ferait, et évitent d'avoir à re-saisir des informations déjà traitées automatiquement dans une UF précédente.

> *Ex. :* les bons de livraison produits par une UF ne seront pas saisis par la suivante en vue d'éditer des factures, mais leur contenu (références articles livrés et quantités, code client...) sera placé sur un fichier informatique.

Les fichiers de liaison entre UF seront étudiés et décrits (en utilisant si nécessaire un descriptif de fichier) lors du découpage fonctionnel de l'application.

2.4. La représentation du découpage

La représentation utilisée couramment est l'*organigramme fonctionnel* dont un exemple est donné par la figure 225.1. Chaque unité fonctionnelle y est représentée, ainsi que les entrées et les sorties correspondantes, et on lui affecte un nom codé formé du préfixe UF, suivi d'un numéro repère.

Les accès prévus sur les fichiers peuvent éventuellement y figurer, de même que certains organes matériels dont l'utilisation est déjà définie, comme le clavier de saisie de notre exemple.

On y utilise le symbolisme normalisé des organigrammes de données.

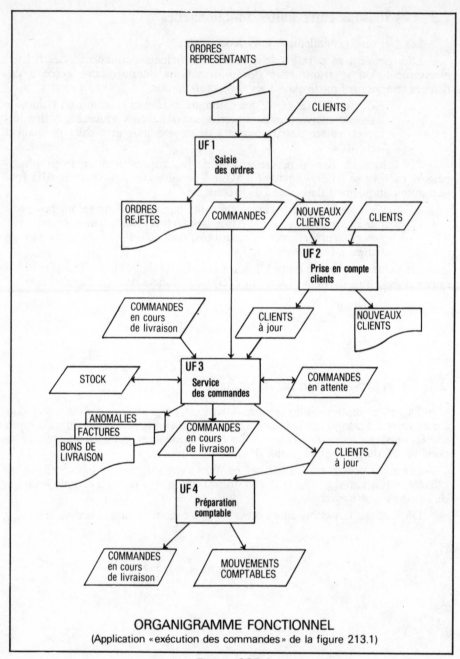

ORGANIGRAMME FONCTIONNEL
(Application «exécution des commandes» de la figure 213.1)

Figure 225.1

3. L'EXECUTION DES TRAITEMENTS DANS LE TEMPS

L'exécution des traitements est liée à l'apparition des données correspondantes, à l'urgence à les traiter, à leur mode de saisie et aux possibilités offertes par l'ordinateur (matériel et *logiciel d'exploitation*).

L'analyse fonctionnelle devra, en particulier, préciser les *modes de traitement* à utiliser.

On distinguera comme pour les saisies :

— le *traitement différé* des données, par *lots,* lancé bien après l'apparition des informations à traiter. Ces dernières peuvent être saisies en mode groupé, ou placées immédiatement dans un fichier depuis un terminal, dans l'attente de leur exploitation.
Ce mode de traitement permet d'optimiser l'utilisation de l'ordinateur, notamment par utilisation de la *multiprogrammation :* exécution en simultanéité apparente de plusieurs programmes sur une même machine, sous contrôle d'un *système d'exploitation* adapté.
Il correspond à ce que l'on appelle « traitement classique », car c'est le plus ancien à être utilisé en gestion.
Les résultats y sont obtenus après un délai assez important, le plus souvent sur papier imprimante *(listing)* et *périodiquement ;*

— le *traitement unitaire immédiat* des données, en *temps réel,* se traduisant par des transactions d'échange données - résultats, entre utilisateur et ordinateur, grâce à un terminal.
Ce mode de traitement permet de reprendre, dans la solution informatique, une grande partie du modèle d'action manuel précédant l'automatisation. Il autorise les gestionnaires à lancer des traitements « *à la demande* », selon leurs besoins.

Ces deux principaux modes seront avantageusement mis en œuvre dans une même application : il est toujours des résultats qui peuvent attendre quelques heures, ou plus.

Si l'organisation ne peut envisager un équipement informatique assez puissant pour permettre simultanément toutes les fonctions d'application en temps réel ou différé, l'analyste pourra définir des *vacations* d'exploitation, accordant tour à tour le système aux utilisateurs.

> *Ex. :* de 8 h à 12 h : saisie des commandes, des livraisons et gestion des réapprovisionnements ; de 14 h à 18 h : facturation (sur terminaux) ; de 12 h à 14 h : éditions diverses sur imprimante et traitements différés.

Lorsque le découpage des applications est compatible avec la chronologie des traitements, la périodicité et les fréquences d'exécution des UF, et le cas échéant, les différentes possibilités d'exploitation par vacations, peuvent être résumées dans un tableau (fig. 225.2).

PERIODICITE D'EXECUTION DES TRAITEMENTS								
APPLICATION : *Exécution des commandes* PROJET : *Suivi, gestion commandes*			ETABLI PAR : *Durand* LE : *17 juillet 1984* PAGE : *1/1*					
Unités fonctionnelles	Périodicité	Heure ou date ·	Ordre de mise en œuvre dans une journée					
			Cas 1	Cas 2				
UF 1 Saisie des ordres	Jour	8 h - 12 h	1	—				
		14 h - 18 h	—	2				
UF 2 Prise en compte clients.	Jour	—	2	3				
UF 3 Service commandes	Jour	—	3	4				
UF 4 Préparation comptable ..	Semaine	Dernier jour de la semaine	—	1				

Figure 225.2

4. LES INTERVENANTS

L'essentiel de l'étude des traitements est l'œuvre de l'informaticien.

L'utilisateur a cependant un avis primordial à donner en ce qui concerne les découpages par fonction de gestion, et la périodicité d'exécution des traitements.

Les délais qu'il a déjà précisés pour l'obtention de ses sorties sont par ailleurs un élément fondamental pour le choix des modes de traitement.

5. INSERTION DANS L'ORGANISATION

L'insertion des traitements dans les procédures de gestion peut être schématisée très clairement par un *diagramme de circulation* des informations qui présente l'avantage de résumer également entrées, sorties et postes concernés.

Dans ce diagramme apparaîtront les différentes unités fonctionnelles ; à l'inverse, l'établissement du diagramme constitue un *outil d'analyse efficace pour déterminer le découpage de l'application en unités fonctionnelles.*

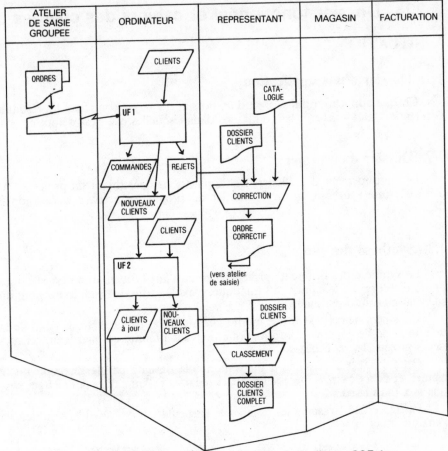

Figure 225.3. — *Reprise partielle de la figure 225.1
à l'aide d'un diagramme de circulation*

225. EXERCICES

225.1 Expliciter selon quels principes a été effectué le découpage en unités fonctionnelles donné en exemple dans ce chapitre (§ 2.4).

225.2 *Cas «Sogecodial»* (voir p. 199)
— * Comment seront saisies les informations nécessaires aux traitements ?
— Organigramme fonctionnel regroupant les trois UF :
  • suivi clientèle ;
  • tenue du stock ;
  • gestion des représentants.

225.3 *Cas «SA Carton»* (voir p. 191)
— * Donner succinctement les contenus, indicatifs et accès des fichiers permanents et des tables de l'application.
— Définir les unités fonctionnelles à partir du diagramme déjà établi.
Une variante est-elle possible ?

Voir solutions, p. 246

226. Dossier fonctionnel et cahiers des charges

1. SITUATION

1.1. Dossier d'une application

Chaque application fait l'objet d'un dossier d'analyse contenant les résultats de l'étude fonctionnelle et les conditions dans lesquelles elle s'est déroulée.

1.2. Dossier d'un projet

Le regroupement des dossiers des applications constituant un projet, complété par une synthèse, forme le dossier du projet qui prépare la décision 3 (fig. 210.1).

1.3. Synthèse des projets

La synthèse des différents projets en cours dans l'organisation est effectuée par la direction ou le comité informatique, dans le cadre de l'établissement et du suivi du plan informatique.

Un aspect de cette synthèse mérite une attention particulière. Il s'agit de la définition de l'équipement informatique pouvant prendre en charge un ou plusieurs projets, le cas échéant.

Cette étude sera confiée à un responsable désigné par la direction ou le comité, et débouchera si nécessaire sur la rédaction d'un cahier des charges destiné aux fournisseurs.

La figure 226.1 résume les origines et l'articulation des dossiers résultant de l'analyse fonctionnelle.

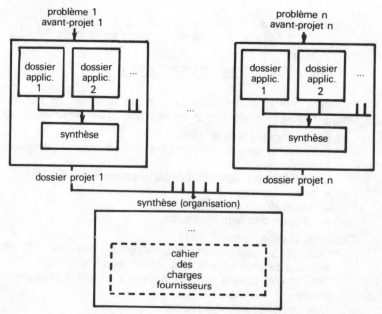

Figure 226.1

2. LE DOSSIER D'APPLICATION

2.1. Rôle et contenu sommaire

Il contient les résultats concrets de l'analyse fonctionnelle et est à l'origine :
— des synthèses qui suivront ;
— des études de réalisation qu'il prépare (analyse organique).

Le dossier d'application peut s'articuler en trois parties :
— présentation de l'étude ;
— cahier des charges de l'application ;
— dossier fonctionnel.

2.2. Présentation de l'étude

Il s'agit d'une rapide présentation du *contexte* de l'analyse fonctionnelle concernée (par exemple 2 à 3 pages).

Les points suivants y seront abordés :
— présentation de l'application et du projet ;
— présentation de l'équipe ayant réalisé l'analyse, du planning des travaux et des principaux problèmes rencontrés (afin d'attirer l'attention, si besoin est, sur les points délicats de l'application) ;
— réévaluations des coûts et charges de réalisation, avec leurs justifications (référence au reste du dossier pour le détail) ;
— réajustement des délais de mise en œuvre ;
— recommandations éventuelles pour atténuer les effets des réévaluations et des réajustements.

2.3. Cahier des charges de l'application

Il précise ce qui doit être fait par l'application, ce qu'elle doit fournir comme services aux utilisateurs, en répondant à la question : *quelle application, pourquoi ?*

Le *cahier des charges de l'application* pourra contenir :
— un complément de présentation de l'application ;
— la désignation des services concernés et des responsables utilisateurs plus particulièrement impliqués dans l'étude ;
— les objectifs de l'application et ses contraintes d'utilisation (délais, confidentialité, sécurités...) ;
— les charges de traitement actuelles et leur évolution prévue (volumes des fichiers, des entrées, des sorties...) ;
— les méthodes, les modes d'entrées et de sorties des informations ;
— la nature des entrées et sorties du système informatique ;
— les règles de gestion et méthodes de calcul à appliquer.

En réalité, toutes ces informations données par le cahier des charges pourront y être présentées de diverses façons, plus ou moins adaptées à chaque cas : il peut décrire des *objectifs* à atteindre sans préciser les moyens d'y parvenir, ou au contraire une *solution* déjà ébauchée, toute présentation intermédiaire restant possible.

Ce document doit avoir le plein accord des utilisateurs.

Il constitue l'engagement des informaticiens vis-à-vis des gestionnaires (n'oublions cependant pas qu'un minimum de souplesse est nécessaire pour préserver un climat de travail harmonieux dans l'organisation !).

2.4. Dossier fonctionnel

Ce dossier indique *comment,* par quels moyens les *spécifications* du cahier des charges seront respectées.

Il regroupera les éléments résultant de l'analyse :
— codifications ;
— catalogue des entrées, des sorties et grilles des informations ;
— esquisses décrivant entrées et sorties ;
— descriptions de fichiers ;
— diagrammes de circulation des informations ;
— procédures de saisie et de contrôles ;
— définition des moyens de diffusion des résultats ;
— organigrammes fonctionnels ;
— procédures de sécurité (accès aux informations protégées, préservation des fichiers) ;
— définition des moyens techniques nécessaires (matériel et logiciel).

Dans certains cas, quelques-uns de ces éléments, d'importance particulière pour l'utilisateur, peuvent être placés dans le cahier des charges de l'application (par exemple les procédures ou les diagrammes de circulation des informations). Il en sera notamment ainsi lorsque le cahier des charges est présenté sous forme de solution.

3. LE CAHIER DES CHARGES FOURNISSEURS

Ce document doit définir *avec quoi,* avec quels équipements informatiques, il est possible de réaliser le ou les projets concernés.

C'est en réalité un extrait des différents dossiers d'applications, accompagné d'une synthèse pour définir un besoin global en équipements.

Nous plaçons son établissement en fin d'analyse fonctionnelle, car c'est l'idéal : la solution est assez précise pour déterminer parfaitement le volume des supports de fichiers nécessaires, le nombre de terminaux, les modes d'exploitation souhaités...

De plus, les applications étant spécifiées, découpées en unités fonctionnelles, il sera facile (si l'importance de l'équipement visé le justifie) de vérifier que les ordinateurs proposés par les fournisseurs conviennent en leur demandant de réaliser des *démonstrations* reproduisant les conditions d'utilisation les plus sévères rencontrées dans ces applications.

Dans la pratique, le cahier des charges fournisseurs doit souvent être établi au début de l'analyse fonctionnelle, de façon à ce que l'équipement retenu soit connu pour l'analyse organique et qu'il soit prêt à fonctionner au commencement de la programmation.

De contenu similaire, il pourra alors être établi :

— à l'issue de l'étude d'opportunité, au vu de l'avant-projet qui sera précisé sur certains points (fichiers et périphériques notamment).
Dans cette hypothèse, il est presque toujours nécessaire de modifier ultérieurement le système installé (en général dans le sens des *extensions* : ajout de terminaux, de logiciels...). Les contrats passés avec les fournisseurs doivent prévoir cette possibilité et les conditions commerciales correspondantes (délais, prix) ;
— au cours de l'analyse fonctionnelle : ce qui autorise un peu plus de précision.

A titre indicatif, mentionnons ce que peut contenir un *cahier des charges fournisseurs* :

— une présentation de l'organisation, l'objet et les conditions de la consultation des fournisseurs (délai attribué pour l'envoi des *propositions* d'équipement, forme de celles-ci). Il est pratique, pour comparer différentes offres, d'établir un questionnaire type concernant le matériel et le logiciel désirés ;
— les objectifs et les contraintes des applications à réaliser, en précisant la *disponibilité* souhaitée de l'équipement (durée de bon fonctionnement lors d'une exploitation normale, déduction faite des arrêts pour pannes) ;
— les volumes et les charges de traitement, les évolutions prévues ;
— les modes d'entrées/sorties, le nombre et la localisation des terminaux ;
— la définition des principaux fichiers (taille des articles, volumes, accès...) ;
— les moyens de saisie et de diffusion des résultats ;
— les particularités désirées pour les matériels et les logiciels (équipements de transmission à distance, gestion de transmissions, bases de données...), pour les supports.
En certains cas, le type de matériel et sa configuration pourront être précisés par le demandeur ;
— les délais à respecter pour la mise en place de l'équipement dans l'organisation ;
— la formation (niveau et nombre de personnes), l'assistance technique et la documentation attendues du fournisseur ;
— les délais de réparation exigés en cas de panne ;
— éventuellement, la spécification d'une démonstration à mettre en œuvre par le fournisseur pour vérifier l'adéquation entre sa proposition et les problèmes à traiter

Ces renseignements constitueront la partie « technique » du document de consultation qui abordera par ailleurs des questions d'ordre légal (contrats), financier et administratif.

4. TABLEAU RESUME DE L'ANALYSE FONCTIONNELLE

ACTEURS : utilisateurs, informaticiens.

OBJECTIF : préciser les fonctions que remplira une application dans l'organisation (quels seront précisément les services rendus).
Définir les outils informatiques nécessaires et leur utilisation (matériel, logiciel, fichiers).

CE QUE PRECISE L'ANALYSE FONCTIONNELLE :

Sorties (résultats des traitements) :

— *nature* des informations, regroupement par ensembles sortis simultanément pour un usage précis (unités de sortie) ;

— *présentation :* support (papier, écran, film...), duplication, forme, dessin général des documents, écrans ;

— destinataires, délais d'obtention, moyens et procédures d'obtention, confidentialité, volume (quantité) d'informations sorties par unité de temps.

Règles de gestion :

— *formules de calcul* particulières, moyens de contrôler les informations lors des traitements, obligations d'interventions humaines, délais de péremption des données ;

— le respect des règles conditionne l'efficacité de l'informatique, car elles lient entrées et sorties désirées.

Entrées (saisies) :

— *nature* des informations, regroupement de celles qui sont saisies simultanément (unité de saisie) ;

— *forme :* origine (orale, bordereau de saisie papier...), moyens (terminal, atelier de saisie...), codage, contrôles ;

— lieu, délais (saisie immédiate, différée), volume d'informations entrées par unité de temps.

Fichiers permanents et de saisie, tables :

— liste ;

— pour chacun : *contenu* (rubriques), *indicatif* des articles, *accès* nécessaires, fréquences d'utilisations, *volume* (en nombre de caractères) et évolution, mesures de sécurité (confidentialité d'accès et préservation contre les destructions accidentelles), procédure de constitution initiale, de mise à jour.

Fonctions (groupes de traitements - Unités fonctionnelles) :

— *liste, rôle,* conditions et moments de déclenchement, liens éventuels entre UF (fichiers de liaison, « chaîne »...), insertion dans l'organisation (diagramme) ;

— fréquence et *modes des traitements* composant les UF (temps réel, différé, par « lots »...).

226. **EXERCICES**

226.1   Quelles raisons peuvent pousser un fournisseur à ne pas présenter de démonstration ?

226.2   Quelle répartition de tâches peut s'effectuer entre utilisateur et informaticiens pour le choix d'un équipement informatique ?

226.3   *Cas «SA Carton»* (voir p. 191)
      — Sommaire du cahier des charges application.
      — Sommaire du cahier des charges fournisseurs.

Voir solutions, p. 249

23. L'ANALYSE ORGANIQUE ET LE LANCEMENT

230. L'analyse organique : présentation et découpage des unités fonctionnelles

1. PRESENTATION DE L'ANALYSE ORGANIQUE

1.1. Situation

L'*analyse organique* est la suite directe de l'analyse fonctionnelle qui avait permis de définir chaque application de façon précise, logique, mais indépendamment de l'ordinateur devant être concrètement utilisé.

Remarquons que l'analyse fonctionnelle a cependant conduit à des solutions qui sont très liées au type d'équipement informatique nécessaire, et qui devraient donc s'adapter sans problème majeur au système finalement retenu.

L'objectif de l'analyse organique est de *préparer la programmation* en vue d'utiliser au mieux l'ordinateur disponible, son matériel et son logiciel de base.

Elle précise la solution fonctionnelle et l'adapte aux *organes de l'ordinateur*.

> *Ex. :* description du détail de chaque ligne d'impression d'un document, sachant que l'imprimante produit des lignes contenant chacune cent trente-deux caractères.

1.2. Contenu

Les principaux travaux menés lors de l'analyse organique concernent :
— le découpage de chaque unité fonctionnelle en programmes de traitements ;
— la définition des fichiers temporaires non encore étudiés ;
— la description de la façon dont chaque fichier est enregistré sur le support qui lui est attribué ;
— le choix d'un langage de programmation pour chaque programme ;
— le détail des entrées et des sorties ;
— le détail des contrôles de saisie, des procédures de sécurité (confidentialité des informations et préservation contre les incidents) ;
— la constitution de données d'essai des programmes : les jeux d'essais ;
— la description détaillée des opérations effectuées dans chaque programme ;
— le réajustement éventuel des prévisions de coûts et délais (en principe mineur à ce stade des études : il peut cependant être nécessaire de renforcer certaines équipes pour rattraper des retards de l'analyse). Il n'y a pratiquement pas d'abandons de projet à ce niveau, nous n'avons donc pas fait figurer de décision dans la figure 210.1 ;

— la constitution d'un dossier exploitable directement pour la programmation ;
— la rédaction des consignes d'exploitation et d'utilisation de l'application.

1.3. Démarche

Le point de départ est le dossier d'application de l'analyse fonctionnelle.

Le premier travail consistera à découper chaque UF en programmes, aussi appelés *Unités de Programmation* (UP), *Unités Organiques* (UO) ou *Unités de Traitement* (UT).

A cette occasion seront définies les *interfaces* entre UP, c'est-à-dire les informations, les fichiers assurant la liaison entre programmes.

Seront ensuite étudiés les autres fichiers, les entrées, les sorties et le détail des opérations à réaliser dans chaque UP.

Enfin seront précisées les conditions d'essai de fonctionnement des programmes et les consignes d'utilisation des traitements pour aboutir à un dossier d'analyse organique complet.

1.4. Intervenants

Ce sont essentiellement des informaticiens, les *analystes organiques,* dirigés par le chef de projet.

Il arrive que les analystes chargés de l'analyse fonctionnelle effectuent également l'analyse organique.

Plus fréquemment, des *analystes-programmeurs* prennent en charge chacun une partie du dossier fonctionnel et mènent, pour leur part, toutes les opérations de l'analyse organique au lancement.

Bien que cette étude soit très technique et que l'on dispose dans le dossier fonctionnel des desiderata des gestionnaires, les informaticiens devront encore travailler en liaison avec les utilisateurs chaque fois qu'un point de contact du système informatique avec ces derniers devra être précisé.

> *Ex. :* définition détaillée d'un document ou bordereau de saisie ; choix de caractères (majuscule, minuscule, inversés vidéo) pour l'affichage de données sur écran de terminal.

2. DECOUPAGE DES UNITES FONCTIONNELLES

2.1. Objectif

Une unité fonctionnelle correspond, en règle générale, à un ensemble de traitements trop vaste pour qu'il soit possible de passer directement à sa programmation sans risquer d'aboutir à des programmes de plusieurs milliers de lignes d'instructions d'un seul tenant, ce qui serait préjudiciable à leur clarté, à la durée de leur mise au point et de leurs éventuelles modifications ultérieures.

L'analyse organique opère donc une nouvelle division de la difficulté en découpant chaque UF en unités de programmation correspondant à la réalisation de programmes de taille raisonnable, au rôle parfaitement défini et se répartissant les traitements de façon cohérente et logique.

2.2. Nouveaux fichiers

De même que le découpage d'une application en UF, le découpage de l'UF en UP fait apparaître la nécessité de *fichiers temporaires de liaison,* permettant à un programme d'utiliser des résultats obtenus par un programme précédent.

Des fichiers temporaires de *travail* ou de *manœuvre* peuvent aussi s'avérer nécessaires à l'exécution d'un programme, pour mémoriser provisoirement des informations trop nombreuses pour être placées en mémoire centrale (*zone de tri* par exemple).

Ces nouveaux fichiers seront décrits de la même façon que les autres. Un descriptif logique pourra être établi (fig. 224.1) : on se contente cependant le plus souvent d'une *description organique,* telle qu'elle sera étudiée au chapitre 232, pour ces fichiers très « techniques » que l'utilisateur ignore.

2.3. Sorties et entrées techniques

En plus des données et des résultats concernant directement les utilisateurs et répertoriés lors de l'analyse fonctionnelle, la définition de chaque programme peut mettre en évidence la nécessité d'entrées et de sorties techniques.

Ce sera par exemple le cas des *listes de contrôle* de l'exécution d'un traitement (comptage d'articles traités dans un fichier, des erreurs détectées), ou de l'entrée d'un nombre d'articles, d'une date, au lancement d'un programme.

La nature de ces éléments sera déterminée à ce stade de l'analyse et ils pourront être précisés, le cas échéant, lors de l'étude détaillée des entrées-sorties et des traitements.

2.4. Critères de découpage

Chaque Unité Fonctionnelle sera découpée en tenant compte notamment :
— des **ressources** de l'ordinateur et de son système d'exploitation : les programmes ne doivent pas être trop volumineux pour pouvoir loger en mémoire centrale ; il existe toujours une limite au nombre de fichiers utilisables simultanément ;
— des *facilités de programmation :* nous avons vu qu'une UP ne devait pas comporter trop d'instructions. A l'inverse, la multiplication des programmes, donc des interfaces, peut compliquer l'organisation des traitements ;
— de la **maintenance des programmes,** qui sera facilitée par des UP homogènes, effectuant un seul type de traitement et ayant un rôle bien défini ;
— de l'*exploitation* future des traitements : elle sera d'autant plus simple que les manipulations de supports de fichiers et de périphériques occasionnées par chaque programme seront réduites ;
— de l'existence de **programmes standard,** de progiciels ou d'utilitaires du système d'exploitation : à chaque programme existant correspondra alors une UP ;
— des *évolutions* prévisibles : il faut prévoir les insertions ou les suppressions de traitements et s'arranger pour que ces opérations touchent des UP entières, pour éviter d'avoir à trancher à l'intérieur d'un programme ;
— des **langages de programmation :** la plupart des ordinateurs peuvent être programmés dans des *langages évolués* relativement simples à utiliser et ayant

chacun sa vocation spéciale : programmation de calculs, de manipulations de fichiers par exemple.

> *Ex. :* FORTRAN ou BASIC pour les calculs ; COBOL pour la gestion de fichiers ; PL1 pour les deux (langage peu répandu).

Ils proposent aussi généralement un langage plus rudimentaire, permettant de commander directement les organes de la machine à l'aide d'ordres très techniques, et par là même de commander des traitements qui ne sont pas programmables en langage évolué : le langage *assembleur* ou *macro-assembleur*. On constituera une UP avec des traitements susceptibles d'être programmés dans un même langage ;

— du *mode d'enchaînement* désiré pour les programmes et de leur moment d'exécution : une UP regroupera plutôt des traitements s'exécutant en même temps, à la suite d'un même événement.

2.5. Modes d'enchaînement des programmes

Deux modes principaux sont utilisés pour faire se succéder les exécutions des différents programmes d'une unité fonctionnelle : les enchaînements *classique* et *supervisé.*

L'enchaînement classique est en fait la reproduction, au niveau des UP, du principe de la chaîne fonctionnelle cité au chapitre 225 : les programmes se succèdent dans le temps selon un ordre immuable, formant une *chaîne organique,* également appelée *chaîne de traitements.*

Un exemple en est donné par la figure 230.1 qui détaille l'unité fonctionnelle « Service des commandes » de la figure 225.1.

Y apparaissent clairement les fichiers de liaison et de manœuvre, ainsi que l'entrée technique de la date avant l'édition des factures et des bons de livraison.

Ce mode d'enchaînement est surtout adapté au *traitement des données par lots,* en différé : une chaîne organique complète, comportant éventuellement des programmes complexes d'exécution longue, peut alors être exécutée sans inconvénient pour traiter les données, les résultats n'étant pas attendus immédiatement par l'utilisateur.

Les taux d'activité des fichiers sont souvent élevés dans ce cas où les données de base regroupées concernent de nombreux articles des fichiers permanents, l'accès séquentiel y est donc prédominant.

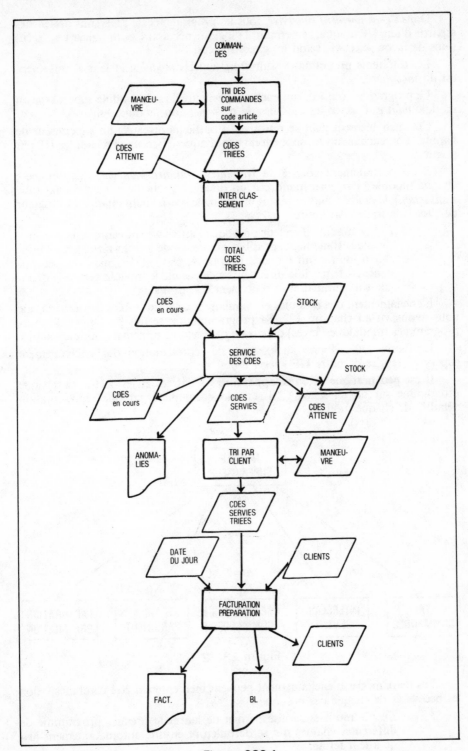

Figure 230.1

Dans l'*enchaînement supervisé,* tous les programmes de l'UF sont déclenchés à partir d'une UP unique, renfermant la logique nécessaire pour lancer ces exécutions de façon sélective, selon les circonstances.

Les différents programmes sont alors appelés *modules,* et leur arrangement est dit *modulaire.*

Le programme central, qui enchaîne les autres, est le module *superviseur* ou module *maître.* Il lance les modules de *traitement* ou modules *esclaves.*

Cet enchaînement peut se retrouver à plusieurs niveaux : un superviseur de l'application enchaînant les superviseurs de chaque UF, ceux-ci reliant les UP par exemple.

Il est parfaitement adapté au traitement *unitaire immédiat* des données : chaque module peut correspondre à un dialogue particulier sur terminal (une *transaction*), le module maître gérant un dialogue spécial permettant à l'utilisateur de choisir le traitement désiré.

> *Ex. :* le module directeur provoque l'affichage sur écran d'un *« menu »* (liste des traitements possibles) et demande par un message, à l'utilisateur, de fournir un code (frappé au clavier) désignant un des traitements ; le module directeur lance ensuite le module gérant le dialogue sur terminal et le traitement correspondants.

L'enchaînement des modules est similaire à celui des tables de décision que nous avons vu au chapitre 222. Sa programmation se fait par appel de sous-programmes (modules esclaves) depuis un programme principal (module maître).

La figure 230.2 donne un exemple de représentation de l'enchaînement supervisé (reprise de notre UF « service des commandes »).

Il est peu pratique de faire apparaître les entrées et les sorties de chaque programme sur un tel schéma : il sera donc complété par une représentation détaillée de chaque module.

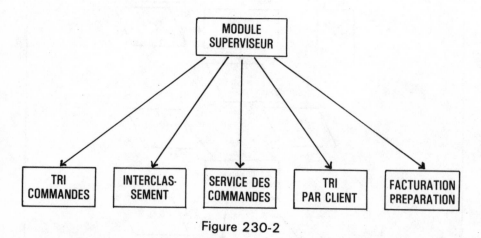

Figure 230-2

Les deux modes d'enchaînement peuvent bien entendu être combinés, selon les nécessités de chaque cas pratique.

> *Ex. :* le mode supervisé permet de lancer le premier programme de différentes chaînes qui se dérouleront ensuite automatiquement jusqu'à leur terme.

230. **EXERCICES**

230.1 Quel langage de programmation choisir pour réaliser chacun des traitements suivants :
— édition sur imprimante du contenu d'un fichier «clients»;
— détermination de la distribution statistique des soldes des comptes clients sur l'année;
— édition de relevés bancaires mensuels;
— listage des comptes clients ayant un solde inférieur à un certain seuil?

230.2 Quelles raisons nous conduisent à préférer regrouper dans une même UP des traitements s'exécutant en même temps?
Qu'en est-il dans un mode d'enchaînement supervisé?

230.3 *Cas «Emmanuel Sand»* (voir p. 206)
— Liste des UP à réaliser (traitements courants).
— Mode d'enchaînement recommandable?
Etablir le schéma correspondant.

Voir solutions, p. 249

231. Les fichiers : supports et organisation des données

1. SITUATION

Après l'étude organique des traitements, tous les fichiers nécessaires au fonctionnement de l'application sont inventoriés et décrits avec plus ou moins de précision, il s'agit :

— des fichiers permanents, mouvements et de liaison entre UF dont on connaît le contenu et les caractéristiques qui sont généralement résumés dans un descriptif de fichier logique ;
— des fichiers de travail, de manœuvre ou de liaison entre programmes.

L'analyse organique doit produire, pour chacun de ces fichiers, une description détaillée de la manière dont ils se présenteront sur un *support* défini.

Il suffira ensuite au programmeur de transcrire cette description dans le langage de programmation utilisé.

2. ETUDE ORGANIQUE DES FICHIERS

2.1. Démarche

Cette étude des fichiers peut être menée en trois circonstances :
— les fichiers permanents et de liaison entre UF seront étudiés à l'occasion du découpage en UP, qu'ils peuvent même induire en certains cas ;
— les fichiers de liaison entre UP, de travail ou de manœuvre seront définis en même temps que les programmes, lors du découpage des unités fonctionnelles, mais aussi de l'étude détaillée des traitements auxquels ils sont étroitement liés ;
— enfin, les fichiers mouvements et les fichiers de saisie seront précisés lors de l'analyse organique des entrées dont ils résultent.

De nombreuses variantes de ce schéma de base sont bien sûr possibles.

Quelle que soit la voie retenue, l'analyse définira pour chaque fichier :
— le support sur lequel il sera *enregistré ;*
— l'*organisation* des informations correspondantes sur ce support, comment elles y sont regroupées et repérées par un *label* (une « étiquette ») ;
— les *procédures de sécurité* associées et les opérations annexes permettant de le maintenir en état d'utilisation ;
— les *méthodes d'accès* à son contenu.

En réalité, toutes ces caractéristiques sont liées, et il est difficile de dissocier leur étude.

Pour illustrer cette remarque, nous pouvons schématiser les dépendances entre les trois paramètres définissant les possibilités d'utilisation d'un fichier :

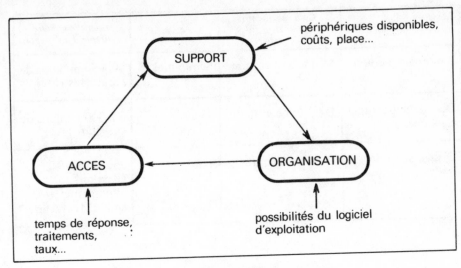

Figure 231.1

— le choix d'un support dépend des accès désirés ;
— le support conditionne les organisations possibles ;
— l'organisation retenue autorise certains accès ;
— chaque élément est par ailleurs dépendant de contraintes, telles la disponibilité des périphériques nécessaires ou les temps de réponse à obtenir.

2.2. Détermination du support

Le support sera déterminé en fonction :
— des accès désirés ; les accès direct ou semi-direct nécessitent un *support adressable* (disque magnétique par exemple) ;
— de l'ordinateur utilisé (son matériel devra comporter les périphériques capables de gérer les supports retenus) ;
— des coûts (les supports non adressables, n'autorisant que l'accès séquentiel, sont généralement moins chers que des supports adressables de même capacité de stockage) ;
— des manipulations de support nécessaires, de leur conservation en dehors des traitements (notamment en ce qui concerne les archives).
Un support devant être transmis par la poste sur un lieu distant en vue d'y être relu par un autre ordinateur aura avantage à être léger et peu encombrant (disque souple ou bande magnétique par exemple).
De même, si de nombreuses copies du fichier doivent être archivées sur support informatique (gain au rangement et à la manutention) ;
— des possibilités offertes par l'ordinateur et son système d'exploitation (l'utilisation de certains supports peut être malcommode ou impossible) ;
— des temps de réponse souhaités : ils varient selon les supports, même adressables.

Le tableau page suivante donne un aperçu des possibilités et des coûts des supports les plus usuels.

Support	Coût du support pour stocker 1000 caractères	Accès	Capacité unitaire courante d'un support
Bande magnétique	Moins de 1 centime	Séquentiel	10 à 50 millions de caractères (Mc)
Disque magnétique classique	De 2 à 5 centimes	Tous	5 à 300 millions de caractères
Disque souple	De 4 à 10 centimes	Tous	250 à 1000 Kc (Kc pour "kilo-caractères, soit 1024 caractères).

2.3. Détermination de l'organisation des informations

L'*organisation* d'un fichier est la manière dont son contenu est rangé, *enregistré* sur un support par le système d'exploitation (plus précisément le *Système de Gestion de Fichiers* — SGF — qui en fait partie).

On distingue les organisations *sélectives,* permettant l'accès direct ou semi-direct aux articles des fichiers, et l'organisation non sélective ou *séquentielle* qui n'y autorise que l'accès séquentiel.

Avant d'étudier les trois organisations courantes, la notion d'*enregistrement* mérite d'être précisée : elle remplace celle d'article lorsqu'il s'agit d'étudier comment les informations sont physiquement placées sur un *support,* comme c'est le cas en analyse organique.

Elle représente la traduction concrète de la notion logique d'article : ensemble d'informations créé en fonction d'une utilisation déterminée.

> *Ex. :* une page de livre renferme plusieurs paragraphes, la page est un enregistrement physique renfermant les articles logiques « paragraphes ».

Afin d'améliorer les performances d'utilisation d'un support magnétique et de son périphérique, il est parfois utile de ranger plusieurs articles dans un enregistrement : c'est le *blocage* ou *groupage* d'articles.

Le *facteur de blocage* (ou de groupage) est à définir par l'analyse organique en fonction des caractéristiques du support et de l'utilisation qui est faite du fichier : c'est le nombre d'articles par enregistrement.

> *Ex. :* prenons par analogie un disque microsillon ; chaque enregistrement musical est séparé des autres par une zone vierge de son.

La multiplication des intervalles entre morceaux provoque une perte de place qui serait atténuée si l'on groupait plusieurs interprétations par enregistrement : le *taux de remplissage* du support serait amélioré. Pour choisir un enregistrement, il faut déplacer le bras : il en est de même pour certains disques magnétiques sauf que, dans ce dernier cas, le *temps de positionnement* de la tête de lecture est très supérieur au temps nécessaire à « lire », à amener le contenu de l'enregistrement en mémoire centrale pour l'y utiliser (de 30 à 40 fois environ, soit par exemple 30 milli-secondes pour 1 msec).

Le groupage permettrait de disposer en mémoire centrale de plusieurs articles pour un seul positionnement, donc de réduire le *temps d'accès* moyen à un article du fichier (si ces articles sont effectivement utiles au traitement à ce moment).

Toutes les opérations de groupage, dégroupage d'articles sont automatiquement réalisées par le SGF lors de l'exécution des programmes : il suffit d'en préciser préalablement les caractéristiques générales au logiciel d'exploitation.

Le programme d'utilisation travaille sur des articles logiques qu'il échange avec ses fichiers par l'intermédiaire de ce logiciel.

Les *organisations* les plus fréquemment permises par les SGF sont :

— l'organisation *séquentielle* ou *consécutive,* dans laquelle les enregistrements sont simplement placés à la suite sur le support, dans l'ordre de leur apparition.

L'organisation séquentielle n'autorise que l'accès séquentiel. Pour atteindre un article, l'utilisateur devra balayer tous ceux qui précèdent ; ils sont en général triés ;

— l'organisation *relative* (sélective), où chaque article du fichier a une place fixe par rapport aux autres, correspondant à son rang par rapport au premier et à une valeur numérique qui lui est associée : une *clé d'accès,* déterminée par le programme utilisateur.

L'organisation relative autorise tous les modes d'accès, dans des conditions de rapidité maximum (un simple calcul du SGF permet de retrouver enregistrement, puis article). Elle n'est possible qu'avec des enregistrements de longueur fixe, contenant toujours le même nombre de caractères ;

— l'organisation *indexée* (sélective), aussi appelée séquentielle-indexée, où les articles sont logiquement triés selon une de leurs rubriques.

La différence avec l'organisation séquentielle provient de la présence d'*index,* jeu de tables rangées sur le même support que le fichier, faisant correspondre à une clé d'accès l'adresse d'un enregistrement. Le SGF gère cet index et le met à jour en même temps que le fichier ; il suffit à l'utilisateur de fournir la clé d'un article pour que celui-ci soit automatiquement repéré.

L'ensemble index-fichier doit être périodiquement remis en ordre, au « propre », en cas de nombreuses mises à jour. Cette opération est effectuée par un *utilitaire de réorganisation* du système d'exploitation.

Le tableau ci-dessous résume les principales propriétés des organisations brièvement présentées :

Organisation	Accès possibles	Avantages	Inconvénients
Séquentielle	Séquentiel	Simple. Taux de remplissage du support de 100 % possible.	Accès. Tri presque toujours nécessaire. Mise à jour impossible (sauf réécriture complète du fichier sur le support).
Relative	Tous	Simple. Accès rapide. Toutes opérations possibles (mise à jour, consultation).	Nécessite une clé numérique. Risque de trous (taux de remplissage faible). Enregistrements de longueur fixe.
Indexée	Tous	Simple pour l'utilisateur. Toutes opérations possibles. Clé alphanumérique. Accès performant en séquentiel.	Complexe (pour le SGF). Accès direct moyennement rapide. Réorganisations nécessaires (après mises à jour). Taux de remplissage moyen du support.

La définition de l'organisation d'un fichier consiste également à préciser si ses articles et ses enregistrements seront de *longueur variable* ou *fixe,* selon les besoins et ce qu'il est possible de faire dans l'organisation choisie.

Ex. : un fichier « Commandes » pourra voir la taille de ses articles, donc de ses enregistrements, varier en fonction du nombre de produits commandés.

Notons enfin, qu'en raison de la grande variété d'organisations de fichiers proposées par les systèmes d'exploitation d'ordinateurs, il est toujours nécessaire de consulter soigneusement les brochures du fournisseur avant d'effectuer un choix en ce domaine.

3. REPRÉSENTATION DES FICHIERS ET DES TRAITEMENTS

Nous pouvons désormais résumer, grâce à un *organigramme organique,* aussi appelé *organigramme des données,* les programmes correspondant à chaque unité fonctionnelle.

Cette représentation utilisant un symbolisme normalisé sera avantageusement complétée par une colonne de commentaires. On y retrouve :

— chaque programme, repéré par un nom de code (préfixe UP ou UT, suivi d'un numéro évoquant l'unité fonctionnelle à laquelle il appartient) ;

— toutes les entrées et les sorties des traitements, en particulier les fichiers permanents et temporaires qui seront représentés grâce au symbole de leur support.

En certains cas particuliers d'enchaînement classique, chaînes fonctionnelle et organique peuvent coïncider : l'organigramme des données est alors la représentation unique des traitements.

La figure 231.2 donne la représentation définitive de l'organigramme organique ébauché précédemment par la figure 230.1 (les accès aux fichiers peuvent y être précisés).

Quand les UP s'exécutent à des moments différents, l'organigramme des données sera complété par l'indication de la *chronologie des traitements,* par exemple à l'aide d'un tableau similaire à celui de la figure 225.2, étudié lors de l'analyse fonctionnelle, ou directement dans la colonne « observations ».

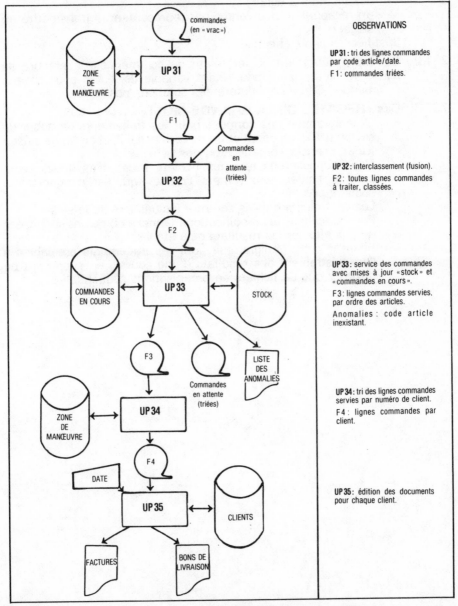

Figure 231.2. — *ORGANIGRAMME ORGANIQUE*
(Organigramme des données)
Service des commandes (UF 3 de la figure 225.1)

231. EXERCICES

231.1   Quel support choisir, bande ou disque, pour :
— une table tarif ;
— un fichier fournisseurs ;
— des commandes (traitement par lot) ;
— des archives stock ;
— des factures à éditer ;
— un récapitulatif des ventes par représentant (à transmettre au siège) ?
Justifier les choix effectués.

231.2   Comment définir un fichier relatif de commandes, le nombre de lignes «produit commandé» étant variable de 1 à 5 pour chaque commande ? Décrire les différentes solutions possibles.

231.3   **Cas «REGATES DE LA GRANDE-MOTTE»** (voir p. 209)
— Organigramme des données pour les traitements de début de saison (UF1), de début et fin de course (UF2) et de fin de saison (UF3). Préciser l'organisation des fichiers.
Nous supposerons tous les fichiers accessibles directement, sauf le fichier «mouvement course» qui est d'organisation séquentielle.
Les contrôles possibles seront effectués lors de la saisie.
Pour simplifier, les modifications (annexe D) seront supposées ne pas affecter les résultats déjà établis.
— Réaliser cet organigramme pour les traitements préalables à l'enregistrement des résultats d'une course, en supposant ne disposer que de fichiers en organisations séquentielles.

Voir solutions, p. 250

232. Fichiers : compléments et méthodes d'accès

1. COMPLEMENTS DE DEFINITION DES FICHIERS

1.1. Les procédures de sécurité

Les mesures spécifiées dans leurs principes, lors de l'analyse fonctionnelle, doivent être précisées (fréquence et emplacement des *sauvegardes* dans les traitements, étendue, support...). Les éventuels *points de reprise* des traitements, suite à un incident, seront définis, ainsi que les opérations techniques correspondantes.

> *Ex. :* la mise à jour des soldes de comptes clients se fait à partir d'un fichier « mouvements » ; avant chaque traitement de mise à jour, le fichier client est sauvegardé par copie. En cas d'incident arrêtant l'ordinateur :
> - soit le fichier client est détruit (panne grave du disque) et, après réparation, la sauvegarde sera utilisée pour recommencer tout le traitement ;
> - soit il est intact, et l'analyste ayant prévu des points de reprise tous les dix clients, le traitement sera relancé à quelques clients près, là où il s'était interrompu.

En ce qui concerne le *contrôle des accès* aux informations confidentielles, l'analyste organique étudiera le détail de sa mise en œuvre : dans quel traitement, comment vérifier un mot de passe, comment chiffrer ou déchiffrer un message...

Dans les deux cas, l'analyse organique doit être l'occasion de rechercher et d'utiliser les possibilités offertes par le système d'exploitation.

1.2. Choix des labels des fichiers

Le *label* d'un fichier est une « étiquette » placée par le logiciel d'exploitation, à la demande du programmeur, sur le fichier.

Il est indispensable pour les fichiers sur bande magnétique, car c'est alors le seul moyen dont dispose le système d'exploitation pour les reconnaître : le label contient notamment le nom du fichier.

Le label est par contre généralement facultatif sur disque, la plupart des SGF tenant à jour sur ce support un *catalogue* général des fichiers permettant de les y repérer.

L'analyste doit choisir de mettre ou non un label, et dans l'affirmative prendre pour celui-ci un format standard, ou propre à l'application. Dans ce dernier cas, le contenu du label devra être décrit aussi précisément que le reste du fichier.

1.3. Représentation

Les résultats de l'étude organique d'un fichier seront, pour l'essentiel, résumés dans un *descriptif de fichier physique* comprenant un *dessin d'enregistrements* détaillé.

Un exemple de présentation de ce document est donné par la figure 232.1.

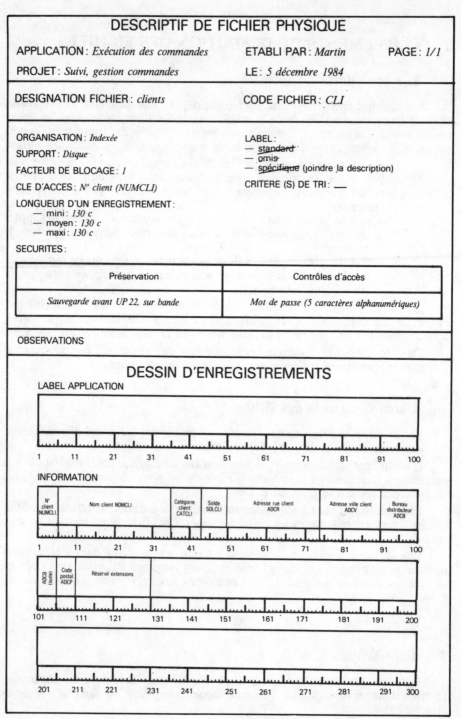

Figure 232.1

2. LES METHODES D'ACCES AUX FICHIERS

2.1. Situation du problème

Une *méthode d'accès* est un procédé permettant de repérer et d'isoler le contenu d'un article dans un fichier d'organisation et de support donnés.

Les systèmes de gestion de fichiers gèrent l'organisation des données et fournissent des méthodes d'accès aux informations ainsi enregistrées.

> *Ex. :* le SGF entretient les index d'un fichier indexé de façon à pouvoir y placer un article sur demande d'un programme, ou à l'inverse y rechercher un article de clé donnée et le fournir au programme.

Les méthodes d'accès standard des logiciels d'exploitation doivent être utilisées en priorité pour des raisons évidentes de sécurité de fonctionnement (elles sont parfaitement au point), et pour des motifs économiques. Elles conviennent d'ailleurs dans la plupart des cas.

Dans certaines situations, elles devront cependant être complétées par des traitements ou des fichiers propres à une application, et définis par l'analyse organique.

Citons quatre cas de ce genre à titre d'exemple :
- en organisation séquentielle, les articles doivent, dans la quasi-totalité des cas, être triés sur des critères appropriés avant d'être traités par un programme. La définition de ces *tris* est l'œuvre de l'analyste organique et complète l'accès séquentiel de base. Notons que des utilitaires du système d'exploitation permettront d'exécuter les opérations de classement ainsi définies ;
- quelles que soient les organisations, il peut être nécessaire de « naviguer » entre plusieurs fichiers, de passer de l'un à l'autre grâce à des *relations* exploitées par l'application (cf. chap. 101) ;
- en organisation sélective, il est parfois utile d'accéder au même fichier à l'aide de clés différentes. Lorsque le SGF ne gère pas ces accès *« multiclés »,* par exemple en autorisant la définition d'*index secondaires* en organisation indexée, l'application devra les prendre en charge ;
- une application peut nécessiter d'accéder non pas directement à l'article d'un fichier de clé donnée, mais à un ensemble réduit d'articles ayant une certaine propriété. Elle devra réaliser la méthode d'accès correspondante si elle n'existe pas en standard, notamment si l'organisation indexée ne permet pas à plusieurs articles d'avoir la même clé, d'être *homonymes.*

Nous reviendrons plus en détail sur les deux derniers points abordés, en raison de l'importance qu'ils prennent dans l'exploitation des fichiers en temps réel sur terminal.

Notons au préalable que des logiciels de base particuliers gèrent les compléments de méthodes d'accès que nous venons de citer : il s'agit des *Systèmes de Gestion de Bases de Données (SGBD),* qui facilitent en conséquence la réalisation des applications lorsqu'ils sont disponibles sur l'ordinateur utilisé.

2.2. L'accès par clés multiples

Quand cela est nécessaire, l'accès à un même fichier par différentes clés peut être réalisé à l'aide de *fichiers d'accès* mis à jour par l'application.

Ils assurent chacun la correspondance entre une clé supplémentaire et celle de l'organisation sélective standard retenue.

La figure 232.2 en présente un exemple.

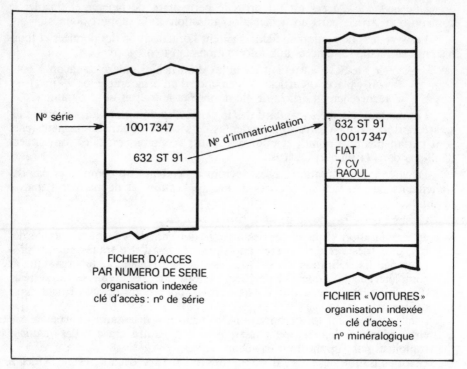

Figure 232.2

2.3. L'accès à un groupe d'articles

Nous distinguerons principalement trois méthodes pour réaliser ces accès, lorsqu'ils ne sont pas pris en charge par le système :

— *balayage séquentiel* du fichier, en testant les rubriques de chaque article pour détecter ceux qui répondent au critère de sélection.

Ce procédé est inutilisable depuis un terminal si l'on désire un résultat rapidement, du moins lorsqu'il s'agit d'un fichier contenant de nombreux articles.

> *Ex. :* pour explorer complètement un fichier sur disque de 2 000 enregistrements, avec un temps d'accès moyen de 30 milli-secondes par lecture, il faudrait une minute ;

— mise à jour et exploitation d'un *chaînage* des articles concernés.

La figure 232.3 montre un exemple de cette méthode : les « pointeurs » ajoutés dans le fichier « voitures » relient toutes les automobiles d'une personne et permettent de retrouver rapidement les deux voitures de Durand par un accès semi-direct ;

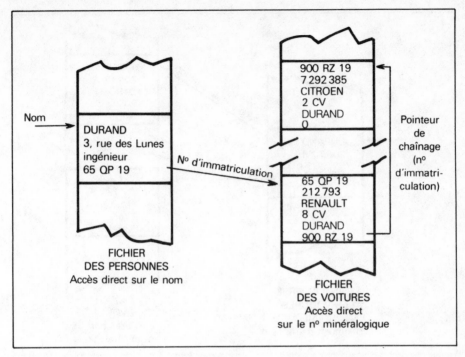

Figure 232.3

— utilisation de *fichiers inverses* créés et mis à jour en même temps que le fichier principal.

Un fichier inverse est défini pour chaque type de propriété utile pour les sélections. Un de ses articles correspond à une valeur, ou à un ensemble significatif de valeurs de cette propriété, et il donne la liste des clés d'accès aux articles correspondants du fichier principal.

Cette technique présente essentiellement deux avantages :

• l'indépendance entre les accès complémentaires et le fichier concerné : les fichiers inverses peuvent être multipliés sans alourdir ce dernier.

> *Ex. :* les voitures peuvent être regroupées par propriétaire, par marque, par modèle grâce à autant de fichiers inverses ;

• la possibilité de combiner les propriétés pour effectuer une *sélection multicritères rapide.*

> *Ex. :* pour répondre à la question « quelles sont les voitures Renault appartenant à Durand ? », il suffira de confronter les contenus des deux articles correspondants de deux fichiers inverses associés aux propriétés « marque » et « propriétaires ».

Ses inconvénients sont ceux de toute méthode préparant de telles sélections : la complexité et la lourdeur des mises à jour de fichiers.

La figure 232.4 donne l'exemple d'un fichier inverse des voitures sur l'identité du propriétaire.

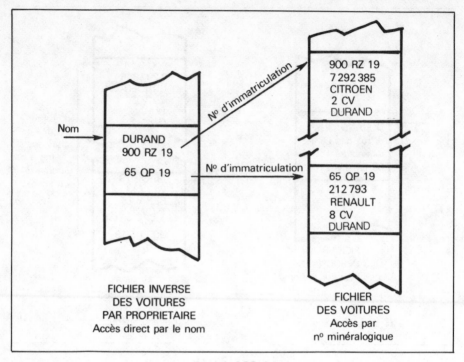

Figure 232.4

3. MISE A JOUR DES FICHIERS DEPUIS UN TERMINAL

3.1. Le problème posé

La disposition de terminaux permettant de déclencher certains traitements en « temps réel » présente de nombreux avantages. En particulier, si une application utilise des fichiers sur support adressable, à organisation sélective, il devient possible de mettre à jour, de modifier le contenu de ces fichiers immédiatement depuis un terminal.

Une telle solution présente l'inconvénient de mettre en péril en permanence (puisque les mises à jour sont déclenchées à la demande) *l'intégrité des fichiers* (leur cohérence logique et physique).

> *Ex. :* un fichier « personnel » est organisé en indexé. Un nouvel employé arrive : la transaction permettant de saisir ses caractéristiques est activée depuis un terminal et, à la fin du dialogue, elle demande la création de l'article correspondant au SGF. Cette mise à jour consiste physiquement à modifier le fichier informations et l'index. Ces opérations sont effectuées par le SGF, les unes à la suite des autres : une panne de l'ordinateur, une coupure secteur durant ces opérations risquent de laisser le fichier dans un état incohérent, par exemple avec une information ajoutée dans le fichier des données sans que l'index correspondant ne soit mis à jour. Dès lors, tôt ou tard, ce fichier provoquera des erreurs de traitements, voire des pannes d'exploitation.

3.2. Eléments de solution

Dans un traitement différé classique des mises à jour, les incidents cités plus haut peuvent aussi se produire. Il est cependant facile de se prémunir de leurs conséquences, en effectuant simplement une copie de sauvegarde du fichier modifié avant le traitement.

Dès lors, en cas d'accident, il sera possible de reconstituer le fichier à partir de la sauvegarde, puis de reprendre le traitement au début.

Il est par contre hors de question de recopier tout un fichier avant l'exécution de chaque transaction sur terminal. La simple sauvegarde d'un article modifié ne permettra pas, par ailleurs, d'éviter une destruction d'index en organisation indexée, ni de résoudre le problème de notre exemple.

Une solution à ce problème est la suivante :
— périodiquement (par exemple après un certain nombre de modifications sur le fichier), copie de sauvegarde du fichier ;
— à chaque transaction modifiant le fichier, enregistrement dans un fichier *journal* de l'opération effectuée (clé article, code opération — création, mise à jour... —, informations utiles à l'exécution de l'opération).

En cas d'incident au cours d'une transaction, il est alors possible de restaurer le fichier dans son état de dernière sauvegarde puis, à l'aide d'un programme spécial, de réexécuter les différents traitements mémorisés dans le journal, afin de remettre automatiquement le fichier dans son état avant incident.

Cette solution admet de nombreuses variantes. Elle nécessite, si le logiciel d'exploitation de l'ordinateur utilisé ne prend pas en charge automatiquement les enregistrements au journal, un surcroît de programmation.

Heureusement, les systèmes d'exploitation développés pour le traitement en temps réel des fichiers gèrent souvent sauvegardes et journaux automatiquement. Ils fournissent par ailleurs les utilitaires nécessaires à une reprise après incident. En contrepartie, ces logiciels seront plus volumineux et plus coûteux.

3.3. Le choix d'une méthode de mise à jour

Compte tenu des complications engendrées par une mise à jour des fichiers en temps réel, cette solution ne sera retenue que si elle est indispensable ou si le logiciel disponible la favorise.

> *Ex. :* une gestion en temps réel du stock depuis plusieurs terminaux d'entrepôts devra reposer sur une mise à jour immédiate de la quantité en stock.

Lorsque la mise à jour peut attendre quelques heures, il est généralement préférable de mémoriser tous les mouvements dans un fichier temporaire, en temps réel, puis de traiter les mises à jour périodiquement.

Le fichier temporaire peut alors être organisé séquentiellement, ce qui permet d'être pratiquement sûr de son intégrité jusqu'à l'avant-dernier article en cas d'incident (il peut bien sûr être détruit physiquement, alors seuls les derniers mouvements enregistrés seront à re-saisir).

La mise à jour différée s'entourera des précautions déjà citées.

Des solutions combinées sont possibles : par exemple, les mouvements consignés dans le fichier temporaire seront explorés à chaque interrogation du fichier permanent correspondant pour reconstituer l'article logique résultant. Cette dernière solution risque cependant d'être très lourde si elle n'est pas prise en charge par le logiciel d'exploitation avec un souci d'optimisation.

232. EXERCICES

232.1   *Cas «Sogecodial»* (voir p. 199)
Descriptif du fichier physique «stock» déjà étudié lors de l'analyse fonctionnelle (chap. 224).

232.2   *Cas «Emmanuel Sand»* (voir p. 206)
Organiser et compléter le fichier «produits» afin de permettre, dans de bonnes conditions ergonomiques, la sélection désirée des produits. Nous supposerons disposer des trois organisations courantes, sans possibilité de clés multiples et d'homonymie, en ce qui concerne l'indexé.

Voir solutions, p. 254

233. Les entrées et les sorties

1. PRESENTATION DE L'ETUDE

1.1. Situation

L'analyse fonctionnelle a défini le contenu des sorties destinées aux utilisateurs, et celui des entrées au sens strict d'informations de base. Elle a donné les grandes lignes de leurs présentations et de leurs traitements (esquisses, types de contrôles en entrée, modes de saisies...).

L'analyse organique va établir le détail de tous ces éléments en vue de la programmation.

1.2. Intervenants

Cette partie de l'étude organique est celle où les utilisateurs seront le plus sollicités : aucune option concernant la forme des entrées et des sorties ne sera prise sans leur accord.

2. ETUDE DES ENTREES

Les quelques notions qui vont suivre sont applicables à toutes les entrées du système informatique, aux saisies courantes comme à la saisie de masse initiale.

2.1. Les contrôles

Les types de contrôles à effectuer sur les données ont été déterminés par les études précédentes (clé de contrôle, contrôles manuels ou automatiques, contrôle de la forme des informations, contrôle par comparaison à un fichier...).

L'analyse organique va préciser comment ils seront réalisés dans les programmes, et notamment :

— la nature des contrôles formels si elle n'est pas déjà établie : définition du cadrage des informations, des zones alphabétiques ou numériques... ;
— comment seront effectués les contrôles logiques de cohérence des unités de saisie, les calculs de clés, les rapprochements à des fichiers existants... ;
— à quel moment des traitements sera faite chaque vérification.

Les erreurs détectées seront analysées pour déterminer si elles peuvent être corrigées et comment (en respectant les procédures établies avant l'analyse organique), celles qui sont sans importance pour les traitements suivant la saisie et peuvent être corrigées plus tard, celles qui rendent tout traitement impossible...

Les conclusions de ces travaux seront rattachées aux UP concernées et formulées clairement, par exemple à l'aide de tables de décision ou d'organigrammes logiques.

Ex. : supposons que les commandes des clients contiennent le code des anciens clients, leur nom et leur adresse. Les commandes sans code seront présumées provenir de nouveaux clients et feront l'objet de traitements particuliers. L'analyse fonctionnelle a prévu un contrôle par clé des codes clients, et une correction automatique d'erreur quand cela est possible. A défaut, la commande sera « rejetée » et donnera lieu à une correction manuelle. La mise en œuvre de ces procédures pourra être résumée par une table de décision :

Il existe un code client/commande	O	O	O	N
Clé erronée	N	O	O	—
Nom et adresse trouvés au fichier clients	—	O	N	—
Prendre le code trouvé au fichier		X		
Enregistrer la commande/fichier	X	X		X
Rejet de la commande			X	
Création d'un article au fichier « nouveaux clients »				X
Suite des traitements de saisie	X	X	X	X

Figure 233.1

2.2. Détail des unités de saisie

Les informations constituant les unités de saisie apparaissent le plus souvent sur un *document de saisie,* ou *document de base,* qui peut être un *document de gestion* ou un *bordereau de saisie* spécialisé.

Les supports de gestion seront d'ailleurs conçus, lorsque cela est possible, à la manière des bordereaux, qui comportent des cadres préétablis, facilitant la saisie des données.

En certains cas, les unités de saisie seront introduites en ordinateur à l'aide de *terminaux clavier-écran,* depuis des sources présentant l'information de façon très variable : la demande orale d'un client par exemple.

La saisie sera alors guidée par l'*affichage* sur écran de questions, de désignations de zones d'information, de messages divers en provenance du programme de saisie. L'opérateur frappera en conséquence, au clavier, des informations qui seront affichées simultanément sur l'écran.

L'ensemble des questions, des messages provenant de l'ordinateur et des informations entrées au clavier par l'opérateur sera agencé d'une certaine façon sur l'écran, claire, lisible, logique, répondant aux mêmes préoccupations que celles de la conception de documents.

Cet agencement d'un écran, similaire dans le principe à un bordereau de saisie, constitue une *grille d'écran* (1).

L'analyse organique concevra et décrira au caractère près les nouveaux documents et les grilles d'écran de saisie.

En particulier, le principe d'un codage à l'aide de cases « à cocher » ayant été retenu lors de l'analyse fonctionnelle, il faudra maintenant en donner la présentation précise, faire figurer les renvois nécessaires à la bonne place...

Ces travaux peuvent aboutir à un document qui sera tiré en plusieurs milliers d'exemplaires et utilisé par de nombreuses personnes à l'intérieur ou à l'extérieur de l'organisation. L'utilisateur a donc un rôle essentiel dans le choix d'une solution définitive, et des *maquettes* seront établies et testées préalablement dans les cas les plus importants.

La maquette grandeur réelle est toujours indispensable pour juger un document préimprimé, puis lancer sa fabrication.

Chaque *écran* différent pouvant apparaître sur un terminal fera l'objet d'un *descriptif,* tel celui de la figure 233.3.

Les descriptions établies, qu'elles concernent un document ou un écran informatique, devront permettre de distinguer nettement ce qui est préétabli sur le support considéré des informations à acquérir.

2.3. Utilisations d'un terminal

Les grilles d'écran, illustrant un véritable *dialogue* entre l'ordinateur (un programme) et l'utilisateur du terminal, peuvent être spécialisées dans une partie de traitement et s'enchaîner les unes aux autres, éventuellement de façon sélective, selon les informations entrées au clavier.

> *Ex. :* dans l'exemple précédent, plusieurs dialogues peuvent se dérouler après l'examen du code client, selon que le code comporte une erreur corrigeable ou non, qu'il s'agit d'un nouveau client ; l'enregistrement des lignes de la commande nécessitera une grille d'écran spéciale, qui remplacera celle qui est déjà affichée à l'écran pour la saisie du code client ou de ses coordonnées.

Un cas particulier de ces enchaînements est celui correspondant à l'utilisation d'un *menu,* permettant à l'utilisateur de choisir quel dialogue il désire utiliser.

---

(1) Certains logiciels d'aide au développement permettent la saisie et l'affichage informatique de ces grilles.

Ex.: réservation d'hôtel, puis règlement en fin de séjour.

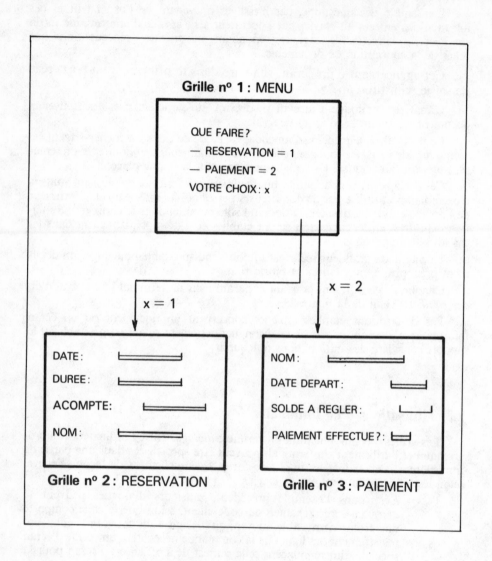

Figure 233.2

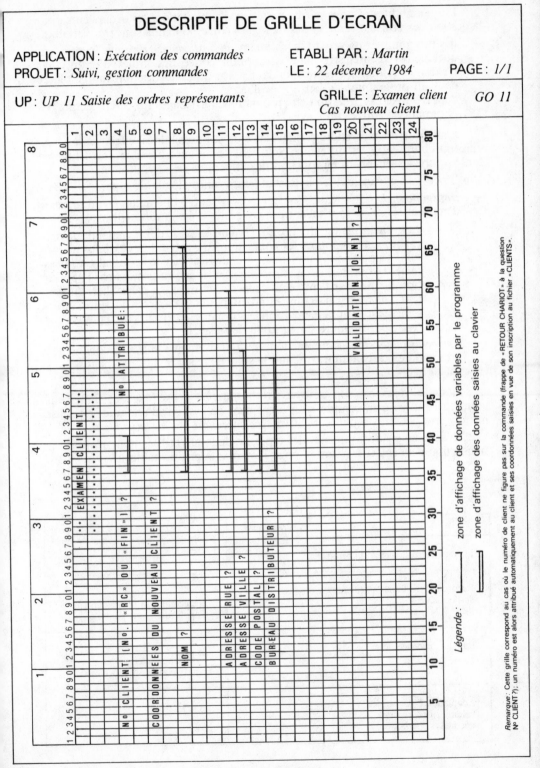

Figure 233.3

Les possibilités offertes par les systèmes d'exploitation des ordinateurs pour la gestion des grilles d'écran et des dialogues correspondants sont très variables :

— des programmes de service, constituant un *gestionnaire d'écrans,* permettent quelquefois d'enregistrer une description codée des grilles d'écran, puis d'exécuter le dialogue correspondant grâce à une instruction simple placée dans un programme en langage évolué ;

— dans d'autres cas, tout doit être programmé (affichages sur écran, lecture des informations entrées au clavier...).

L'analyste devra prendre connaissance de ces possibilités, effectuer si nécessaire un choix entre les différentes solutions techniques possibles, et définir en conséquence les dialogues en fonction des impératifs de l'application.

Il peut, en particulier, avoir le choix entre un dialogue de type :

— *transactionnel,* dans lequel les interactions entre opérateur et programme d'application ne se font qu'entre deux grilles d'écran différentes.

> *Ex. :* une grille est affichée concernant la saisie des commandes, l'opérateur remplit toutes les zones qui lui sont utiles ; les informations qu'il frappe sont simplement mémorisées par le terminal ou le système d'exploitation de l'ordinateur, elles seront traitées par l'application quand, par l'entrée au clavier d'un message particulier, l'utilisateur *validera* son écran, estimant pouvoir passer à la suite. Alors, seulement, il aura connaissance d'éventuelles erreurs qu'il pourra corriger, par exemple sur sa grille de saisie.

— *conversationnel,* où les interactions se font à chaque entrée de données, le programme pouvant alors orienter la suite de la saisie différemment selon la valeur acquise.

Dans les deux cas, on désigne par *transaction* l'ensemble des traitements permettant la prise en compte d'un événement de gestion, d'une unité de saisie, même correspondant à plusieurs affichages successifs sur écran.

Avantages et inconvénients des types de dialogue utilisés pour réaliser une transaction peuvent être résumés, pour l'essentiel, dans un tableau.

	Transactionnel	*Conversationnel*
Interactivité, guidage de l'opérateur.	—	+
Rendement du fonctionnement de l'ordinateur.	+	— (exécution du programme d'application en « pointillé »)
Rapidité, cadence de saisie.	+	— (frappe interrompue par de nombreux affichages)
Adaptation à des saisies volumineuses, par des opérateurs spécialisés.	+	—

2.4. Les fichiers de saisie

Les fichiers de saisie seront décrits de façon détaillée à l'occasion de l'étude des entrées conformément aux indications fournies aux chapitres 231 et 232.

3. ETUDE DES SORTIES

L'étude des sorties de l'application est très semblable à celle des entrées :
— les documents papier, préimprimés ou non, seront définis en détail, en respectant les mêmes règles que pour l'établissement des documents de saisie ;
— les sorties sur écran seront définies de la même manière que les dialogues d'entrée, à l'aide de grilles d'écran.

Le détail d'une unité de sortie, sa présentation dépendent surtout, sur le plan technique, du périphérique utilisé à cet effet :
— imprimantes et écrans ont des caractéristiques propres à chaque marque, à chaque type d'équipement (variété des caractères utilisables : graphisme, majuscules, minuscules ; nombre de lignes par écran ou page de « listing », nombre de caractères maximum par ligne, vitesse d'affichage ou d'impression) ;
— certains périphériques permettent l'utilisation de plusieurs couleurs, d'affichage ou d'impression graphique...

L'analyste organique pourra avoir à choisir entre plusieurs dispositifs de sortie similaires, par exemple entre différentes imprimantes connectées à l'unité centrale de l'ordinateur ayant des caractéristiques différentes.

Les sorties sur écran seront décrites à l'aide du descriptif de la figure 233.3.

Un *descriptif d'état imprimé*, de plus grande dimension, sera généralement nécessaire pour représenter une sortie sur imprimante. La figure 233.5 en donne un exemple.

Lorsqu'une sortie nécessite plusieurs écrans ou plusieurs pages de présentation différente, il sera établi autant de descriptifs que nécessaire.

Dans ce cas, le passage d'un écran au suivant sera conditionné par une validation de l'opérateur au clavier, afin de lui laisser le temps de lire l'affichage en cours. Cette précaution peut être superflue lorsque le système d'exploitation permet à l'utilisateur d'un terminal d'arrêter provisoirement l'affichage à l'aide d'une touche particulière du clavier : là encore l'analyste devra approfondir le fonctionnement de la machine dont il dispose.

Les descriptifs d'écran ou d'état imprimé peuvent être chacun complétés par un *répertoire des informations* variables qui y figurent (en seront exclus les textes fixes de présentation et de mise en page).

La correspondance des rubriques sera alors assurée par une numérotation, comme dans l'exemple de la figure 233.4.

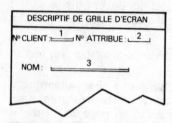

REPERTOIRE DES INFORMATIONS

APPLICATION : *Exécution des commandes*   **ETABLI PAR** : *Martin*
PROJET : *Suivi, gestion commandes*   **LE** : *22 décembre 1984*   **PAGE** : *1/1*

UP : *UP 11*   **DESCRIPTIF** : *GO 11*

Nº	Nom mnémo.	Désignation rubrique	Type (A, N)	Position de	Position à	Observation
1	NUMCLI	Nº de code client	N	37	41	Sauf cas particuliers : « RETOUR CHARIOT » « FIN »
2	NNUCLI	Code nouveau client	N	61	65	
3	NOMCLI	Nom client	A	37	66	

Figure 233.4

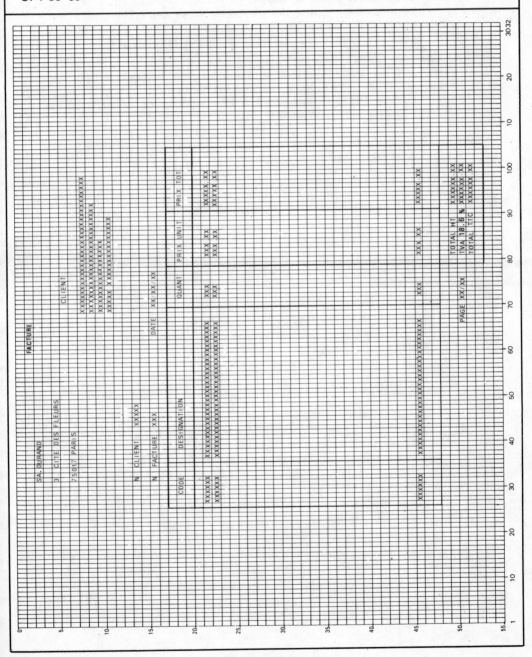

Figure 233.5

233. EXERCICES

233.1 Modes de dialogue préférables (transactionnel ou conversationnel) pour :
— négocier une réservation de billet de transport (le système pourra être mis en œuvre par un employé quelconque du guichet);
— effectuer la saisie de masse de fichiers permanents (700 Mc);
— permettre à un utilisateur initié de saisir ses commandes;
— enregistrer des déclarations d'accidents à l'aide d'un réseau de cent vingt terminaux reliés à un même ordinateur?

233.2 *Cas «SA Carton»* (voir p. 191)
— *Décrire succinctement le contenu des fichiers temporaires «commandes» et «commandes en cours».
— Grilles d'écran permettant à la vendeuse de saisir, puis de négocier les commandes.

Voir solutions, p. 255

234. Etude détaillée des traitements des unités de programmation

1. SITUATION

1.1. Notion d'algorithme et analyse organique

Un *programme* de traitement commande une suite d'actions élémentaires qui permet d'obtenir la solution d'un problème, c'est-à-dire les résultats attendus, compte tenu des données disponibles.

Ces actions et leur succession dans le temps constituent un *algorithme* de traitement.

L'analyse organique doit décrire les algorithmes les plus complexes. Ils seront ensuite simplement traduits dans un langage accessible à l'ordinateur lors de la programmation. Les plus usuels ou les plus simples seront laissés au soin des programmeurs.

> *Ex. :* les règles de gestion sont des algorithmes ; celle qui correspond au calcul d'un prix TTC peut s'énoncer :
> - prendre connaissance du prix HT ;
> - le mémoriser ;
> - prendre connaissance du taux de TVA (%) ;
> - le mémoriser ; '
> - calculer prix HT $\times (1 + \dfrac{\text{taux de TVA}}{100})$;
> - écrire le résultat.

Plusieurs règles de gestion interviennent généralement dans un même programme, qui commande également des opérations techniques permettant le fonctionnement de l'ordinateur.

1.2. Choix d'un algorithme

Pour décrire un même traitement, il est toujours possible d'imaginer plusieurs algorithmes : l'analyste devra retenir le plus *clair,* c'est-à-dire le plus *simple,* qui ne contient pas d'opérations inutiles tout en étant parfaitement *structuré.*

Les actions y seront regroupées par sous-ensembles reliés entre eux en fonction de *conditions* et selon deux organisations types : l'*alternative* et la *répétitive.*

En langage courant, ces deux possibilités d'agencement des actions peuvent s'écrire :

— SI telle condition est réalisée
  ·   ALORS sous-ensemble d'actions 1
     SINON sous-ensemble d'actions 2 ;
— TANT QUE telle condition est réalisée
     REPETER sous-ensemble d'actions.

Un sous-ensemble pourra lui-même contenir des *tests* de conditions, des alternatives et des répétitives.

Tous les algorithmes peuvent se formuler avec ces structures de base.

Ex. : algorithme permettant de traverser une rue.
TANT QUE la rue n'est pas traversée
REPETER regarder à gauche
     SI il n'y a pas de voiture
     ALORS regarder à droite
          SI il n'y a pas de voiture
          ALORS traverser
          SINON ne pas traverser
     SINON ne pas traverser.

2. REPRESENTATION DES ALGORITHMES

Il existe de nombreuses possibilités pour représenter les algorithmes.

Les représentations les plus utilisées sont :
— l'*organigramme de programmation;*
— l'*organigramme des séquences logiques;*
— les *tables de décision.*

Chacune a ses avantages, et l'analyste ne les utilisera de toute façon que pour décrire des algorithmes parfaitement structurés.

2.1. L'organigramme de programmation

L'*organigramme de programmation* ou *ordinogramme* décrit dans le détail toutes les opérations à effectuer, selon un schéma similaire à l'organigramme logique présenté au chapitre 222.

Un symbolisme normalisé sera utilisé.

Remarquons qu'un ensemble d'actions devant intervenir de façon identique dans des situations différentes pourra constituer un *sous-programme* de traitement, décrit et réalisé séparément. Ces actions seront lancées par un *appel* placé dans le *programme principal* et symbolisé dans l'organigramme par :

```
┌─┬──────────────┬─┐
│ │   Nom du     │ │
│ │   sous-      │ │
│ │ programme    │ │
└─┴──────────────┴─┘
```

L'organigramme de programmation est très technique, il présente l'avantage de préparer très concrètement la réalisation des programmes.

Bien présenté, sans renvois inutiles ni traits croisés, il est de plus interprétable facilement par simple lecture.

La figure 234.1 en donne un exemple.

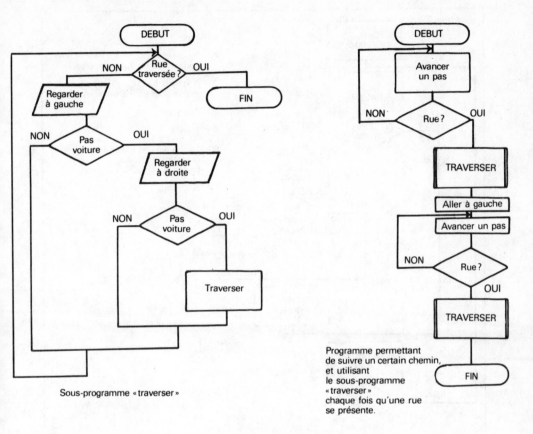

Figure 234.1

2.2. L'organigramme des séquences logiques

L'*organigramme des séquences logiques* est un des éléments de la méthode LCP (Lois de Construction des Programmes) due à J.-D. Warnier.

Il reprend en partie le symbolisme des organigrammes de programmation pour décrire l'enchaînement de séquences d'actions simples, ne comportant pas de tests de conditions. Ces *séquences logiques* devront être, par ailleurs, détaillées en actions.

Dans cette méthode, une séquence logique doit toujours précéder un test, et alternatives ou répétitives commencent et finissent systématiquement par des séquences logiques de DEBUT et de FIN.

Cette représentation a l'avantage d'être le résultat d'une décomposition aussi systématique que possible des traitements. Elle convient aux problèmes de gestion, notamment au traitement séquentiel des fichiers, et prépare bien la programmation, grâce à la *liste des actions* qui l'accompagne.

La figure 234.2 présente un exemple de principe d'organigramme et de liste des actions.

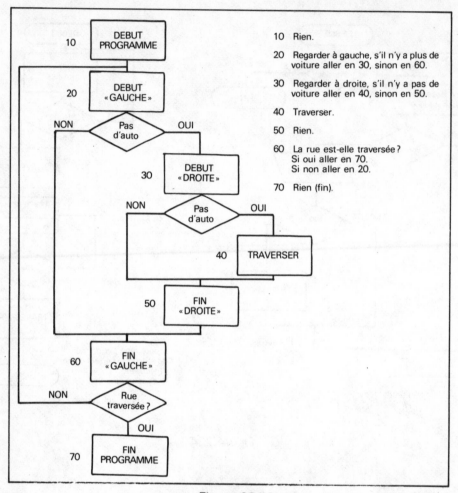

10   Rien.

20   Regarder à gauche, s'il n'y a plus de voiture aller en 30, sinon en 60.

30   Regarder à droite, s'il n'y a pas de voiture aller en 40, sinon en 50.

40   Traverser.

50   Rien.

60   La rue est-elle traversée ? Si oui aller en 70. Si non aller en 20.

70   Rien (fin).

Figure 234.2

Les séquences logiques sont numérotées pour référencer les actions correspondantes.

Notons que nous avons été amenés à modifier légèrement l'algorithme pour ne pas compliquer inutilement sa représentation en LCP : le test « rue traversée ? » est placé à la fin, les opérations précédentes seront donc toujours effectuées au moins une fois (ce qui est d'ailleurs justifié compte tenu du problème à résoudre).

2.3. Les tables de décision

Les *tables de décision* déjà étudiées au chapitre 222 conviennent parfaitement pour détailler des logiques de décision faisant intervenir plusieurs paramètres simultanés.

Elles compléteront utilement les autres représentations, et pourront même les remplacer, quand le problème important d'une UP est justement une prise de décision.

La figure 234.3 reprend notre exemple à l'aide d'une table de décision.

Voiture à gauche	O	N	N	—
Voiture à droite	—	O	N	—
Rue traversée	N	N	N	O
Traverser la rue			X	
Réexaminer la situation	X	X	X	
Fin				X

Figure 234.3

3. INSERTION DANS LE DOSSIER ORGANIQUE

La diversité des algorithmes et de leurs représentations nous conduira à les insérer sur papier libre dans les dossiers.

Chaque feuille sera cependant repérée par un en-tête standardisé, semblable à celui de la figure 234.4.

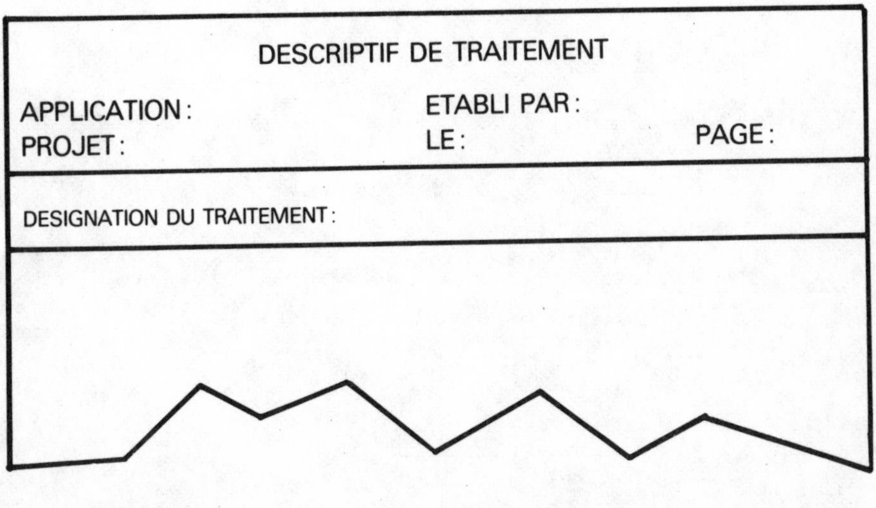

DESCRIPTIF DE TRAITEMENT

APPLICATION :
PROJET :
ETABLI PAR :
LE :
PAGE :

DESIGNATION DU TRAITEMENT :

Figure 234.4

234. **EXERCICE**

Décrire en langage courant structuré l'algorithme permettant de calculer, après avoir acquis deux entiers A et N:

A^N si N est positif,

A — N si N est négatif ou nul.

Décrire ce même algorithme à l'aide d'un organigramme.

Voir solutions, p. 258

235. Dossier organique et jeux d'essais

1. LES JEUX D'ESSAIS

1.1. Justification

Chaque programme, chaque UF et l'application sont censés fournir des résultats exacts à partir des données appropriées.

Compte tenu de leur variété et de leur complexité, les programmes composant l'application informatique présentent toujours des défauts quand ils viennent d'être construits. Les spécialistes se plaisent même à énoncer que « le bon programmeur n'est pas celui qui ne fait jamais d'erreurs, mais celui qui sait les corriger rapidement ».

Les *méthodes de programmation*, telle la LCP, et l'utilisation des langages évolués permettent de limiter les erreurs.

Elles ne parviennent cependant pas à les annuler, ne serait-ce que parce que ces travaux sont œuvre humaine, donc imparfaite.

Quand bien même chaque UP serait parfaitement programmée conformément au dossier d'analyse, il est probable que l'*intégration* des programmes d'une application ne donnerait pas satisfaction : des cas particuliers auront été oubliés, des erreurs commises dans les interfaces entre UP, entre UF...

Il est donc nécessaire de disposer du moyen de *tester* systématiquement le fonctionnement des traitements réalisés : c'est le rôle des *jeux d'essais*.

1.2. Principes

Un *jeu d'essais* est constitué d'un ensemble de données d'entrée, au sens large cette fois-ci, incluant des informations de base, mais aussi le contenu des fichiers, et des résultats correspondants.

L'efficacité d'un jeu d'essais tient au choix des combinaisons données - résultats, qui doivent représenter les situations de traitement prévues par l'analyse : normales, courantes, spéciales, sans oublier les *cas d'erreurs* détectés par les programmes.

En pratique, il sera impossible de tester toutes les possibilités ; on s'attachera à vérifier les traitements pour un maximum de cas typiques. Leur détermination sera facilitée par l'établissement d'un tableau, tel celui de la figure 235.1.

1.3. Les différents jeux d'essais

Les tests de fonctionnement se font du particulier au général, de l'UP à l'application.

Plusieurs jeux d'essais adaptés à chaque niveau de vérification seront donc créés, comprenant notamment des *fichiers d'essais* plus ou moins importants : de quelques articles pour tester une partie de programme, à un fichier complet pour l'application.

DESCRIPTIF DE TRAITEMENT

APPLICATION: *Exécution des commandes*   ETABLI PAR: *Martin*
PROJET: *Suivi, gestion commandes*   LE: *9 janvier 1985*   PAGE: *1/3*

DESIGNATION DU TRAITEMENT: *UP 11/Jeux d'essais*

Données / Conditions	Commande sans numéro client			Commande avec numéro client			
Numéro client présent au fichier	—	OUI	NON	—	—	—	—
Nom, adresse présents au fichier	NON	OUI	OUI	OUI	NON	OUI	NON
Clé valide	—	—	—	NON	NON	OUI	OUI
Commande dans le fichier avec n° client	OUI	OUI	NON	OUI	NON	OUI	OUI
Nouveau client dans fichier «clients»	OUI	NON	NON	NON	NON	NON	NON
Message d'erreur sur terminal	NON	NON	OUI	NON	OUI	NON	NON

(Les trois dernières lignes sont regroupées sous l'accolade RESULTAT.)

Figure 235.1

Un jeu d'essais sera défini, *pour chaque programme,* par l'analyste organique ou le programmeur.

Pour les UP importantes, il pourra comprendre deux parties:
— un jeu d'essais établi par l'analyste, issu d'une situation concrète de gestion;
— l'autre réalisé par le programmeur, destiné à tester le programme sur un plan purement technique.

Chaque unité fonctionnelle disposera également d'un jeu d'essais destiné à vérifier le fonctionnement d'ensemble des programmes qui la composent.

Etabli par l'analyste organique en liaison étroite avec les utilisateurs, il comportera l'utilisation de documents de base et de fichiers réels.

Un *jeu d'essais de l'application* complète sera enfin construit par les utilisateurs: par exemple, en reprenant d'anciens traitements déjà effectués avant les développements informatiques en cours et représentant bien le problème à traiter.

On dispose ainsi d'un moyen de tester l'agencement des UF, mais aussi le fonctionnement en charge réelle de l'ensemble, sur la base de données et de résultats sûrs.

1.4. Conséquences des essais

Chaque essai conduira à des corrections d'importance variable, suivies de nouvelles vérifications de fonctionnement.

Les tests d'*intégration* des UP dans les UF, puis des UF dans l'application (jeux d'essais des UF et de l'application) peuvent, en particulier, tourner à la catastrophe et durer de longs mois si l'analyse fonctionnelle et l'analyse organique ont été mal conduites.

La période d'essais terminée, l'application est prête à entrer en exploitation.

2. LE DOSSIER ORGANIQUE

2.1. Situation

L'analyse organique part du dossier résultant de l'analyse fonctionnelle.

Le contenu de ce dernier ne sera pas repris dans le dossier d'analyse organique qui en est le complément et répond à deux objectifs principaux :
— permettre sans délai la programmation et la mise au point des programmes de l'application ;
— apporter les éléments nécessaires à une révision des prévisions de coût et de délais.

2.2. L'organisation du dossier

Un *dossier organique* est établi par application. Il se subdivise lui-même par unités fonctionnelles et unités de programmation, selon le schéma de la figure 235.2.

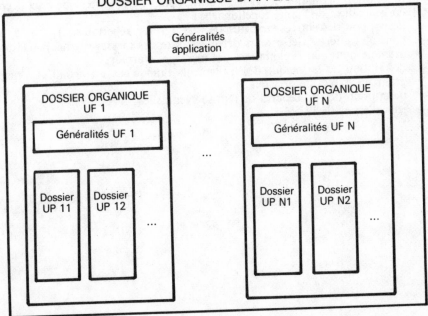

Figure 235.2

2.3. Contenus

Nous allons dresser un sommaire indicatif de chaque sous-ensemble du dossier.

Généralités application :

— planning de l'analyse organique, participants et distribution des tâches ;
— synthèse des travaux, révisions des prévisions éventuelles, préconisations ;
— jeux d'essais de l'application.

Généralités unité fonctionnelle :

— brève présentation de l'UF, de sa place dans l'application ;
— organigramme organique de l'UF, fréquence, enchaînement des UP ;
— description des fichiers permanents de l'UF ;
— autres descriptions et prescriptions communes pour les UP de l'unité fonctionnelle (notamment langage) ;
— jeux d'essais de l'UF.

Dossier d'unité de programmation :

— brève présentation de l'UP, de sa place dans l'unité fonctionnelle, du langage, des logiciels de base utilisés. A cet effet, le descriptif général de traitement de la figure 235.3 peut être utilisé au début du dossier.
  Des descriptifs de traitement (fig. 234.4) peuvent être utilisés pour compléter ce document ;
— description organique des fichiers utilisés dans l'UP, autres que ceux décrits en généralités de l'unité fonctionnelle ;
— description des entrées et sorties de l'UP (grilles, répertoires...) ;
— contrôles effectués et erreurs détectées, liste des messages émis par le programme pour son exploitation, des messages d'erreur ;
— description de la logique des traitements (lorsqu'elle est détaillée), organigrammes, tables de décision... ;
— description des procédures de reprise éventuelles ;
— jeux d'essais de l'UP.

DESCRIPTIF GENERAL DE TRAITEMENT

APPLICATION : *Exécution des commandes*   ETABLI PAR : *Martin*

PROJET : *Suivi, gestion commandes*   LE : *9 janvier 1985*   PAGE : *1/5*

DESIGNATION DU TRAITEMENT : *UP 11 - Saisie des ordres*

OBJET

Saisie des bordereaux de commande établis par les représentants

ORGANIGRAMME DES DONNEES

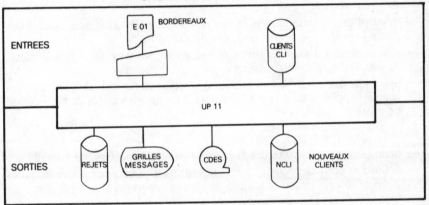

CONSIGNES DE PROGRAMMATION

* *Langage COBOL, avec utilisation du logiciel de base « GESCRAN » pour les dialogues sur terminal.*

* *Les bordereaux sont saisis dans un ordre quelconque, le fichier « commandes » résultant sera trié dans l'UF 3 (UP 31).*

* *Le fichier « CLI » est exploité en accès direct ; « REJETS » et « NCLI » sont créés séquentiellement.*

Remarque : *Les bordereaux comportant des erreurs sont rejetés pour contrôle manuel et leur identification est conservée dans un fichier temporaire.*

Figure 235.3

3. TABLEAU RESUME DE L'ANALYSE ORGANIQUE

ACTEURS : informaticiens, utilisateurs.

OBJECTIF : préparer la programmation en précisant la solution fonctionnelle, en l'adaptant aux organes physiques (matériel) et logiques (logiciel de
base) de l'ordinateur dont on dispose.

CE QUE PRECISE L'ANALYSE ORGANIQUE :

Sorties et entrées :

— description au caractère près des bordereaux de saisie, des documents
sortis (« grille d'impression »), des dessins d'écran ;
— définition des dialogues sur terminal, en tenant compte des possibilités
de l'ordinateur, enchaînement des écrans, « menu » ;
— précision des contrôles en entrée, des sécurités (calculs de clés, rapprochements, plages de valeurs, messages d'erreur, modalités de vérification
de mots de passe...).

Fichiers :

— définition de la totalité des fichiers, même temporaires, de travail ;
— définition pour chacun des méthodes utilisées pour y permettre les accès
désirés (autorisées par le logiciel de base ou nécessitant une programmation spécifique) ;
— pour chacun : organisation physique, support d'enregistrement, label,
critères de tri ou clés d'accès, type d'enregistrement (fixe, variable),
groupage d'enregistrements (blocs), dessin d'enregistrement, sauvegardes, méthodes de reconstitution sur incident.

Traitements :

— liste des programmes (Unités de Programmation) composant chaque
UF, rôle, utilisation d'utilitaires du logiciel d'exploitation ;
— détail des UP : organigramme des données, algorithme (organigramme
de programmation, table de décision...), fréquence d'exécution, entrées,
sorties, fichiers de travail, de liaison ;
— enchaînement éventuel des traitements (organigramme des données
d'ensemble - chaîne de traitements, modules supervisés), consignes
générales de mise en œuvre.

Jeux d'essais :

— données d'essais des UP, UF, application (ensemble).

235. EXERCICES

235.1 Exemple de jeu d'essais pour tester le fonctionnement du programme résultant de l'algorithme de l'exercice 234.1

235.2 Comment transposer les principes exposés dans ce chapitre pour mettre au point plusieurs applications intégrées dans un même projet ?

Voir solutions, p. 259

236. De l'analyse à la mise en exploitation

1. LES ETAPES A FRANCHIR

1.1. La programmation

La programmation consiste à établir et décrire si nécessaire l'algorithme d'une UP (cela peut avoir été fait en partie ou en totalité lors de l'analyse organique), à écrire dans le langage désigné le programme correspondant, puis à le *mettre au point :* à le tester isolément et intégré à des ensembles plus vastes (UF, application).

Ces travaux ont comme point de départ le dossier organique, et plus précisément les dossiers d'unités de programmation.

Ils comportent notamment la définition des *commandes* au système d'exploitation, qui permettront de mettre en œuvre des *programmes de service* (des *utilitaires*), ou d'autres facilités d'utilisation de l'ordinateur.

Ces commandes doivent être formulées selon des formes et des syntaxes très précises, qui varient avec chaque machine.

> *Ex. :* lancement d'un utilitaire de tri de fichier sur des critères donnés ; appel du *compilateur* traduisant le programme écrit en langage évolué COBOL en une suite d'ordres élémentaires à l'ordinateur ; commande permettant de lancer l'exécution du programme après sa compilation.

Le dossier d'UP, augmenté de la liste des instructions du programme dans le langage retenu, des commandes permettant sa mise en œuvre, et d'une liste explicative des variables qu'il utilise constitue un *dossier programme.*

La réunion des dossiers de chaque programme, agrémentée de renseignements généraux : planning, participants, commandes communes..., constituera le *dossier de programmation de l'application.*

La programmation est l'œuvre des *programmeurs* ou des *analystes programmeurs,* qui suivent leurs réalisations jusqu'au lancement de l'application, et pour certains après, afin d'en assurer la maintenance.

1.2. Le lancement

Le lancement d'une application regroupe plusieurs opérations d'importance variable selon les cas :
— *saisies de masse* des informations permanentes (souvent commencée durant la programmation en raison de sa durée) ;
— *formation, information* des utilisateurs ;
— *test* d'ensemble de l'application ;
— vérification de bon fonctionnement de l'application par les utilisateurs, de sa conformité au cahier des charges, appelée aussi *recette* ou *réception :* les utilisateurs reçoivent l'outil informatique attendu ;
— si nécessaire pour des raisons de sécurité, *fonctionnement en double,* en parallèle, des anciens traitements et des nouveaux jusqu'à ce que ces derniers aient fait leurs preuves d'efficacité (on parle aussi d'une période de *vérification de service régulier).*

La recette, également nommée *vérification d'aptitude,* et le cas échéant la période d'observation, peuvent conduire à un constat défavorable : pour une affaire bien menée, il ne peut s'agir d'un échec total.

La *décision 4* de notre schéma d'origine en résulte. Elle constitue la dernière barrière avant la mise en exploitation du projet. A ce stade, il est trop tard pour renoncer : la mise en exploitation peut cependant être repoussée pour permettre certains ajustements ou certaines corrections d'erreurs d'analyse ou de réalisation.

Cette décision appartient à la direction, éventuellement au comité informatique et les premiers concernés sont bien entendu les utilisateurs.

Afin que les choses soient claires, que les correctifs à une situation anormale puissent être apportés, les différentes vérifications donneront lieu à l'établissement d'un constat faisant apparaître les remarques des utilisateurs et des informaticiens, si nécessaire en référence au cahier des charges : le *procès-verbal de réception.*

Les opérations de lancement, en supposant une issue positive, se terminent enfin par les actions de *mise en exploitation* détaillées au paragraphe suivant, et qui peuvent décider de la réussite ou de l'échec d'une application « sur le terrain ».

1.3. Exploitation et maintenance des applications

L'*exploitation* d'un système informatique est prise en charge dans des proportions variables par les utilisateurs et des services spécialisés. Elle recouvre diverses activités : mise sous tension de l'ordinateur, des terminaux, fourniture des données nécessaires aux traitements, lancement des programmes, archivage des fichiers, diffusion des résultats, maintenance de l'ordinateur (dépannages et entretien).

La *maintenance des applications* est également nécessaire durant leur utilisation.

Elle consiste à assurer la *correction* des erreurs subsistant dans les programmes après les vérifications, et à réaliser les modifications ou les ajouts demandés par les utilisateurs : les *évolutions* de l'application.

Le coût de la maintenance des applications est souvent élevé, il sera d'autant plus réduit que :

— analyse et programmation auront été faites avec soin, sans précipitation ;
— les dossiers seront clairs et précis ;
— les programmes seront bien structurés ;
— les personnes chargées de la maintenance auront participé aux développements (ainsi le chef de projet et quelques analystes programmeurs peuvent rester affectés au projet à temps partiel après son lancement).

Pour éviter toute dégradation dans le temps de ces qualités, dossiers et programmes seront bien sûr mis à jour dans les règles à chaque intervention.

Il y a, par ailleurs, avantage à *grouper les modifications* d'un même programme quand c'est possible.

2. LA MISE EN EXPLOITATION

2.1. L'équipement

L'équipement informatique nécessaire à l'application n'est pas toujours entièrement disponible lors des vérifications.

> *Ex. :* seuls quelques terminaux seront installés dans les locaux informatiques pour les essais, reste à implanter tous les postes prévus dans les services utilisateurs ; plusieurs ordinateurs identiques peuvent être prévus dans différents établissements : seule une configuration de développement sera mise en œuvre pour les tests.

Les matériels et les logiciels nécessaires devront être mis en place selon un planning précis, établi en liaison avec les utilisateurs si leurs locaux sont utilisés ou si ces installations sont échelonnées dans le temps.

Chaque installation sera testée à l'aide de l'application et de ses jeux d'essais pour éviter toute surprise ultérieure.

2.2. Les consignes d'exploitation

La mise en œuvre courante d'une application nécessite diverses interventions :
— de la part d'un *personnel d'exploitation* spécialisé (surtout dans le cas de traitements classiques sur des ordinateurs de taille importante).

> *Ex. :* lancement dans le bon ordre de l'exécution des programmes ; montage sur imprimante de l'imprimé approprié à un traitement ; introduction d'une date à la demande d'un programme ;

— de la part des *utilisateurs* (surtout avec un système informatique décentralisé permettant le traitement immédiat).

> *Ex. :* mise sous tension d'un terminal ; montage de papier sur une imprimante à distance ; utilisation d'un terminal, d'un clavier ; établissement d'une connexion « téléinformatique ».

Dans les deux cas, des *consignes d'exploitation* seront établies, plus ou moins détaillées et techniques selon le destinataire, fournissant toutes les indications permettant de mettre en route et d'utiliser l'application.

Concernant les spécialistes, des documents préimprimés complétés par les informaticiens permettront d'indiquer les opérations relatives à chaque traitement.

La fiche de la figure 236.2 en fournit un exemple. Elle permet de préciser à un *opérateur d'exploitation* quels supports de fichiers sont nécessaires à l'exécution des programmes, quels périphériques seront utilisés, quels messages apparaîtront au *pupitre de contrôle* de l'ordinateur, quelles réponses il devra y faire...

En ce qui concerne les utilisateurs, les consignes doivent être présentées sous une forme adaptée à chaque cas, la plus explicite et schématique possible, accompagnée de photos ou de dessins présentant le matériel.

Ces consignes seront établies par les informaticiens en liaison étroite avec les gestionnaires auprès desquels elles seront testées avant diffusion officielle.

Une *formation*, même légère, accompagnera la mise en place du système, et les intéressés bénéficieront si possible de l'*assistance* d'une personne qualifiée les premiers temps de fonctionnement de l'application.

Par la suite, une procédure devra être prévue pour dépanner un utilisateur dans l'embarras (par exemple par téléphone).

2.3. Le dossier d'exploitation

Il regroupe en deux volets les consignes évoquées au paragraphe précédent.

Ces deux volets ont une importance relative variable ; à la limite, un seul peut subsister :
— les consignes spécialistes pour des traitements classiques très centralisés ;
— les consignes utilisateurs pour des micro-ordinateurs dispersés dans l'organisation.

Ce dossier est établi durant l'analyse organique par les analystes, les programmeurs et si nécessaire des utilisateurs.

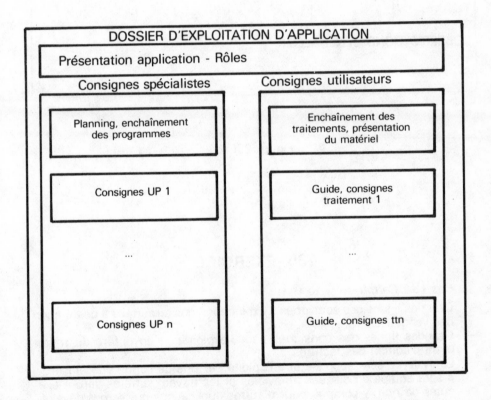

Figure 236.1

CONSIGNES GENERALES D'EXPLOITATION

APPLICATION: *Comptabilité*   ETABLI PAR: *Mirovitch*

PROJET: *Suivi, gestion commandes*   LE: *15 mars 1985*   PAGE: *1/1*

DESIGNATION DES TRAITEMENTS: *Chaîne «BALANCE»*

Désignation programme	Supports de fichiers	Sorties imprimante	Remarques ou compléments
PREPB	*Disque DK 07*	—	*Créer un fichier de travail TRAV de 1 000 enregistrements de 150 caractères (séquentiel) lors de la halte du programme.*
EDB	*Disque DK 07*	*Préimprimé E 17 (50 pages)*	*Répondre OUI à la question «IMPRIMANTE PRETE». Supprimer le fichier TRAV en fin de traitement.*

OBSERVATIONS GENERALES:

Figure 236.2

236. **EXERCICE**

Cas «SA Carton» (voir p. 191).

— Grandes lignes des consignes d'exploitation des terminaux à destination des vendeuses.

— Grandes lignes des consignes pour l'exploitation en différé du traitement d'édition des factures.

Le système sera supposé être exploité par une personne spécialisée.

Il sera équipé de disques amovibles et les travaux différés seront exécutés de nuit, y compris pour d'autres applications qui seront développées conjointement à la vente sur stock.

Les factures, placées en attente d'impression sur disque magnétique suite à l'action du service facturation, seront éditées sur une liasse préimprimée.

Voir solutions, p. 259

TITRE 3

COMPLEMENTS

300. Estimation des coûts et délais

1. POSITION DU PROBLEME

Dans les chapitres précédents, il a souvent été fait référence aux coûts de l'informatique : rappelons que dans le domaine de la *gestion*, l'informatique ne peut se concevoir raisonnablement que si le recours à l'ordinateur apporte un *avantage économique*, c'est-à-dire traduisible en termes monétaires, financiers.

La bonne marche d'une organisation nécessite par ailleurs la *prévision*, la *répartition* des moyens limités dont elle dispose : c'est l'objet de la planification informatique citée au chapitre 214, qui résulte d'une estimation aussi précise que possible des *délais* de développement.

Coûts et délais sont donc des éléments complémentaires d'appréciation des projets informatiques. De plus, ils sont souvent dépendants d'une même variable : la charge de travail correspondant au développement des applications, puis à leur exploitation.

Nous étudierons successivement les coûts et délais relatifs :

— au *développement* des applications et à la mise en place des *équipements* qui leur sont nécessaires ;

— à l'*exploitation* des applications et à la *maintenance* du système informatique dans son ensemble.

Nous nous limiterons volontairement à l'examen des méthodes d'estimation prévisionnelles de ces éléments : le suivi des réalisations correspondantes relève des techniques de comptabilité analytique, de gestion budgétaire ou de suivi de projets qui pourront être étudiées par ailleurs.

Précisons enfin que les indications de ce chapitre concernent pour l'essentiel une informatique d'entreprise, mettant en œuvre des applications d'importance notable, nécessitant des études d'ensemble et un effort de coordination.

C'est le cas de la plupart des réalisations informatiques de gestion mises en œuvre sur des ordinateurs assez puissants (du gros au mini-ordinateur).

Nous pensons que les données présentées peuvent conserver toute leur actualité lors de la mise en œuvre de *micro-systèmes,* dès lors qu'elle s'insère dans un projet assez vaste.

Il reste certain que la structure et l'importance des coûts et des délais peuvent être modifiés, s'agissant d'une *informatique individuelle,* ou *autonome* (cf. chap. 301), plus souple, traitant au coup par coup de problèmes spécifiques.

Ces modifications seront encore plus profondes si les contraintes de maintenance sont réduites, si la programmation est réalisée « à temps perdu », « pour le plaisir », simplifiée ou remplacée entièrement par l'utilisation de *progiciels,* autant de conditions qui peuvent se rencontrer actuellement en « *micro-informatique* ».

2. ESTIMATION DES DEVELOPPEMENTS ET DE L'EQUIPEMENT

2.1. L'équipement

Il s'agit d'estimer le *coût* des *matériels* et des *logiciels de base* qui seront nécessaires, éventuellement en supplément de ce qui est déjà disponible, pour répondre à un besoin donné.

A cet effet, la seule solution précise consiste à se renseigner sur les tarifs des fournisseurs du marché, après avoir déterminé le type d'équipement désiré : mémoire centrale, processeur central, périphériques et système d'exploitation.

Quel que soit le mode de financement envisagé (*achat, location* ou *crédit-bail*), il est pratique d'effectuer une première approche en prix d'achat (on parle souvent de « droit d'utilisation » pour le logiciel).

En première estimation, on peut considérer que le coût du logiciel d'exploitation (moniteur, gestion de fichiers, langages) sera d'environ 5 à 10 % du prix d'achat du matériel, voire plus pour des logiciels spéciaux ou le logiciel de complément des micro-ordinateurs (le minimum nécessaire à l'utilisation de ces derniers est généralement fourni avec le système de base).

Le coût annuel de location d'un ordinateur s'élèvera à environ 25 % de son prix d'achat, et les annuités d'un crédit-bail à 20 %. Ces données sont bien entendu susceptibles de varier selon les contrats et leur durée.

Il convient d'ajouter, le cas échéant, à ces valeurs les frais d'aménagement des locaux réservés à la machine.

> *Ex. :* le prix d'un mini-ordinateur équipé d'une imprimante parallèle, de huit terminaux clavier-écran et d'un disque magnétique d'une capacité de 100 Mc étant de 800 000 F, sa location coûterait environ 200 000 F chaque année.

A ces coûts, s'ajouteront ceux d'une climatisation de fenêtre, d'une peinture antistatique du local et d'une installation électrique, soit 30 000 F, et 50 000 F de logiciel de base.

Enfin, les *délais* à considérer concernent la décision de choix de l'équipement, la préparation des locaux, la livraison et l'installation de l'ordinateur par le fournisseur.

2.2. Développement du logiciel d'application

C'est dans l'estimation de ces charges que nous rencontrerons les plus gros problèmes.

La méthode couramment employée à cet effet repose sur deux constatations :
— la charge de travail de chaque étape des développements est sensiblement proportionnelle au *nombre de lignes de programmes* qui seront finalement à écrire, dans un langage bien déterminé ;
— pour traiter deux problèmes similaires, avec des méthodes et des moyens comparables tant en matériel et en logiciel qu'en personnel, il faut à peu près le même temps.

L'évaluation des charges consistera donc :
— à estimer le nombre de lignes de programme nécessaires à l'application concernée, dans un langage défini ; .
— à appliquer à cette estimation un ratio « nombre de lignes par jour de calendrier », généralement propre à une entreprise, à ses méthodes et à ses compétences, pour aboutir à un nombre de jours ou de mois de travail pour un employé hypothétique (on parle d' '*hommes* × *mois* ») ;
— à rapprocher ce résultat des charges constatées pour un travail similaire déjà réalisé, et à effectuer les correctifs qui s'imposent.

Cette estimation peut avantageusement être effectuée dans plusieurs hypothèses : basse (optimiste), haute et moyenne, ou être assortie d'une majoration de 10 à 20 % selon les incertitudes de l'affaire.

Citons quelques chiffres qui n'ont aucune prétention à l'absolu, mais donnent un ordre de grandeur réaliste pour des applications de gestion d'une certaine ampleur :

● *Nombre de lignes de programme COBOL,* toutes divisions inclues :
— programme simple (édition imprimante, un ou deux fichiers et quelques lignes de dialogue/écran) .... 200 à 400 lignes
— une lecture, une écriture fichier ou une ligne imprimée ...... 30 à 60 lignes
— saisie et contrôle de forme (par rubrique) .... 20 à 40 lignes

Remarquons qu'une « petite » application de gestion représente couramment 2 000 lignes de programmes COBOL.

● *Rendement du personnel* en lignes de programme par jour de calendrier (moyenne résultant d'un étalement des charges sur l'année, compris les jours fériés) :
— programmation et tests, lancement, documentation :
    ● langage évolué (COBOL, BASIC...) .... 30 à 40 lignes/j
    ● langage assembleur .... 15 à 20 lignes/j
— toutes étapes inclues (de la conception au lancement) :
    ● langage évolué .... 15 à 20 lignes/j
    ● langage assembleur .... 10 à 12 lignes/j

Ex. : une application de gestion de stocks (suivi des approvisionnements et des livraisons avec liste journalière de l'état du stock) est
estimée à 2 500 lignes COBOL. La même société a réalisé un suivi des
clients réalisant des fonctions similaires en 6 mois (une personne, langage COBOL également).
Notre estimation 2 500 l ....   4,6 h × m pour 18 l/j.
Gestion client ....   6 h × m constatés.
D'où charge retenue ....   5,5 h × m (moyenne approchée).

Parvenus à une charge exprimée en hommes × mois, reste à lui faire correspondre un coût et un délai :

— le *coût de la main-d'œuvre* se déduit du coût mensuel du personnel considéré
(il peut être issu de la comptabilité analytique, représenter une moyenne...).
Rappelons qu'un employé rémunéré 10 000 F par mois coûtera environ
15 000 F à l'entreprise, charges salariales comprises, cette somme pouvant
être majorée de frais divers (local, énergies...). Le rapport coût/salaire sera
d'environ 3,5 si l'on fait appel au personnel d'une société de services et
conseils informatiques. Il faut ajouter à cette charge toutes dépenses liées au
matériel de mise au point de l'application (ordinateur, papier, lignes de
transmission, terminaux...) ;

— le *délai de réalisation* dépend du nombre de personnes affectées à l'affaire et
de la disponibilité des équipements informatiques nécessaires. Remarquons
que les délais ne sont pas proportionnels à l'effectif accordé au projet : des
équipes trop nombreuses ont un mauvais rendement et, à l'inverse, un
homme seul peut être malade et bloquer les développements qui lui sont
confiés.

La figure 300.1 résume ces considérations en représentant les rapports existant entre les coûts (dépendants des moyens en personnel et en équipements mis
en œuvre) et les délais de réalisation d'un projet.

Ex. : le coût moyen du personnel informatique étant de 16 000 F par
mois, notre gestion de stock représentera une charge de main-d'œuvre
de 88 000 F (5,5 × 16 000). Deux employés y étant affectés, ces travaux dureront environ trois mois, et il sera nécessaire de louer durant
deux mois un second micro-ordinateur, pour 5 000 F. En ajoutant les
dépenses d'énergies, de papier et d'autres matières consommables
(2 000 F), on arrive à un total de 95 000 F.

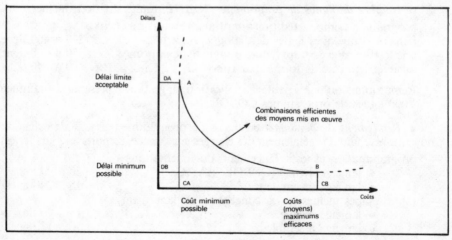

Figure 300.1

2.3. Influence des méthodes de programmation

L'application de méthodes de programmation (ex. : LCP ou programmation modulaire, structurée...) évite des erreurs d'analyse, de logique, et réduit la durée de mise au point des programmes qui sont par ailleurs plus fiables et plus faciles à maintenir.

Elle peut amener un gain appréciable sur le coût des développements.

Il en est de même de l'utilisation de logiciels *générateurs de programmes* ou des *langages non-procéduraux*.

3. ESTIMATION DES COUTS D'EXPLOITATION ET DE MAINTENANCE

3.1. Maintenance

Le coût de *maintenance des matériels* dépend de clauses contractuelles (notamment du délai d'intervention du réparateur) et du type d'équipement.

Il représentera chaque année environ 7 à 12 % du prix de la configuration pour un ordinateur de moyenne puissance.

Le *suivi des logiciels de base* consiste à obtenir du fournisseur la correction des anomalies inévitablement rencontrées, et la fourniture des nouvelles versions au fil de l'évolution du système. Cette prestation est généralement peu coûteuse, mais représente un problème technique important et peut conditionner les évolutions futures des applications.

Sur ces points, les politiques des fournisseurs sont très diverses dans le domaine des micro-systèmes.

Enfin, la *maintenance des applications* consiste à corriger les erreurs résiduelles des programmes ou à les adapter à des évolutions du besoin. Elle sera d'autant moins coûteuse que la programmation a été effectuée avec soin, sans négliger la documentation et en respectant une méthode.

Ces travaux représentent cependant toujours une charge importante, et il n'est pas rare qu'ils doublent le coût d'une application en quelques années, tel que cela est illustré par la figure 300.2.

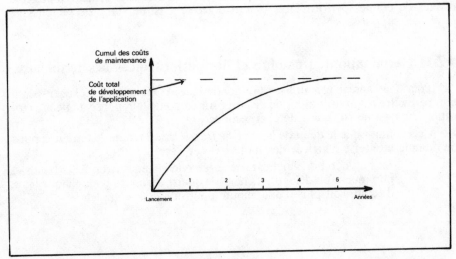

Figure 300.2

3.2. Exploitation

Citons simplement quelques éléments entrant dans l'estimation des coûts d'exploitation :
— coût des lignes de transmission ;
— énergies (électrique, climatisation) ;
— locaux (location, entretien) ;
— matières consommables (papier, rubans encreurs d'imprimantes, bandes, disques magnétiques...) ;
— personnel d'exploitation de l'ordinateur, des terminaux, des centres associés ;
— saisie des données de base (rappelons que la saisie représente souvent 40 à 50 % des coûts d'exploitation des systèmes classiques).

4. DÉTERMINATION DES CONFIGURATIONS D'ORDINATEURS

Construire un système informatique efficace, performant, est une préoccupation essentielle quand il faut choisir un équipement ou estimer ses coûts.

La performance est en particulier nécessaire à la réussite du projet : les délais de traitement doivent être respectés, les terminaux utilisables dans de bonnes conditions, les fichiers stockables sur les supports prévus...

L'estimation des besoins en ce domaine est donc aussi importante que délicate.

Nous citerons quelques indications en ce sens.

4.1. Détermination de la capacité des disques magnétiques

Partant du volume réel, utile à stocker, la capacité nécessaire sur nos équipements peut en première estimation être fixée au double.

Ex. : 45 Mc de données nécessitent 90 Mc de capacité disque.

En effet, des fichiers de travail ont sans doute été oubliés, les fichiers grossissent toujours rapidement, et enfin, en accès direct, il est généralement impossible d'avoir de bonnes performances (temps d'accès) avec des taux de remplissage élevés des supports.

4.2. Détermination du nombre et des performances des terminaux

Pour être agréable à utiliser (« ergonomique »), un terminal clavier-écran doit permettre à son utilisateur de disposer sur écran de la réponse à une interrogation du système en moins de cinq secondes.

Ceci conditionne le débit de la ligne de transmission reliant le terminal, puisqu'il limite la vitesse d'arrivée des caractères sur l'écran.

Ex. : un débit de vingt caractères/seconde (soit environ 200 « bauds ») impliquera un délai d'affichage de quatre secondes pour chaque ligne d'écran, soit plus d'une minute pour un écran complet.

En cas de saisies volumineuses, on doit tenir compte de la cadence de frappe du personnel et de la nécessité de pauses afin de déterminer combien de postes sont nécessaires.

> *Ex. :* la cadence de frappe d'une opératrice étant de 2,5 c/sec en moyenne et la durée réelle de saisie de six heures par jour de travail, il faudra deux terminaux pour saisir chaque jour 100 000 caractères.

4.3. Détermination des performances des imprimantes

Le nombre de caractères ou de lignes à imprimer chaque jour (le maximum en cas de pointes) permet d'estimer les performances souhaitables de l'imprimante.

Pour tenir compte des temps passés à changer le papier, à l'entretien, et de la sous-estimation probable du volume des impressions, l'imprimante sera supposée en service la moitié de la durée d'exploitation de l'ordinateur.

> *Ex. :* 100 000 lignes à imprimer par journée de huit heures nous conduiront à choisir une imprimante 400 lignes/minute.

4.4. Détermination de la mémoire centrale

La mémoire centrale nécessaire pour un projet dépend étroitement de l'ordinateur et du système d'exploitation qui seront utilisés.

Elle résultera également de paramètres propres aux applications : découpage des programmes, nombre de fichiers utilisés simultanément, performances souhaitées...

Il est donc impossible de fournir une règle de calcul absolue.

Un ordre de grandeur peut cependant être établi. Sur un ordinateur de moyenne puissance, un « gros » mini-ordinateur par exemple :

— le système d'exploitation lui-même nécessitera de 50 à 120 Kilo-octets (Ko) de mémoire centrale ;
— l'exécution de chaque programme en simultanéité avec d'autres mobilisera de 40 à 80 Ko.

> *Ex. :* un mini-ordinateur doté de dix terminaux pouvant lancer chacun et simultanément l'exécution d'un programme devra disposer en première approximation de 685 Ko de mémoire centrale (85 Ko pour le système + dix fois 60 Ko).

5. CONCLUSION

Les prévisions de charges sont très difficiles en informatique, notamment en ce qui concerne les développements de logiciel d'application.

Ce dernier aspect est de plus en plus mis en avant en raison de la baisse des prix des matériels : l'importance relative du logiciel devient telle que le recours aux *progiciels* standard est bien souvent nécessaire pour les équipements les plus modestes.

300. EXERCICE

Cas «Régates de la Grande-Motte» (voir p. 209)

En repartant des résultats de l'exercice 231.3 et dans le cas des supports adressables.

— Estimer le volume des programmes COBOL correspondant aux traitements, sachant qu'il existe un utilitaire de tri fourni avec le logiciel de base de l'ordinateur.

— Charge de personnel totale pour cette application, de la conception au lancement ?

— Délais de réalisation en supposant trois techniciens et le matériel disponibles ?

Voir solutions, p. 260

301. Petits ordinateurs et systèmes d'information

1. SITUATION DU PROBLEME

1.1. Les évolutions technologiques

Les courants d'évolution actuels de la technique ont pour l'essentiel les conséquences suivantes :
— diffusion croissante d'ordinateurs de taille de plus en plus réduite ;
— possibilités accrues d'installer des machines dans des locaux non spécialisés ;
— coûts d'achat décroissants à puissance comparable ;
— standardisation des matériels conduisant à une différenciation des systèmes par le logiciel.

Il en résulte une évolution des méthodes, des façons de concevoir les systèmes d'information, dont l'axe général tend à rapprocher l'informatique de ses utilisateurs et à estomper l'écran que pouvaient former les spécialistes.

1.2. Les petits systèmes et leurs effets

Plutôt que de tenter une définition technologique qui serait toute relative et tôt ou tard mise en échec, nous caractériserons les *petits systèmes informatiques, mini ou micro-ordinateurs,* par leurs effets sur les systèmes d'information des entreprises et ce que cela peut entraîner concernant les méthodes.

Ainsi les petits systèmes permettent de *multiplier les ordinateurs* dans les organisations importantes, ou autorisent les plus modestes à aborder l'informatique. Conséquences : problèmes de formation, de coordination, de rationalisation, développement des réseaux, de systèmes permettant une utilisation simplifiée des machines.

La baisse de leurs prix ouvre de *nouveaux marchés,* favorise la multiplication des fournisseurs : problèmes accrus de choix des produits, d'appréciation de leur qualité, d'après-vente, augmentation des dépenses relatives au logiciel et recours croissant aux logiciels standard ou *progiciels,* à des systèmes spécialisés, tels ceux de la *bureautique.*

Laissant les développements relatifs à ces questions à des ouvrages spécialisés, nous allons brièvement en aborder deux aspects :
— la répartition des ordinateurs dans l'organisation ;
— la transposition des méthodes de mise en œuvre des applications informatiques, exposées au titre 2 de cet ouvrage, au cas des petits systèmes.

2. DECENTRALISATION DE L'INFORMATIQUE

2.1. Origine

Sauf quelques cas où une répartition géographique des équipements informatiques était indispensable à leur utilisation, ces derniers ont commencé par être *centralisés* en un point particulier des organisations.

Les ordinateurs et leurs périphériques étant des éléments coûteux, souvent encombrants, quelquefois fragiles, ils étaient placés dans des locaux appropriés et exploités le plus efficacement possible par des spécialistes.

Ce modèle est toujours d'actualité, notamment lorsque la concentration d'une grande puissance de traitement est nécessaire.

L'apparition de matériels moins coûteux, plus performants et d'utilisation plus facile grâce au perfectionnement des logiciels d'exploitation, a permis cependant de répartir de plus en plus les équipements.

Ainsi est née à grande échelle l'informatique *décentralisée*.

2.2. Pourquoi l'informatique décentralisée ?

La simple évolution technique ne peut valablement expliquer les tendances décentralisatrices, qui répondent à un besoin des organisations et des utilisateurs.

Ce besoin peut s'analyser selon plusieurs composantes :
— humaines (désir d'avoir « son » ordinateur ou « son » terminal) ;
— techniques (accroissement de la fiabilité des traitements : la panne d'un ordinateur n'arrête plus tout, souplesse des développements, de l'exploitation...) ;
— organisationnelles (saisie des données « à la source » dans de meilleurs délais, obtention rapide des résultats, circulation des informations favorisée) ;
— économiques (abaissement des coûts du système global, réduction des temps perdus, décentralisation des responsabilités).

Pour préciser comment la décentralisation d'un système informatique peut répondre à ces aspirations, nous allons y différencier les éléments qui peuvent être répartis. Ce sont :
— l'*accès* à l'ordinateur ;
— les moyens de *traitement* ;
— les *données* ;
— l'*exploitation* et la *maintenance* du système ;
— les *développements* d'applications ;
— le *contrôle* des activités informatiques.

Nous pouvons réunir dans un tableau des exemples de centralisation ou de décentralisation de ces éléments :

Elément	Exemple de centralisation	Exemple de décentralisation
Accès.	Ordinateur traitant par lots des données saisies sur bordereaux par un atelier spécialisé.	1. Connexion de terminaux clavier/écran de saisie directe « à la source ». 2. Imprimantes locales ou écrans pour l'affichage des résultats des traitements.
Traitements.	Ordinateur central unique.	1. Un mini-ordinateur par usine ou par service. 2. Terminaux lourds pouvant contrôler et mémoriser les données saisies.
Données.	Fichiers sur ordinateur central.	Un fichier par mini-ordinateur d'usine, un autre sur l'ordinateur du siège.
Exploitation.	1. Salle ordinateur central, personnel associé. 2. Mise en route, surveillance à distance des minis d'usine par l'équipement du siège.	Mise en route, surveillance des ordinateurs d'usine et petit entretien sur place.
Développements.	Analyse, programmation par les équipes du site central.	1. Programmation par des équipes locales de spécialistes. 2. Réalisation de petites applications par les utilisateurs, sur micro-ordinateurs.
Contrôle.	1. Comité informatique au siège, contrôlant toute l'informatique de la société. 2. Information du siège sur l'informatique mise en œuvre dans les filiales, pour coordination	1. Autonomie de décision des usines pour les applications qui leur sont propres. 2. Informatique des usines totalement sous leur responsabilité.

2.3. Les modèles d'implantation des systèmes informatiques

Nous distinguerons trois situations typiques :
— l'*informatique centralisée,* dans laquelle toutes les composantes du système résident en un lieu unique ;
— l'*informatique distribuée,* où la décentralisation des accès, à l'aide de terminaux par exemple, s'accompagne d'une centralisation des moyens de traitements ;
— l'*informatique répartie,* correspondant à la décentralisation des moyens de traitement, les accès pouvant, relativement à chaque ordinateur, être locaux ou distribués.

Cette dernière situation s'accompagne nécessairement d'une décentralisation au moins partielle des données et de l'exploitation (ne serait-ce que la mise sous tension des équipements ou l'échange du papier d'une imprimante).

Nous y définirons par ailleurs deux cas, selon que les ordinateurs répartis prennent en charge des traitements :

— complémentaires, formant une *fédération* de systèmes de traitement interdépendants, échangeant données et résultats ;
— *autonomes,* propres à une direction, un service, un poste de travail.

3. AGENCEMENTS COURANTS D'EQUIPEMENTS ET DE TRAITEMENTS

3.1. La centralisation

C'est le regroupement des moyens de traitement en un lieu unique, avec éventuellement décentralisation des accès, tel que nous l'avons vu avec l'informatique distribuée.

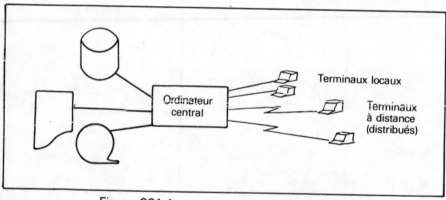

Figure 301.1. — *Exemple de centralisation*

Cette centralisation n'exclut pas la multiplication des ordinateurs.

Une solution séduisante au problème de concentration de puissance de traitement consiste à utiliser plusieurs mini-ordinateurs dans un même centre informatique. Elle offre certains avantages, que les machines soient ou non interconnectées, qui sont :

— la *fiabilité* (la panne d'un ordinateur ne bloque pas l'exploitation) ;
— la facilité de *maintenance* (un spécialiste, des pièces de rechange sont alors nécessaires en un lieu unique) ;
— la *modularité* (de nouvelles applications ne risquent pas de saturer le système, il suffit, le cas échéant, de rajouter un équipement).

Chaque traitement ne doit bien sûr pas dépasser la capacité d'une machine. La figure 301.2 donne l'exemple d'un tel agencement.

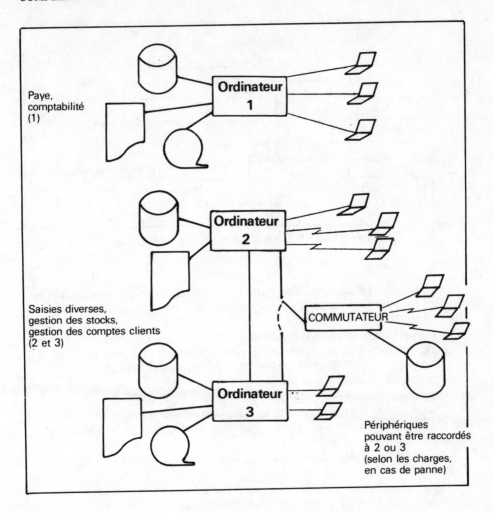

Figure 301.2

3.2. La fédération hiérarchique

Le terme « *fédération* » désigne usuellement un groupement d'états, de partis, de personnes ayant une activité, une organisation, des objectifs communs.

Nous utiliserons ce terme à propos de groupements d'ordinateurs dont les traitements se complètent.

Une *fédération hiérarchique* regroupe des équipements et les applications qui les utilisent selon une structure arborescente. Chaque nœud de l'arborescence correspond à un ordinateur. Cette répartition reflète souvent l'implantation géographique d'une organisation : siège, établissements régionaux, antennes locales.

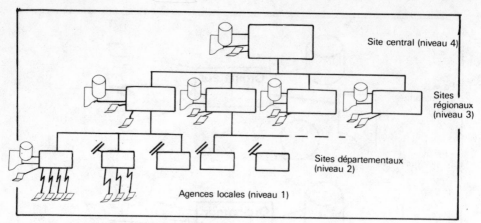

Figure 301.3. — *Exemple de fédération hiérarchique*

Chaque *site* (endroit où l'on trouve une machine) utilise son équipement pour ses propres traitements, et pour élaborer certaines informations utiles aux échelons supérieurs ou inférieurs.

Celles-ci circulent suivant les branches de l'arborescence (grâce à un réseau, des lignes de transmission ou plus simplement par courrier postal pour l'expédition de supports informatiques — bandes, disquettes, par exemple).

Entre deux sites de même niveau, les communications passent par le niveau supérieur.

Pour faciliter la mise en œuvre initiale, puis la maintenance des systèmes, il est pratiquement nécessaire qu'ils aient des configurations similaires, sinon identiques.

Par exemple, seuls pourront varier le nombre de terminaux et la capacité des disques.

Cette harmonisation est facilitée par le fait que les traitements à réaliser sont identiques pour tous les sites d'un même niveau.

3.3. La fédération réseau

Cette répartition repose sur la banalisation des communications entre ordinateurs : chacun peut communiquer avec chaque autre. Les différents sites conservent cependant leurs spécificités et une responsabilité de traitement particulière.

Même si les communications sont techniquement possibles en tout sens, la bonne marche de l'ensemble nécessitera généralement la définition de règles de prévalence, de priorité entre les sites et les informations échangées : des *procédures* de dialogue devront être définies.

Par définition même, cette fédération nécessite de disposer d'un *réseau de transmission de données* public ou privé, assurant les transports d'informations entre équipements.

La figure 301.4 fournit un exemple d'utilisation du réseau public TRANS-PAC par une entreprise ayant quatre établissements équipés d'ordinateurs.

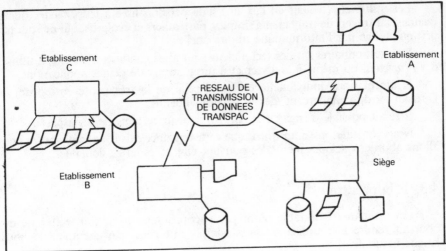

Figure 301.4

3.4. L'autonomie

Nous considérons comme *autonomes* des sites ou des équipements répartis ayant la maîtrise de leurs traitements.

Ils devront donc, en particulier, avoir à leur disposition toutes les données nécessaires. De plus, ils pourront jouir d'une grande liberté dans la définition de leur activité informatique.

L'*autonomie* peut aller jusqu'à la répartition des développements quand les applications sont propres à chaque site et que ceux-ci peuvent techniquement s'en charger. C'est le modèle qui tend à se répandre dans l'utilisation des micro-systèmes individuels.

L'harmonisation des équipements, des méthodes, voire de certaines applications d'intérêt général reste malgré tout indispensable au niveau de l'organisation.

4. LA REPARTITION DES DEVELOPPEMENTS

4.1. L'approche traditionnelle

Classiquement, les applications font l'objet de développements spécifiques réalisés par des spécialistes.

Dans cette optique, la répartition des développements doit s'accompagner de celle des informaticiens. C'est donc une solution réservée à des organisations importantes pouvant disposer d'un personnel spécialisé relativement abondant.

4.2. L'informatique individuelle

Les très petits systèmes, les «ordinateurs de table», se multiplient dans les organisations pour y former une *informatique individuelle* au service de chacun.

Les utilisateurs voient en eux une aide personnalisée à leurs tâches quotidiennes, au travers de traitements simples, particuliers et évolutifs, qui ne sont pas pris en charge par l'informatique traditionnelle.

Des gestionnaires ou des techniciens sont ainsi conduits à choisir, à utiliser des *progiciels,* ou même à analyser et à programmer de petites applications.

L'informatique individuelle est aussi celle de la très petite entreprise, de l'artisan ou du commerçant, des professions libérales.

Il serait possible d'engager la controverse sur certains de ses aspects.

Nous constaterons simplement que cette tendance existe, se confirme, et nous allons aborder quelques méthodes pouvant être utiles en ce domaine.

4.3. L'infocentre

Les ordinateurs de table n'ont pas encore atteint le niveau technique qui pourrait rendre leur utilisation aussi simple que celle, par exemple, de notre langue naturelle.

Dans les organisations disposant de spécialistes de l'informatique, on peut donc envisager, pour faciliter l'accès des utilisateurs à ce nouvel outil, de créer une structure destinée à leur porter assistance, de type *infocentre.*

L'infocentre regroupera quelques personnes connaissant bien l'informatique, les équipements concernés, l'entreprise, et ayant des compétences pédagogiques. Ce personnel, éventuellement affecté à cette activité à temps partiel, aura pour mission :

— de *former,* de *conseiller* et d'*aider* les utilisateurs (définition des problèmes, choix techniques, réalisation);
— de *coordonner* les différentes activités d'informatique individuelle (information générale sur les réalisations, sélection des équipements, des progiciels, fourniture de données...);
— de *promouvoir* les nouveaux outils, les équipements recommandés dans un but d'harmonisation (conférences, bulletins, démonstrations).

5. LIMITES A L'IMPLANTATION DES PETITS SYSTEMES

Pour être de quelque utilité et confirmer sa rentabilité, un petit système doit, tout autant qu'un ordinateur plus important, être de qualité, bien utilisé, bien maintenu par le fournisseur et correspondre au problème à traiter.

Bien souvent, l'absence de progiciels lui ôtera tout intérêt économique, surtout concernant les « micro-ordinateurs ».

Ces conditions seront encore plus impératives si plusieurs systèmes doivent être répartis dans l'organisation : à défaut, les inconvénients seront multipliés, pouvant conduire à la dégradation du système d'information et à l'établissement d'un état d'esprit de rejet généralisé à l'encontre de l'informatique.

Une autre limite réside dans les coûts : un ordinateur de table autonome est relativement peu cher, mais l'interconnexion de systèmes, les lignes, les réseaux sont assez coûteux (compléments des systèmes d'exploitation, développements de procédures, achat de matériels, utilisation des lignes).

Chaque organisation a, par ailleurs, ses limites pour les dépenses informatiques.

Sans prétendre épuiser tous les cas possibles, nous en donnons quelques exemples dans le tableau suivant :

Equipement	*Entreprises relativement importantes* (CA > 50 MF et effectif > 200)	*Petites entreprises* (moins de 50 MF et 200 employés)	*Très petites entreprises* (CA < 10 MF)
Petit système (mini).	1 à n mini, selon l'entreprise. Service informatique d'au moins 4 personnes. Méthodes de mise en œuvre classiques.	1 seul mini. 1 à 3 informaticiens. Méthodes simplifiées, contrôle par la Direction directement. Souvent conseil extérieur.	Exclu (sauf exception).
Très petit système (micro).	1 à n micros répartis dans les services utilisateurs en plus des autres équipements informatiques. Méthodes à définir pour le choix des micros, de leur place, de leur utilisation (« infocentre »).	*Idem* entreprise plus importante (avec budget inférieur).	1 ou 2 micros. Pas d'informaticien. Conseil extérieur (limité). Surtout progiciels (choix par dirigeant). Applications ponctuelles.

301. EXERCICES

301.1. Une politique « une application - un ordinateur » est-elle envisageable ? Avantages et limites. Rôle que peuvent y trouver les télétransmissions, les réseaux locaux d'entreprise ?

301.2 **Cas « BOA »** (voir p. 216)

— résumer dans un tableau les avantages et les inconvénients de chacune des solutions proposées par les fournisseurs ;

— quels problèmes peuvent se rencontrer dans l'hypothèse de la solution la plus décentralisée, lors de sa mise en œuvre ?

Voir solutions, p. 261

302. Mise en œuvre d'applications sur petits systèmes

1. SITUATION DU PROBLEME

1.1. Principes généraux

Comme pour une informatique plus traditionnelle, la mise en œuvre des petits systèmes repose sur une *réflexion préalable*. A défaut, l'échec est aussi certain qu'avec une machine importante.

Les situations de mise en œuvre sont très diverses, beaucoup plus typées qu'en informatique classique, ce qui conduira à une grande *souplesse des méthodes,* sans exclure la rigueur logique.

En règle générale, les étapes présentées au chapitre 210 restent nécessaires, même si leur importance relative et leurs participants peuvent changer.

> *Ex.:* pour gérer son stock de médicaments, un pharmacien intéressé par l'informatique évaluera son besoin au cours de sa pratique quotidienne, sans qu'il n'ait à établir de rapport ou à mener une étude particulière.
>
> La visite du SICOB lui permettra d'échafauder son projet, de définir le type de matériel qu'il lui faut, et de constater qu'il n'existe aucun progiciel adapté à son problème.
>
> Un rapide bilan économique, et sa décision d'achat est prise : sa tâche sera simplifiée... et, de toute façon, il est captivé par l'informatique. Deux semaines de congé lui permettront de se familiariser avec son micro-ordinateur et de définir ses fichiers et ses traitements avec l'aide de son voisin et ami informaticien. Puis il passera à la programmation et à l'intégration de ses programmes.
>
> Prudent, il continuera à suivre son stock manuellement pendant deux mois, et en profitera pour documenter ses réalisations et mettre au point des procédures d'exploitation et de sauvegarde des fichiers.

1.2. Particularités

Nous avons choisi l'exemple très particulier de la mise en œuvre d'un micro-système individuel chez un commerçant passionné de technique.

A l'opposé, le développement d'applications sur un mini-ordinateur puissant dans une grande entreprise se fera de manière en tout point conforme à ce qui est présenté au titre 2 de cet ouvrage.

Il n'est pas possible d'examiner toutes les situations intermédiaires pouvant se présenter.

Aussi allons-nous concentrer les développements qui suivent sur trois des aspects les plus caractéristiques de la mise en œuvre des petits systèmes :

— la mise en place, dans une organisation utilisatrice, d'*applications sur micro-systèmes;*
— l'*adaptation des charges* de traitement aux capacités des petits systèmes ;
— la *répartition des traitements.*

2. MISE EN PLACE D'APPLICATIONS SUR MICRO-SYSTEMES

2.1. Place des systèmes dans l'organisation

L'application sur micro-ordinateur concerne un individu, un poste de travail ou un bureau. Son fonctionnement sera entièrement sous le contrôle de ses utilisateurs.

Dans une *très petite entreprise,* cet ordinateur pourra être le seul moyen de traitement automatique. Le choix de son matériel et de ses logiciels en revêtira une importance accrue et, en l'absence de spécialiste, on ne peut que recommander au responsable de consulter des personnes compétentes, de se former et de savoir limiter ses ambitions.

Dans une *entreprise importante,* plusieurs micro-systèmes coexisteront, apportant plus de souplesse au système d'information. Une *politique informatique individuelle* doit y être établie, laissant l'initiative des applications aux utilisateurs, mais permettant d'harmoniser les réalisations, notamment :

— de *grouper les achats* d'équipements, pour s'assurer de leur qualité, de leur compatibilité ;
— d'optimiser la *maintenance* des systèmes, par des équipes internes, un stock unique de rechanges ou un contrat unique ;
— de définir clairement la *répartition des tâches* entre spécialistes informaticiens et utilisateurs, par création d'un infocentre, le cas échéant ;
— de *contrôler* aussi discrètement que possible ces activités, par exemple en favorisant des projets prioritaires.

Elle sera déterminée par la direction ou le comité informatique et coordonnée avec la « grande » informatique : en particulier pour les raccordements à un réseau interne ou la mise en commun d'une banque de données.

2.2. Mise en œuvre des applications

Un ordinateur de puissance limitée ne peut exécuter de traitements trop importants, par le nombre ou par le volume.

C'est le cas, par exemple, des micro-systèmes individuels, dont la vocation n'est pas de supporter la gestion intégrée d'une entreprise : comptabilité, stocks, facturation, suivi commercial...., mais de prendre en charge des *besoins ponctuels.*

Dès lors, les développements informatiques nécessaires en l'absence de progiciels peuvent s'articuler en trois étapes simplifiées (fig. 302.1) :

— définition des objectifs et conception de la solution ;
— analyse et réalisation ;
— lancement.

Du fait des limites techniques de l'ordinateur, chaque étape sera marquée, voire orientée par des considérations technologiques afin d'ajuster au mieux matériel et logiciel.

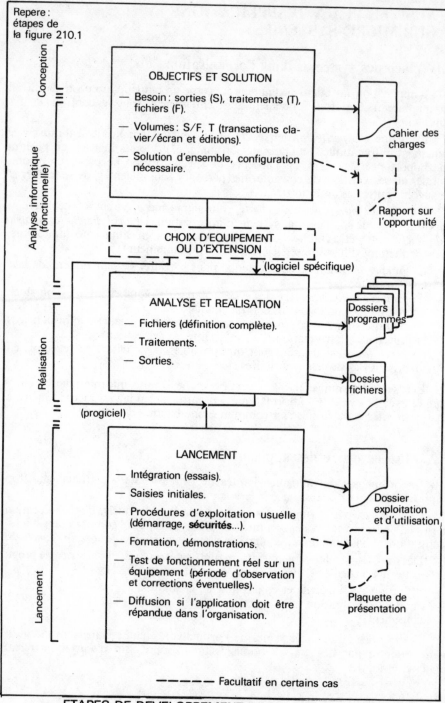

ETAPES DE DEVELOPPEMENT D'UNE APPLICATION
SUR MICRO-SYSTEME
Figure 302.1

Deux décisions essentielles pourront intervenir dans cet enchaînement :

— à l'issue de la première étape, si le projet a une certaine ampleur (par exemple équipement de nombreux postes de travail), l'avis de la direction ou du comité informatique déterminera la suite des opérations. Cet avis peut être réservé jusqu'aux conclusions du test de fonctionnement réel (lancement) ;

— le choix de l'équipement ou de l'extension de l'équipement existant si cela est nécessaire. L'option « progiciel » éventuellement retenue à ce niveau permettra d'éviter ou de réduire l'étape analyse-réalisation, mais ne dispense en rien des précautions du lancement, surtout si les programmes doivent être largement diffusés dans l'organisation.

Reprenons chaque étape de la figure :

● *Objectifs et solution :* il s'agit de définir notre classique avant-projet, avec la contrainte supplémentaire de devoir estimer plus précisément les volumes qui permettront de choisir rapidement un équipement adapté. A cet effet, on peut dresser la liste :

— des sorties désirées ;
— des unités de saisie ;
— des traitements (résultant de la confrontation des entrées et des sorties) ;
— des principaux fichiers utiles aux traitements, en précisant leurs contenus et leurs accès.

Chaque élément ainsi recensé sera quantifié :

— nombre de caractères par fichier, saisie, sortie ;
— nombre de fois où chaque traitement sera exécuté par heure, jour, semaine ou mois, taille des programmes.

Les capacités de traitement et de mémorisation nécessaires à l'application pourront s'en déduire. De même, les contraintes imposées au système : mono ou multi-usagers, fichiers à accès direct, organisations...

L'utilité de *sorties graphiques,* sur écran ou papier, en noir ou en couleur, sera examinée particulièrement : une telle solution est souvent séduisante pour l'utilisateur ; claire et efficace, elle est très abordable avec les micro-systèmes.

Les résultats de cette étude, qui inclut sous une forme simplifiée une grande partie de l'analyse fonctionnelle classique, mais aussi des éléments d'analyse organique, notamment pour les traitements, seront réunis dans un *cahier des charges* similaire à celui du chapitre 226.

Un bilan économique de la solution complétera utilement ces données techniques et sera joint au rapport éventuellement nécessaire pour justifier le projet.

Cette étape, allégée en ce qui concerne les traitements, reste pratiquement indispensable pour choisir le cas échéant un bon progiciel, et négocier si nécessaire son adaptation au problème précis avec le fournisseur.

● *Analyse et réalisation :* c'est pour l'essentiel l'analyse organique et la programmation classiques, qui subsistent en l'absence de progiciels. Cette étape comporte deux phases :

— analyse globale traitement par traitement, produisant un dossier par programme (dessin et contenu des entrées, des sorties, organigramme des données, description des fichiers qui lui sont propres). Les fichiers utiles à plusieurs programmes seront mis en évidence à cette occasion et feront l'objet de descriptions séparées ;

— analyse détaillée des algorithmes et des dialogues sur clavier‑écran de chaque programme, puis programmation. Les dossiers programmes seront alors complétés (grilles d'écran, organigrammes, liste des instructions...).

• *Lancement :* vérification du fonctionnement d'ensemble et insertion dans le travail quotidien de l'utilisateur.

Un soin particulier sera apporté aux *consignes d'utilisation,* réunies dans un *guide de l'application* et qui détailleront :

— la mise sous tension des équipements ;
— les remplacements de supports (papier imprimante, disques souples, cassettes...) ;
— les procédures de sauvegarde et de restauration des fichiers devant remédier aux incidents ;
— la liste et le rôle de chaque traitement, de chaque transaction ;
— l'explication des dialogues sur clavier‑écran ;
— la signification des messages d'erreur et la façon d'y remédier.

Ce guide est nécessaire même si l'utilisateur assure lui-même les développements : il oubliera les traitements qui s'exécutent rarement ; il peut aussi devoir être remplacé à son poste.

Chaque fois que cela est possible, les renseignements qu'il contient seront intégrés dans les dialogues de l'application sous forme d'indications, de commentaires.

> *Ex. :* la copie de sauvegarde d'un fichier étant prévue avant sa mise à jour, le programme correspondant affichera dès son lancement le message :
> LE FICHIER X EST-IL SAUVEGARDE (OUI, NON)?
> L'utilisateur informé aura effectué la copie, et fournira la réponse OUI qui provoquera la poursuite de l'exécution du programme.
> La réponse NON pourrait entraîner l'affichage sur l'écran d'un texte expliquant les opérations à effectuer.

Enfin, un système destiné à une grande diffusion dans l'entreprise y sera présenté comme un produit commercial : plaquette de présentation soignée, conférences d'information, démonstrations...

3. ADAPTATION DES CHARGES DE TRAITEMENT AUX PETITS SYSTEMES

Il peut être utile de scinder traitements et fichiers d'une application en parties complémentaires pour limiter la puissance, donc le coût, de l'équipement nécessaire, ou pour tenir compte de la capacité limitée d'un ordinateur disponible.

3.1. Découpage des programmes

Il permet de s'adapter à une mémoire centrale trop exiguë pour y loger des programmes volumineux : les différentes phases de traitement seront exécutées successivement par des séquences d'instructions bien distinctes. Deux possibilités existent à cet effet :

● Division d'un programme unique en plusieurs parties amenées automatiquement en mémoire en cours d'exécution *par le système d'exploitation* :

— il peut s'agir de la *segmentation* logique du traitement, déterminée par le programmeur et indiquée au système par des commandes spéciales (ordres COBOL par exemple).

> *Ex. :* un programme assurant la recherche des places disponibles et l'édition d'un billet de réservation pourra comporter deux segments : entrée des paramètres et recherche de places libres en fichier, et édition du billet quand le choix est fait. Un seul segment est utile à un instant donné en mémoire centrale.

La segmentation nécessite généralement de définir des données communes liant les différentes phases de traitement.

> *Ex. :* les caractéristiques de la place retenue seront conservées en mémoire dans une zone spéciale à l'issue du dialogue, et utilisées pour l'édition ;

— une autre technique est la *pagination,* qui consiste en un découpage arbitraire et automatique du programme en parties de longueur fixe *(pages)* par le système. Le logiciel d'exploitation gère lui-même ces pages et place en mémoire celle qui est nécessaire à un instant donné de l'exécution.

Ces deux techniques sont souvent accessibles sur les mini-ordinateurs, du moins l'une d'entre elles, mais elles n'existent pas sur les très petits systèmes actuels (sauf sous des formes très dépouillées, telle la « segmentation » par appel de certains sous-programmes).

● Découpage logique du traitement en plusieurs programmes, *par le programmeur.*

C'est la solution la plus rudimentaire.

Les informations nécessaires au passage d'un programme à l'autre doivent être mémorisées sur un fichier temporaire. Les programmes sont lancés un à un.

> *Ex. :* notre réservation se fera par deux programmes, le premier de dialogue et de choix, se terminant par une écriture sur disque de la description de la place choisie, le second lisant cette description et éditant le billet.

3.2. Découpage des fichiers

Le problème est similaire à celui des programmes, mais cette fois-ci il résulte d'une capacité insuffisante des supports informatiques.

Il existe pour l'essentiel deux possibilités qui peuvent se combiner :

— *découpage du fichier* en tranches pouvant être contenues chacune sur un support (un disque ou une disquette par exemple, chaque disque ou disquette constituant un *volume*). Le volume utile, repéré par un étiquetage, sera placé manuellement sur le périphérique approprié lors du traitement correspondant. Le traitement séquentiel de fichiers ainsi segmentés nécessite un logiciel d'exploitation capable de gérer des *fichiers multivolumes :* en fin de volume, ce logiciel fournira à l'utilisateur du système un message le guidant dans ses opérations (demande de *montage* d'un autre volume), et enchaînera automatiquement le balayage des volumes successifs.

>   *Ex. :* la réservation devant se faire pour une date donnée, on montera la disquette du mois correspondant (fichier segmenté par périodes) ; la recherche d'une place, quelle que soit la date, nécessiterait le balayage de toutes les disquettes depuis la première ;

— définition logique de plusieurs fichiers complémentaires. Pour éviter en plus la segmentation, toutes les informations nécessaires à un traitement devront être stockables sur un seul volume. Un indicatif unique pour les fichiers décrivant les mêmes entités assurera leur liaison : cette solution repose exclusivement sur une analyse précise du problème.

>   *Ex. :* s'agissant de spectacles, on distinguera fichier descriptif des spectacles et fichier des réservations, chacun contenant un article par spectacle, repéré par un numéro.

4. REPARTITION DES TRAITEMENTS

4.1. Conception de la répartition

Il s'agit de répondre à la question : « que faire et où le faire ? »

La répartition des traitements concernera une direction, un service, un processus administratif, en résumé une activité qu'il convient avant toute chose d'analyser.

Un *diagramme de circulation* est tout indiqué dans ce cas : il mettra en évidence les traitements effectués à chaque poste, en chaque lieu et les informations échangées.

Le concepteur définira l'implantation et le rôle de chaque système informatique à l'aide du diagramme, en apportant une réponse aux questions comment :

— respecter la répartition actuelle des tâches ?
— limiter au maximum les échanges entre systèmes ?
— standardiser les équipements informatiques ?
— mettre à disposition de chacun l'outil qui lui convient le mieux ?
— garantir des possibilités d'évolution des systèmes ?
— loger les machines, les entretenir ?
— relier les ordinateurs à moindre coût sans altérer leur efficacité ?

Un découpage des traitements étant ainsi établi, généralement par compromis entre des aspirations qui se seront révélées contradictoires dans tel cas pratique, il convient de le décrire avec précision.

Par exemple à l'aide :

— d'un *schéma d'ensemble* de la solution, où chaque système apparaît, ainsi que ses liaisons avec les autres. Ce peut être un diagramme de circulation comportant une colonne par site informatique, ou une représentation graphique plus libre, tel l'exemple de fédération hiérarchique présenté dans la figure 302.2 ;

— d'un *tableau des échanges,* résumant les flux d'informations établis entre les équipements (nature, volumes, périodicité) ;

— de *descriptifs d'objectifs,* précisant le rôle de chaque système : traitements ou fonctions prises en charge, données saisies ou conservées sur place.

Ce dossier sera simplifié si l'on arrive à la définition de sites autonomes.

Il constituera le point de départ des études de développement propres à chaque système.

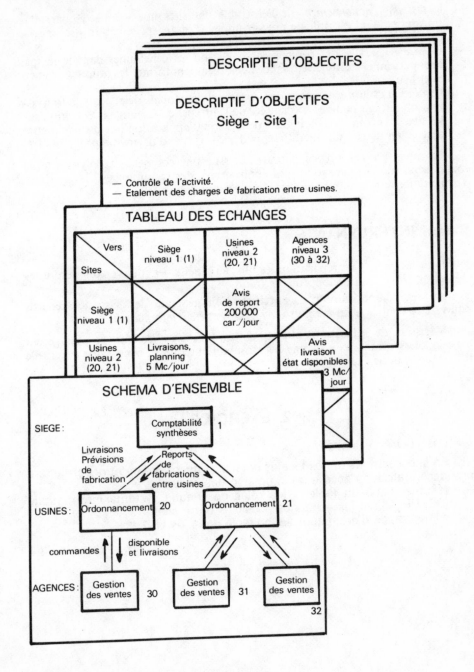

Figure 302.2.

4.2. Mise en service et exploitation

Le lancement puis l'exploitation des systèmes répartis posent des problèmes spécifiques, concernant par exemple :

— le *test du fonctionnement* de l'ensemble des sites inter-connectés par télé-transmission : il est utile de prévoir un jeu d'essais spécial et un « scénario » de raccordements progressifs, deux systèmes, puis trois... ;

— la *mise en service* des équipements : peut-on les échelonner dans le temps, quel personnel assurera leur lancement, comment former les utilisateurs et en quel lieu ?

— l'*évolution* et la *maintenance* des systèmes : dans quels délais, par le fournisseur ou par des équipes spécialisées de l'entreprise ? Comment répercuter sur les sites les évolutions du logiciel de base ou d'application ? Peut-on admettre d'avoir en deux endroits différents deux versions d'un même programme ?

La réponse à ces préoccupations nécessite une compétence polyvalente, la connaissance de l'organisation, des applications, des technologies, des systèmes d'exploitation et du marché des produits informatiques.

5. LES INTERVENANTS

Pour les projets de répartition les plus ambitieux, les intervenants seront les mêmes que lors des développements traditionnels.

Au sein d'une entreprise, l'orchestration générale des systèmes répartis pourra être confiée à un *administrateur de système d'information*.

S'agissant de réalisations plus modestes, localisées, les rôles se partageront avec souplesse, toujours sous une responsabilité unique, et avec l'aide éventuelle de conseils extérieurs.

302. EXERCICE

Cas «BOA» (voir p. 216)

En supposant les unités locales dotées de micro-ordinateurs permettant une décentralisation accrue de la gestion des stocks :
— résumer dans un tableau les rôles de chaque système informatique (DC, DR, UL) et les échanges possibles entre sites ;
— configuration d'ordinateur souhaitable dans les UL ?

Voir solutions, p. 262

ANNEXE 1

TEXTES DES ETUDES DE CAS

SA CARTON

Thème inspiré d'une étude de cas de l'IAE de Paris

La société anonyme Carton réalise un chiffre d'affaires annuel de deux milliards de francs dans la fabrication et la commercialisation de cartons et papiers.

Organisation de la Société

— 12 usines implantées en France.
— 25 centres de vente régionaux disposant chacun d'un entrepôt de stockage des produits.

Fonctionnement d'un centre de vente

1. Activités

— Vente sur stock : 2 000 clients réguliers livrés dans un délai de 24 h sur commande passée par téléphone, dans la limite du stock disponible.
— Vente sur fabrication : fabrication de grosses quantités suite à une commande négociée entre un représentant et le client ; expédition directe au client par l'usine dans le délai contractuel.

2. Moyens

Le centre de vente type dispose du personnel suivant :
— 1 directeur ;
— 11 employés aux services généraux ;
— 7 employés à la facturation ;
— 8 employés à la gestion du stock ;
— 8 vendeuses et 10 représentants ;
— 9 personnes au magasin.

3. Les produits

Les articles, au nombre de 2 300, sont différenciés par :
— sorte (60 papiers et 30 emballages) ;
— grammage (40 différents) ;
— format (50 différents) ;
— couleur (11 différentes) ;
— qualité (7 différentes).

4. Ventes sur stock

● *Réception des commandes :*

— la vendeuse reçoit la communication du client qui lui est affecté selon son implantation géographique. Elle note rapidement la commande sur un cahier, dans l'ordre annoncé par le client et en notant pour chaque produit : sorte, grammage, format, qualité, couleur, quantité désirée et délai ;
— la vendeuse détermine ensuite, en s'aidant de son cahier :
   ● si les articles sont disponibles (soit de mémoire dans 20 % des cas, soit en consultant le service des stocks par téléphone) ;
   ● dans le cas contraire, si des arrivages sont prévus dans les délais demandés par le client (elle consulte pour le savoir le responsable commercial ou son secrétariat par téléphone). A défaut, elle négocie avec le client des articles de substitution dont elle a la liste, selon la même procédure que pour la commande initiale. Il y a jusqu'à dix substitutions plus ou moins ressemblantes par produit ;
— chaque commande comprend de une à huit lignes, avec une moyenne de 2,8. Le temps nécessaire pour la prise de commande (délai s'écoulant entre le début de l'appel du client et la fin des négociations éventuelles) varie de 12'' à 9' 02'' (moyenne 23''). L'ajout de substitutions peut porter à 16 les produits différents par commande.

● *Etablissement des bons de commande*
   (BC, environ 50 par jour et par vendeuse) :

— en cinq exemplaires, par la vendeuse, entre les coups de téléphone et à partir du cahier. Ils sont remplis avec les informations suivantes :
   ● adresse de livraison, nom du client, numéro client (la vendeuse dispose d'un fichier «clients») ;
   ● date ;
   ● lignes de commande complétées par le prix des articles que la vendeuse trouve dans un tarif (ce prix n'est pas reporté sur le bon de livraison envoyé au client).
— Les exemplaires du bon de commande sont ensuite expédiés par courrier interne :
   ● premier exemplaire → archivé dans un dossier client par la vendeuse ;
   ● deuxième exemplaire → représentant ;
   ● autres → service stocks.

● *Service gestion des stocks :*

— les huit employés utilisent un bac de fiches de stock cartonnées, chacun disposant d'une partie des fiches dans un bac qui lui est propre. Les employés doivent mettre à jour les fiches indiquant le niveau du stock de chaque article en fonction des documents reçus ;
— les commandes circulent ainsi entre les huit personnes et sont entièrement prises en compte en un tour. Le premier exemplaire va ensuite à la facturation après contrôle par le responsable commercial, les deux autres vont au magasin.

● *Le représentant* (responsable commercial d'un secteur) :

— prend note du premier bon de commande reçu et le classe ;
— vérifie que la commande de son client est bien honorée à l'aide du bon de commande transmis par le service des stocks et par comparaison au premier bon reçu, puis le transmet au service facturation.

● *Magasin :*

— à réception des bons de commande, préparation de la commande par circulation dans les entrepôts avec un chariot. Le préparateur note au fur et à mesure sur les bons de commande la quantité réellement livrée (il peut se faire que tous les articles prévus ne soient pas disponibles, mais ce cas est très rare) ;
— le magasinier conserve le premier exemplaire des bons de commande annoté pour compléter la commande ultérieurement, si nécessaire, ou simplement pour archivage, et renvoie le second au service des stocks qui devra faire les correctifs nécessaires sur ses fiches si la livraison a été incomplète faute de disponibilité des produits. Si rien n'est à signaler, le service des stocks archivera le bon de commande en retour du magasin, sinon il le transmettra à la facturation pour action ;
— établissement d'un bon de livraison et expédition au client, à partir du premier bon de commande reçu.

● *Facturation :*

— le service facturation utilise une facturière à cartes qui nécessite un travail important de préparation consistant à regrouper pour chaque facture :
  ● le bon de commande ;
  ● une carte perforée «client» ;
  ● une carte «article» par ligne commande.
Les factures sont éditées en deux exemplaires (dont un pour le client) à l'aide de la facturière et des dossiers préparés ;
— lorsque des corrections ont été apportées au bon de commande lors de la préparation de la livraison au magasin, elles sont toujours arrivées avant préparation de la facturation. Le bon de commande conservé par le magasinier sera transmis comme le premier à la facturation quand une commande incomplètement livrée est soldée ;
— le service facturation conserve tous les documents qui ont été en sa possession (sauf la facture du client). Une commande est toujours honorée et complètement facturée dans un délai inférieur à cent jours.

Bilan de la situation actuelle

De nombreuses plaintes de la clientèle sont enregistrées en raison de retards de livraisons.

INTERINFO

La Société INTERINFO produit et commercialise, grâce à ses filiales, une gamme complète d'ordinateurs de gestion.

Les sociétés du groupe ont une certaine autonomie pour le développement de leur informatique de gestion interne, mais subissent en ce domaine les mêmes contraintes budgétaires, humaines et technologiques que les entreprises d'autres secteurs d'activité.

L'une des filiales, l'Usine de Production des pays de Loire (UPL), a un effectif en pleine croissance (actuellement 3 500 personnes dont 13 % de cadres) et dispose d'un réseau téléphonique interne d'environ 1 500 postes. L'annuaire téléphonique de cet établissement regroupe ces postes et leurs 1 500 attributaires. Il est édité deux fois par an par l'ordinateur du siège d'INTERINFO qui expédie également chaque mois à l'UPL une mise à jour de ce document, contenant uniquement les différences enregistrées.

Le responsable informatique a été informé par M. Romand, chef des services généraux, de la perte de temps sans cesse croissante occasionnée au standard téléphonique par les procédures actuelles de gestion de l'annuaire, qu'il souhaiterait voir évoluer compte tenu des nouvelles possibilités offertes par les systèmes informatiques.

Vous êtes chargé de cette étude qui serait avantageusement étendue à d'autres activités des services généraux de l'entreprise.

ANNEXE A

Résultat des premiers entretiens

M. Romand

«Nous devons pouvoir joindre par téléphone tout le personnel et pas seulement les employés disposant d'un combiné. L'annuaire fourni par le siège ne nous est d'aucune utilité à cet effet et les standardistes doivent tenir manuellement un annuaire complet.

» Mon collègue, M. Lefloch, m'a par ailleurs fait part de problèmes qu'il rencontre dans la gestion technique des postes téléphoniques dont il a la responsabilité.

» Un besoin existe peut-être aussi pour la gestion des emplacements de parking et des vestiaires assurée par les services de surveillance.»

Responsable du standard téléphonique

«Chaque jour, environ quinze appels urgents nous parviennent à destination de personnes ne figurant pas dans l'annuaire officiel car n'ayant pas de poste attribué. Pour les honorer, nous devons créer et mettre à jour notre propre annuaire, manuellement, à partir d'une liste des employés fournie par le service du personnel. Sur ce document, qui doit être renouvellé environ deux fois par an, nous portons au regard de chaque nom le poste attribué si il existe, et toujours un poste d'où l'on peut contacter l'intéressé (secrétariat ou chef d'atelier).

» Quotidiennement, j'établis des bordereaux de mise à jour de l'annuaire officiel qui sont expédiés au siège et ne présentent pour le standard aucune utilité, ces différences devant être reportées sur notre document à la main.

» Enfin, les mouvements de personnel sont fréquents et à défaut d'en être toujours informés rapidement, nous perdons du temps en recherches lors d'appels téléphoniques. Au total, ces travaux représentent environ trois heures d'une standardiste chaque jour, dont deux heures en pure perte. »

M. Lefloch

« Des étudiants stagiaires ont développé une gestion technique du réseau téléphonique interne sur l'ancien ordinateur de bureau du service, équipé de disques durs au format spécifique, d'une imprimante et d'un poste de travail (affectation nominative des postes téléphoniques, repérage des postes libres et suivi des droits d'accès au réseau P et T).

» Pour regrouper les postes par Direction et Division, j'ai créé une codification à deux caractères, plus concise mais ayant la même utilité pour nos applications que la codification utilisée par les services financiers pour les rattachements comptables.

» Dans cet état, l'application donne à peu près satisfaction, mais il m'est difficile de faire face aux besoins d'évolution en raison de l'absence de documentation sérieuse des programmes, écrits en langage spécifique, et des limites de l'ordinateur. En particulier, un suivi accru des taxations P et T par poste pourrait faire gagner de 10 à 15 % de leur montant global (500 000 F cette année, en progression régulière de 10 % par an).

» A la demande de M. Romand, j'ai édité à l'essai un annuaire plus complet que celui du siège à l'aide de mes fichiers, sans parvenir à satisfaire ses besoins. »

Responsable des services financiers et comptables

« Nous gérons un code de regroupement de cinq caractères qui reflète l'organigramme de la société et nous permet d'assurer la correspondance entre un ancien code section et les centres de frais comptables actuels.

» Cette gestion, satisfaisante, est effectuée sur le même type d'ordinateur de bureau que celui de M. Lefloch, mais équipé de disques souples. C'est d'ailleurs la seule application exploitée sur ce système. »

Responsable des services de surveillance

« Pas de problème pour les vestiaires, chacun se débrouille.

» Par contre, il n'y a que 1 700 places de parking affectées nominativement à une, deux ou trois personnes (travail en équipe) que je dois gérer à l'aide de nombreuses fiches classées par nom ou numéro de voiture, et d'un cahier récapitulatif par numéro de place. Chaque modification nécessite plusieurs manipulations et de nombreuses erreurs existent dans les fiches. Il m'est par ailleurs impossible de suivre les mouvements de personnel et d'affecter les parkings rationnellement selon le lieu de travail.

» Je passe en moyenne une heure et demie par jour à ces problèmes et souhaiterais disposer d'un terminal informatique en remplacement des fiches et du cahier. »

Responsable des traitements informatiques du service du personnel

« Nous disposons d'un fichier informatique du personnel destiné à la paye et mis à jour chaque mois. Chaque employé y est repéré par un numéro de matricule et affecté à une section utilisée par tradition, que les services financiers mettent en correspondance avec les sections comptables actuelles.

» Ce fichier et ses mises à jour pourraient vous être fournis sur bande magnétique.

» Le service médical serait, par ailleurs, certainement intéressé par vos projets, en vue de gérer les accidents du travail. »

Services médicaux

«Nous souhaiterions pouvoir gérer automatiquement les informations concernant les accidents du travail et les premiers soins, en vue d'établir des statistiques exploitables pour la prévention. Actuellement, les données sont enregistrées sur le cahier de l'infirmerie et les cartes individuelles de premier soin, reprenant les informations d'identification du personnel. Les opérations correspondantes représentent environ une heure de travail chaque jour, sans possibilité d'effectuer des statistiques sérieuses.

» Nous n'escomptons pas de gain de temps sur la saisie des informations en cas d'utilisation de l'informatique mais, par contre, nous pourrions en saisir plus pour établir des statistiques plus précises.

» Cette gestion pourrait être étendue aux dossiers médicaux de l'ensemble du personnel. »

ANNEXE B

Eléments financiers

Enveloppe budgétaire

— Maximum de 800 000 F pour la mise en place du système (première année).

Evaluation du coût du système envisagé

— Développements (coûts internes hors matériel) :
  - annuaire et gestion technique 170 000
  - parking 50 000
  - codes de regroupement (reprise) 30 000
  - accidents 50 000
— Maintenance des programmes : 10 % des coûts de développement chaque année.
— Coût interne d'une configuration mini-ordinateur appropriée : 400 000 F environ.
— Entretien mensuel par INTERINFO : 1 500 F.
— D'après les prévisions financières, la société ne paiera pas d'impôt sur les bénéfices dans les cinq ans à venir.
— Par simplification, les applications seront supposées opérationnelles durant la totalité de l'année des développements.

Evaluation du coût de l'ancien système

— Entretien mensuel (non assuré par INTERINFO) : 2 000 F par ordinateur.
— Coût horaire moyen du personnel administratif : 90 F.
— Maintenance des applications (sans développements) : 50 000 F par an.

SOMECACE

Thème inspiré d'une étude de cas de l'IAE de Paris

La Société Mécanique du Centre a son siège à Châteauroux et dispose de cinq établissements de production dans la région, tous situés à moins de 50 km.

SOMECACE utilise, à son siège, un ordinateur classique effectuant les traitements comptables usuels et qui fonctionne cinq heures par jour en donnant toute satisfaction.

SOMECACE produit des pièces mécaniques et des machines sur commande, dans le cadre d'un catalogue assez stable. Le cycle de fabrication des produits est toujours inférieur à cinq semaines. Le travail sur catalogue permet à SOMECACE d'établir précisément la « gamme » de production de chaque article et d'optimiser sa fabrication ainsi décomposée en une succession de tâches standard.

Chaque usine est divisée en huit ou neuf ateliers, chaque atelier est composé de postes de travail spécialisés chacun dans une tâche standardisée. On trouve de quinze à vingt-cinq postes de travail par atelier, certains pouvant être identiques.

A chaque poste correspond un ouvrier et un seul, et la durée d'une tâche est exprimée en multiple de quart de journée / ouvrier.

La gestion de production actuelle de SOMECACE

— Manuelle.
— Centralisée au siège par le directeur technique qui reçoit chaque semaine des usines les prévisions de charge et de capacité de production pour la semaine à venir, atelier par atelier.
   Ainsi, le directeur technique, par ailleurs informé des commandes par le directeur commercial également résident au siège, peut choisir l'établissement où chaque commande sera exécutée. Il étudie chaque jour avec le directeur commercial les cas délicats (commandes importantes, urgentes).
— Un système manuel de comptabilité analytique existe déjà, basé sur l'utilisation des coûts standard de chaque tâche, revus chaque année.

Critiques et perspectives

— L'activité de SOMECACE étant en pleine expansion, les délais sont de plus en plus difficiles à tenir et les erreurs se multiplient. La direction envisage donc de recourir progressivement à l'informatique pour gérer la production, dans le cadre d'un plan informatique d'ensemble.
— L'application prioritaire devra permettre de connaître précisément la charge des établissements de production et de planifier automatiquement la fabrication, notamment en fonction des commandes. A terme, cette gestion de production devra inclure le suivi des flux de marchandises entrant et sortant de la société (approvisionnements et produits finis).

Points particuliers du suivi des charges

— Une solution serait que chaque directeur d'usine reçoive :
   • chaque semaine la prévision de charge pour la semaine à venir, au jour le jour, par atelier, par poste et globalement pour l'établissement ;
   • chaque semaine également, la prévision de disponibilité correspon-

dant aux charges ci-dessus ;

- • chaque mois le taux d'utilisation du mois écoulé pour chaque atelier et pour chaque type de poste existant dans l'usine.
— Chaque fin de semaine, le directeur technique devra, par ailleurs, disposer d'un récapitulatif des charges et disponibilités donnant par usine, par atelier et par type de poste pour la semaine à venir :
  - • le potentiel total de production ;
  - • la capacité de production déjà réservée ;
  - • ce qui reste disponible.
— Dans une telle solution, les principes retenus pour la saisie des informations auront une importance primordiale (documents, équipements, fréquence, attribution des responsabilités de fournir l'information de base...).

Remarque : la capacité de production d'une usine peut être inférieure à sa capacité théorique pour différentes raisons, notamment : absences de personnel, pannes de machines, goulots d'étranglement...

SOGECODIAL

d'après un concours de recrutement de professeurs d'informatique

La Société Générale de Conserverie et de Distribution Alimentaire (SOGECO-DIAL) distribue en France un ensemble de produits alimentaires qui proviennent soit de ses usines, soit d'achats effectués à d'autres entreprises alimentaires. Elle offre ainsi à sa clientèle un éventail assez large de produits et une sécurité dans l'approvisionnement.

Un bureau d'études recherche et examine régulièrement des produits nouveaux et en demande éventuellement l'inscription au catalogue des articles. Certains articles peuvent, par contre, être retirés du catalogue. Les nouveaux produits font l'objet, dès la première réception, de l'établissement d'une fiche comportant l'ensemble des informations permanentes relatives à l'article. Les représentants chargés de la prospection de la clientèle et de l'établissement chez le client des bons de commande reçoivent, dans les délais les plus brefs, les adjonctions ou suppressions au catalogue avec indication d'une date d'effet. A un moment donné, les bases d'établissement des bons de commande sont donc identiques quel que soit le représentant.

Les articles sont regroupés en familles (18 familles présentement) dont le nombre peut augmenter.

Les représentants sont chargés chacun d'un secteur géographique. Ils sont au nombre de soixante.

Les clients, qui vont du petit commerce de détail alimentaire aux grandes surfaces de vente, en passant par des collectivités (hôpitaux, cantines), sont classés en sept catégories. Ce nombre ne semble pas devoir varier sensiblement dans un avenir prévisible malgré un accroissement constant du nombre de clients (6 000 actuellement).

La période de travail est la quinzaine en ce qui concerne les traitements relatifs aux articles, aux clients et aux représentants.

Le service réception du magasin établit et transmet au service comptabilité les bons d'entrée en magasin des articles dès que ceux-ci sont disponibles.

Les avis de règlements des clients sur les facturations antérieures sont fournis au fur et à mesure de leur arrivée.

Les bons de commande envoyés par les représentants, en bloc pour un secteur de vente, comprennent les seuls éléments nécessaires à l'identification du client (numéro et nom), des articles commandés (numéro et quantité), et du mode de règlement. Les clients nouveaux font l'objet d'une fiche de renseignements que remplit le représentant en accord avec son client. Le représentant affecte lui-même un numéro aux nouveaux clients et expédie la fiche.

La société cherche à constituer une clientèle qui présente au moins quatre caractéristiques :
— la régularité du rythme des commandes ;
— un chiffre d'affaires annuel aussi élevé que possible ;
— le règlement comptant des factures ;
— une bonne représentativité de l'ensemble du marché.

Pour atteindre ces objectifs, elle a mis au point une ristourne de fin d'année calculée sur le chiffre d'affaires annuel. Cette ristourne par client tient compte à la fois : de la catégorie à laquelle appartient le client, du volume total des facturations et de la ventilation dans les trois possibilités de paiement (comptant, à 30 jours, à 60 jours).

De même, il a été mis au point un système de rémunération des représentants qui les incite à vendre conformément à un plan d'ensemble tout en tenant compte des difficultés réelles. Chaque représentant perçoit, en conséquence, un salaire fixe mensuel qui dépend de son secteur de vente, et des commissions par quinzaine qui tiennent compte du volume de vente par catégorie de client et par famille d'articles. Le barème des commissions est défini en pourcentages dans un tableau à double entrée analogue à celui de l'annexe E.

En plus des renseignements précédents, les services utilisateurs vous ont fourni les schémas des états à obtenir et les indications complémentaires sur les informations qui doivent y figurer. Ils vous sont indiqués en annexe.

Le service de Traitement des Informations de l'entreprise est doté d'un ordinateur dont les caractéristiques générales sont les suivantes :

— mémoire centrale de 512 koctets ;
— 4 terminaux clavier - écran ;
— imprimante 640 lignes/minute, 132 caractères/ligne ;
— 3 dérouleurs de bandes magnétiques ;
— 2 unités de disques de 23 Mc chacune ;
— système d'exploitation temps partagé, autorisant simultanément l'utilisation des terminaux en temps réel et l'exécution d'un traitement différé ;
— langages COBOL, assembleur et FORTRAN.

Cette machine est utilisée actuellement trois heures par jour.

ANNEXE A

Etat des stocks

a) Maquette de l'état

N° article	Désignation article	Stock initial	Entrées	Stock disponible	Sorties	Stock final	Réapprovi- sionnement proposé	Taux d'accept.

b) Renseignements complémentaires

Formats des grandeurs :

— numéro article : 5 caractères numériques (pour 3 000 produits), 2 pour le numéro de famille, 3 pour le numéro d'ordre dans la famille ;
— désignation des articles : 25 caractères ;
— quantités : 5 chiffres entiers ;
— taux d'acceptation : 4 chiffres (1 entier et 3 décimales).

Définitions :

— taux d'acceptation : c'est le rapport de la quantité disponible à la quantité commandée par l'ensemble des clients ;
— proposition de réapprovisionnement : la quantité est définie par la relation : quantité à réapprovisionner = seuil de commande × 2 — stock final.

Cette quantité est à arrondir au multiple supérieur de la quantité économique (quantité ou son multiple pour laquelle on obtient le meilleur coût unitaire pour détenir un article).

Le format de la quantité à réapprovisionner est de cinq chiffres entiers, celui de la quantité économique est trois chiffres entiers.

ANNEXE B

Facture

a) Maquette de la facture

Nº client

Nom du client

Adresse rue

Adresse ville

Date

Nº bon de commande

Nº de facture

Délai de règlement

Mode de règlement

Nº article	Désignat. article	Quant. comm.	P. unit. hors taxe	Quant. livrée	Montant hors taxe	TVA	Montant taxe comprise
|TOTAUX|						

VENTILATION TVA

TVA à 7,5 %

TVA à 15 %

TVA à 23 %

TVA à 33 1/3 %

Nota : environ 600 commandes sont passées chaque jour, concernant de un à huit articles.

b) Rènseignements complémentaires

Cadrage :

— les coordonnées du client sont à cadrer à gauche, les autres éléments de l'en-tête à cadrer à droite sur le bord droit du corps de la facture ;
— les montants de la ventilation TVA sont à cadrer dans le prolongement de la colonne TVA.

Impression des textes : les factures sont établies sur un listing préimprimé de tous les textes ou tracés contants, y compris la ligne « TOTAUX » du corps de la facture.

Formats des grandeurs :

— nom du client : 25 caractères ;
— adresse rue : 30 caractères ;
— adresse ville : 30 caractères ;
— numéro du client, secteur de vente : 2 chiffres ; code catégorie client : 1 chiffre ; numéro d'ordre dans la catégorie et le secteur : 3 chiffres ;
— quantité commandée ou quantité livrée : 4 chiffres entiers ;
— prix unitaire hors taxe : 2 chiffres entiers et 2 chiffres décimaux ;
— numéro de bon de commande : 6 chiffres préimprimés sur le bon de commande ;
— numéro de facture : 6 chiffres, calculé au fur et à mesure de l'édition des factures.

Délais de règlement, ils peuvent être :

— comptant à la livraison ;
— à 30 jours fin de mois ;
— à 60 jours fin de mois.

Mode de règlement :

— en espèces ;
— chèque postal ;
— chèque bancaire.

ANNEXE C
Journal des ventes au ....

Maquette de l'état

LIBELLE		N° client	Montant taxe comprise	VENTILATION			
Date	N° facture			Ventes au comptant HT	Ventes à 30 jours HT	Ventes à 60 jours HT	TVA (taxe)
	TOTAUX						

ANNEXE D
Situation des clients au ....

Maquette de l'état

N° client	Nom client	SITUATION ANTERIEURE				MOUVEMENTS		SITUATION NOUVELLE			
		CUMUL		SOLDE				CUMUL		SOLDE	
		Débit	Crédit	Débit	Crédit	Débit	Crédit	Débit	Crédit	Débit	Crédit
	TOTAUX										

Renseignements complémentaires : le format des cumuls est de deux chiffres entiers de plus que celui des mouvements (montants facturés aux clients ou montants payés par eux).

ANNEXE E

Etat des commissions
ou états de ventilation du chiffre d'affaires par représentant
ou barême des commissions

XXXXXXXXXXXXXX (titre)

NOM DU REPRÉSENTANT   MATRICULE   Nº D'ORDRE

		CATEGORIES CLIENTS							Totaux famille articles
		1	2	3	4	5	6	7	
ARTICLES	1								
	2								
	3								
	4								
FAMILLES	15								
	16								
	17								
	18								
Totaux catégorie clients									TOTAL GENERAL

Renseignements complémentaires : les taux de commissions peuvent varier de 0,5 % à 6 % par intervalle de 0,05 % ou multiple de 0,05 %.

Le matricule du représentant est numérique, sur quatre caractères, le numéro d'ordre désigne la quinzaine concernée (rubriques qui avec le nom concernent uniquement les états).

ANNEXE F

Relevé annuel de compte client
et avis de ristourne

RELEVE ANNUEL

Nom,
adresse
client

Date :
Nº client :

	Comptant	30 j	60 j
Achats de l'année	☐	☐	☐
Ristournes correspondantes	☐	☐	☐
Ristourne globale accordée	☐		
Solde du compte		☐	☐
		Débit	Crédit

EMMANUEL SAND

La vente au détail de prêt à porter féminin, concernant des articles hautement chargés d'affectivité, est régie par des règles en marge de la logique rationnelle.

Claude Simah, professionnel expérimenté dans ce domaine, gère deux boutiques de vente regroupées sous forme d'une SARL qu'il a créée trois ans plus tôt à Paris :

— l'une située dans le centre commercial « Nation Boutiques », à la clientèle très axée sur la nouvelle mode ;
— l'autre située rue de la Croix-Nivert, à la clientèle très mélangée, plus tradition-nelle.

Le chiffre d'affaires de cette société pour 1982 a augmenté de 32 % par rapport à 1981. Cette tendance est le fruit de la grande agressivité commerciale de Claude Simah dont l'objectif est de poursuivre cette croissance en vue d'ouvrir d'autres boutiques sous l'enseigne « EMMANUEL SAND ».

M. Simah est cependant conscient des limites de son organisation actuelle qui repose essentiellement sur son intuition et sur la conscience professionnelle de son personnel :

— il a actuellement trois employées ; deux vendeuses en poste fixe dans chaque magasin et une vendeuse expérimentée qui se partage entre les deux boutiques, « au mieux », pour y suivre les ventes, les stocks, répartir la marchandise, conseiller les vendeuses et maintenir les vitrines ;
— Claude Simah fait chaque jour le point avec la vendeuse itinérante et s'occupe des approvisionnements au quartier du Sentier, ainsi que des relations avec sa banque et son comptable. Il est le plus souvent à la boutique du centre commercial qui réalise le plus gros chiffre d'affaires, et se rend de temps à autres rue de la Croix-Nivert, notamment pour faire les nouvelles vitrines.

En effet, le marché est extrêmement fluctuant et une mode peut se propager comme un éclair, rendant obsolètes les modèles commandés en début de saison ; de même les conditions climatiques peuvent amener à brader tout un stock de vêtements inadaptés.

La technique de Claude Simah consiste donc à approvisionner un maximum de modèles en début de saison mais en nombre limité, pour tester la tendance et avoir une vitrine toujours attrayante, puis à commander au dernier moment les articles qui lui semblent devoir se vendre compte tenu de ses observations.

Sa marge de manœuvre est cependant extrêmement faible car :

— un modèle commandé trop tôt a 80 % de chances de devoir être soldé sans bénéfice ;
— un client non servi sur le champ est neuf fois sur dix un client perdu ;
— lors de la période de vente d'un modèle, les fabriquants travaillent déjà sur les modèles de la saison suivante ; la fabrication des modèles à succès ne sera donc généralement pas relancée, d'autant que l'approvisionnement en tissus serait trop long, et seules les premières commandes des commerçants pourront être honorées sur stock.

Quelques chiffres (1982)

CA : 2,8 MF (2,8 millions de francs TTC, TVA 18,60 %).
Charges salariales, compris le gérant : 0,4 MF.
Démarque (perte de marchandise) : 50 000 F.
Loyers et charges diverses : 0,3 MF.

Charges d'amortissement des équipements : 50 000 F.
Stock moyen : 0,35 MF.
Pourcentage d'articles soldés / articles commandés : 40 %.

Le projet de M. Simah

Bien que la décision d'approvisionnement doive rester de son ressort, car nécessitant la prise en considération de critères non quantifiables, Claude Simah pense qu'il serait fortement aidé par un moyen précis d'observation des ventes, du fonctionnement des magasins. En étant libéré de ses principales tâches administratives, il pourrait, par ailleurs, se consacrer plus efficacement encore au suivi du marché.

A cet effet, il envisage de recourir à l'informatique, suite à sa visite du dernier SICOB, tout en étant conscient des limites financières de son entreprise pour un tel équipement.

Après une sérieuse réflexion, il a précisé comme suit ce que devrait lui apporter un tel système :

1. Une possibilité de saisie directe, au moins une fois par jour, des données relatives au fonctionnement de son commerce (approvisionnements, commandes, ventes...) ;

2. Une appréciation chiffrée des performances de chaque produit ou catégorie de produits. A cet effet, M. Simah a conçu un indice des ventes calculé à partir des chiffres enregistrés depuis le début de la saison de la façon suivante :

$$\frac{\text{Nombre d'articles vendus}}{\text{Nombre d'articles achetés}} \times 100$$

3. La possibilité de sélectionner les produits selon plusieurs critères agencés de façon variable :
   — numéro de code du produit (attribué par Claude Simah) ;
   — grande famille (pull, chemisier, jupe, robe, veste, costume, tailleur, divers autres) ;
   — matière (coton, laine, tergal, soie, nylon...) ;
   — façon (ex : croisé, droit... moins de 10 façons) ;
   — couleur (6 catégories) ;
   — prix de vente (avec possibilité de donner une fourchette de valeurs) ;
   — taille (10 tailles différentes).

Il est précisé que le nombre d'articles différents en stock est toujours inférieur à 300 (un article est un modèle de vêtement dans une taille et une couleur données).

4. L'indication du montant des commandes en cours pour une catégorie de produits choisie.

5. Le taux de marque réel pour les ventes, depuis le début de la saison, d'une catégorie de produits sélectionnés (ce taux illustre le rapport prix de vente / prix d'achat, il est en moyenne de deux pour les articles non soldés).
   Cette donnée sera utile pour :
   — éviter l'abus des ristournes par les vendeuses qui ont liberté d'accorder jusqu'à 10 % aux clients ;
   — affiner les taux de marque de base utilisés pour définir les prix.

6. La possibilité de balayer les commandes en cours, ou de les sélectionner par numéro (il n'y a jamais plus de 60 commandes en cours).

7. La différenciation des ventes de chaque magasin et l'établissement automatique, en fin de journée, du montant des caisses pour contrôle.

8. La confection des étiquettes des produits en rayon et l'établissement automatique des bons de commande aux fournisseurs selon les indications fournies à l'ordinateur.

Tous ces renseignements ne seront pas forcément mémorisés sur papier, mais devront pouvoir l'être à la demande, après un premier examen.

Les principaux regroupements d'informations de sortie envisagés par Claude Simah sont les suivants :

— **inventaire du jour,** donnant pour chaque produit sélectionné par les critères choisis : sa référence fournisseur, son numéro, le nom du fabricant, famille, façon, couleur, prix de vente, stock, entrées, sorties, indice de vente (ces quatre dernières informations pour chaque magasin puis globalement) ;
— **comparatif des taux de marque,** donnant en clair pour chaque produit sélectionné par les critères choisis : numéro, famille, façon, couleur, taux de base, taux pratiqué cette saison (par magasin, moyen) ;
— **listes des produits en commande,** précisant pour chaque produit : nom du fournisseur, référence fournisseur, numéro, famille, couleur, taille, quantité, numéro(s) de commande, dates commandes ;
— **commande** (à expédier, accessible ensuite depuis son numéro à la demande) ;
— **montant des commandes,** donnant pour une catégorie de produits sélectionnés le nombre total d'articles commandés et la somme correspondante ;
— **étiquettes des produits,** à réception de la marchandise, précisant coordonnées du magasin, numéro article, prix, famille, matière, façon, couleur et taille ;
— **montant en caisse** de chaque magasin, date.

Remarque : lors des sélections, il devra être possible de préciser «toutes catégories».

REGATES DE LA GRANDE-MOTTE

d'après un concours de recrutement de professeurs d'informatique

La Société des Régates de la Grande-Motte organise chaque année le challenge d'hiver de la baie d'Aigues-Mortes. Cette épreuve est courue en douze manches à raison d'une course tous les quinze jours, de fin septembre à fin mars.

En raison du succès grandissant de cette manifestation (150 bateaux-départ pour la saison 1978-1979), il est envisagé un traitement automatisé des données techniques qui s'y rapportent.

Extrait du règlement des régates :

A - **Les voiliers sont répartis** suivant leur type en treize classes différentes, chacune d'elles faisant l'objet d'un classement particulier.

B - Chaque voilier est affecté d'un **coefficient** (suivant ses caractéristiques particulières) qui intervient dans la détermination de son classement à chaque course (voir E).

C - Lors de chaque course, tous les voiliers suivent le même parcours mais sont «libérés» en **trois départs**, échelonnés de 10 minutes en 10 minutes :
— premier départ : classes 6, 7, 8, 11, 12 ;
— deuxième départ : classes 5, 10 ;
— troisième départ : classes 1, 2, 3, 4, 9, 13.

D - En cas de **faux départ**, le groupe de voiliers concerné bénéficie d'un nouveau départ (quatrième départ) donné 10 minutes après le troisième. On peut envisager de donner jusqu'à six départs successifs, si aucun des trois départs initiaux n'a pu être validé.

E - **Classement de la manche :** il se fait à partir du «temps compensé» de chaque voilier :

TEMPS COMPENSÉ = TEMPS REEL — (DISTANCE × COEFFICIENT)
— Temps réel : heure d'arrivée du voilier — heure de départ de son groupe ;
— Distance : longueur de la course, en milles marins ;
— Coefficient : nombre de secondes à ajouter ou à retrancher par mille parcouru.

Le classement se fait dans l'ordre croissant des temps compensés.

F - **Classement général du challenge**

a) Il s'élabore par cumul des points marqués à chaque course. Principe d'attribution des points : pour chaque course et à l'intérieur de chaque classe de voiliers :
— le premier marque 0 point ;
— le deuxième marque 3 points ;
— le troisième marque 5,7 points ;
— le quatrième marque 8 points ;
— le cinquième marque 10 points ;
— le sixième marque 11,7 points.

A partir du septième : nombre de points = numéro de place + 6.
Ex. : le septième marque 7 + 6 = 13 points ; le huitième marque 8 + 6 = 14 points, etc.

b) Tout voilier qui a abandonné marque un nombre de points égal au nombre de partants + 6.

c) Tout voilier disqualifié marque un nombre de points égal au nombre de partants + 6 + 10 %.

d) Tout voilier régulièrement inscrit mais qui n'a pas pris le départ, marque un nombre de points égal au nombre d'inscrits + 6.

e) Tout voilier non inscrit à la course mais connu au fichier, marque un nombre de points égal au nombre d'inscrits + 12.

f) Tout voilier inconnu au fichier est rejeté du classement.

Organisation matérielle des courses

Un secrétariat recueille, le matin de chaque course, les engagements :

a) Des concurrents nouveaux, qui doivent remplir une feuille d'inscription (annexe A) et qui sont portés sur la feuille de départ (annexe B).

b) Des concurrents qui ont déjà participé à une ou plusieurs courses, et qui sont simplement portés sur la feuille de départ.

Un comité de course juge chaque épreuve, au départ et à l'arrivée ; il a également pour fonctions de relever l'heure des trois départs et d'assurer le pointage chronométré des voiliers à l'arrivée, sur la feuille d'arrivée (annexe C).

Le soir de la course, le secrétariat relève sur la feuille d'arrivée, par rapprochement avec la feuille de départ et conformément aux décisions du comité de course, les abandons, les disqualifications, les non-partants.

Remarque : Toute modification, portant sur les données permanentes comme sur les données variables de chaque engagé, fait l'objet d'une feuille de modification (annexe D).

Solution automatisée

On utilisera un ordinateur équipé en particulier de disques magnétiques et de terminaux dont l'un, installé dans la capitainerie du port, est utilisé pour communiquer les données au système central.

1. Au début de chaque course, les feuilles d'inscriptions nouvelles permettent le renouvellement du fichier permanent « Inscrits » (annexe E).
2. La feuille d'arrivée permet la mise à jour du fichier « Inscrits », par enregistrement des résultats du jour.
3. Les feuilles de modifications permettent la mise à jour du fichier « Inscrits », par enregistrement des correctifs nécessaires.

Remarque : le renouvellement (1), ainsi que les mises à jour (2) et (3), sont subordonnés à des contrôles de vraisemblance portant sur :

a) l'attribution d'un numéro de bateau non encore utilisé ;
b) l'affectation à un numéro de classe existant ;
c) l'attribution d'un coefficient compris dans les limites possibles pour la classe à laquelle appartient le voilier.

Les anomalies constatées sont visualisées pour permettre leur correction immédiate.

4. Les résultats du jour sont enregistrés sur le fichier « Inscrits », à partir du fichier mouvement « Course » (annexe F).

5. Il y a lieu ensuite de réaliser et d'éditer le classement de la manche (annexe G); en sous-produit de ce traitement, il faut prévoir le cumul des points de chaque bateau en vue du classement général.

Observation : le fichier permanent «Classes» (annexe H), créé en début de saison, reçoit les données générales relatives au challenge, puis est voué, à l'occasion de chaque course, à recueillir les paramètres nécessaires aux différentes unités de traitement.

ANNEXE A

Feuille d'inscription

DATE : _ _ _ _ _ _ Nº COURSE : _ _ _ _ _	RESERVE INFORMATIQUE
CLASSE : _ _ _ _ _ _ _ _ _ _ _	└─┴─┘
Nº MATRICULE : _ _ _ _ _ _ _ _ _ _	└─┴─┴─┴─┘
SERIE (TYPE) : _ _ _ _ _ _ _ _ _ _	
COEFFICIENT : _ _ _ _ _ _ _ _ _ _	└─┘ └─┴─┴─┴─┘,└─┘
NOM BATEAU : _ _ _ _ _ _ _ _ _ _ _	
NOM PROPRIETAIRE : _ _ _ _ _ _ _ _ _ _ _	
ADRESSE : _	

ANNEXE B

Feuille de départ

DATE: _ _ _ _ _ _ _ _ _ _   N° COURSE: _ _ _ _ _ _ _ _   DISTANCE: _ _ _milles

HEURE DU 1er DEPART: _ _ _h_ _ _min_ _ _sec.   VALIDATION: _ _ _ _ _ $\begin{cases} \text{V si Valide} \\ \text{R si Rappei} \end{cases}$

2e DEPART: VALIDATION: _ _ _ _ _
3e DEPART: VALIDATION: _ _ _ _ _

Eventuellement $\begin{cases} \text{4}^e \text{ DEPART: VALIDATION: } \_\_\_\_\_ \\ \text{5}^e \text{ DEPART: VALIDATION: } \_\_\_\_\_ \\ \text{6}^e \text{ DEPART: VALIDATION: } \_\_\_\_\_ \end{cases}$

	CLASSE 1			CLASSE 2	
N° matricule	Décision (abandon, disqualification)	Code décision	N° matricule	Décision	Code décision

ANNEXE C

Feuille d'arrivée

DATE: _ _ _ _ _ _ _   N° COURSE: _ _ _ _ _ _ _

Rang	N° matriculé	Heure arrivée			Observations (infractions, réclamations...)
		H	Min	Sec	
1	_ _ _ _ _ _ _				_ _ _ _ _ _ _ _ _ _ _ _ _
2	_ _ _ _ _ _ _				_ _ _ _ _ _ _ _ _ _ _ _ _
3	_ _ _ _ _ _ _				_ _ _ _ _ _ _ _ _ _ _ _ _
4	_ _ _ _ _ _ _				_ _ _ _ _ _ _ _ _ _ _ _ _
5	_ _ _ _ _ _ _				_ _ _ _ _ _ _ _ _ _ _ _ _

ANNEXE D

Feuille de modification

TYPE DE MODIFICATION :

Entourer le code retenu

[1]	CHANGEMENT DE CLASSE
[2]	CHANGEMENT DE Nº MATRICULE
[3]	CHANGEMENT DE COEFFICIENT
[4]	CHANGEMENT DE NOM
[5]	CHANGEMENT DE TEMPS REEL

CONTENU ANTERIEUR DE L'ARTICLE	RUBRIQUE MODIFIEE
CLASSE	
Nº MATRICULE	
COEFFICIENT	
NOM BATEAU	
NOM PATRON	

TEMPS REEL	COURSE	Nº	1	h	min	sec	h	min	sec
"	"	"	2	h	min	sec	h	min	sec
"	"	"	3	h	min	sec	h	min	sec
"	"	"	4	h	min	sec	h	min	sec
"	"	"	5	h	min	sec	h	min	sec
"	"	"	6	h	min	sec	h	min	sec
"	"	"	7	h	min	sec	h	min	sec
"	"	"	8	h	min	sec	h	min	sec
"	"	"	9	h	min	sec	h	min	sec
"	"	"	10	h	min	sec	h	min	sec
"	"	"	11	h	min	sec	h	min	sec
"	"	"	12	h	min	sec	h	min	sec

ANNEXE E

Modèle d'article du fichier permanent «Inscrits»

Rubrique	Type	LG	Observations
Numéro de classe	NUM	2	Valeurs 01 à 13
Numéro matricule	NUM	4	Numéro du bateau
Coefficient	NUM	6	±, 3 entiers, 1 décimale
			(S 999 V 9).
Nom du bâteau	AN	20	
Nom du propriétaire	AN	20	
Adresse du propriétaire	AN	13	
Série de bâteau (type)	AN	15	
SOUS-ARTICLE COURSE :			Répété douze fois.
Code situation course	NUM	1	Valeurs ⎧ 1 : Classé
Heures	NUM	2	⎪ 2 : Abandon
Temps réel Minutes	NUM	2	⎨ 3 : Disqualification
Secondes	NUM	2	⎪ 4 : Non partant
			⎩ 5 : Non inscrit
Pénalité (% à appliquer au temps réel).	NUM	3 →	9 V 99
Heures	NUM	2	
Temps compensé Minutes	NUM	2	
Secondes	NUM	2	
Points de la course	NUM	3 →	99 V 9
Cumul des points du challenge	NUM	4 →	999 V 9

ANNEXE F

Modèle d'article du fichier mouvement «Course»

Rubrique	Type	LG	Observations
Numéro de course	NUM	2	Valeurs 01 à 12
Numéro matricule	NUM	4	
Code situation course	NUM	1	Voir «Inscrits»
Heures	NUM	2	
Heure d'arrivée Minutes	NUM	2	
Secondes	NUM	2	
Pénalité	NUM	3	Voir «Inscrits»

ANNEXE G

CHALLENGE D'HIVER DE LA BAIE D'AIGUES-MORTES 1978-1979
CLASSEMENT DE LA COURSE N° 3 (CLASSE HX)

Rang	Bateau	Nom du bateau	Propriétaire	Type de bateau	Coef.	Temps réel	T. compensé
1	7621	CHITANE	LAVAYSSE	BALTIC 39	— 10,0	3 56 00	4 01 20
2	7138	HANNIBAL	CASTANG	SHE 36	15,0	4 20 10	4 15 10
3	5905	KRISTEL	MIMRAN	SWAN 44	— 30,0	4 07 00	4 17 00
4	6248	FABULO	FABRE	CHANCE 37	5,0	4 19 00	4 17 20
5	7498	VAMOS	DURAND	NEPTUNE 99	20,0	4 24 35	4 17 55
6	1814	KOOSNE	BOUSCAREN	GIN FIZZ	15,0	4 28 15	4 23 15
7	13	LOGAMARINE	BOURRELY	NEPTUNE 99	20,0	4 30 40	4 24 00
8	583	ATARAXIE II	AURIOL	MELODY	20,0	4 39 40	4 33 00
9	6529	EVOLUTION	ORSSAUD	ROMANEE	10,0	4 40 25	4 37 05
10	20	POT D'HARENGS	PETIT	MELODY	20,0	4 46 10	4 39 30
11	81	TOPAZE	VIDAL	GIN FIZZ	15,0	4 49 20	4 44 20
12	92	ALINEA	CROUX	GIN FIZZ	15,0	4 50 50	4 45 50
13	7640	AIGLON	SUBRINI	JOUET 37	10,0	4 51 20	4 48 00
14	95	GRAAL	BRUNEL	GIB SEA 37	15,0	5 04 40	4 59 40

ANNEXE H

Modèle d'article du fichier permanent « Classes »

Rubrique	Type	LG	Observations
Numéro de classe	NUM	2	Valeurs 01 à 13
Numéro de départ	NUM	1	Valeurs { 1 : classes 6, 7, 8, 11, 12 / 2 : classes 5, 10 / 3 : classes 1, 2, 3, 4, 9, 13
Nom de la classe	AN	2	Valeurs : classe 1 : 1
Coefficient mini dans la classe	NUM	4 →	999 V 9
Coefficient maxi dans la classe	NUM	4 →	999 V 9
SOUS-ARTICLE COURSE (12 fois) :			classe 2 : 2 ... ... / classe 8 : 8 / classe 9 : HX / classe 10 : HO / classe 11 : HA / classe 12 : HB / classe 13 : K
Numéro de course	NUM	2	
Distance en milles marins	NUM	2	
Numéro de départ	NUM	1	Valeurs 1 à 6
Nombre d'inscrits	NUM	2	Valeurs 00 à 99
Nombre de partants	NUM	2	Valeurs 00 à 99
Heure de départ : Heures	NUM	2	
Minutes	NUM	2	
Secondes	NUM	2	

BOA

Le Bureau d'Organisation des Approvisionnements (BOA) assure l'approvisionnement en matières consommables et en pièces de rechange des services d'une administration répartis sur l'ensemble du territoire zizanien.

Son organisation actuelle est la suivante :

Direction centrale (DC) :

— dans la capitale ;
— mission : gestion du budget, répartition entre les DR rattachées et négociation des marchés importants ;
— à cet effet doit disposer : des consommations annuelles et mensuelles article par article de chaque DR, d'un historique de ces consommations sur cinq ans, d'un fichier général des fournisseurs et d'un descriptif succinct de chaque projet d'achat des DR dépassant un certain seuil.

Directions Régionales (DR) :

— au nombre de 30, réparties sur le territoire ;
— mission : gérer les stocks des UL et négocier les achats inférieurs à un seuil fixé par la DC et ne faisant pas l'objet d'un regroupement au niveau national ;
— à cet effet doit disposer : de la consommation mensuelle par produit des UL qui lui sont rattachées, sur douze mois (de 5 à 8 UL par DR), d'un fichier des fournisseurs régionaux, du seuil et des avis de marché groupé envoyés au fur et à mesure par la DC. Elle doit également disposer d'un fichier stock.

Unités locales (UL) :

— au nombre de 180, réparties dans chaque région ;
— mission : transmettre les demandes d'approvisionnement aux DR et effectuer les transports ;
— à cet effet elles disposent : d'un entrepôt dont le stock est géré par la DR, des demandes des utilisateurs qui leurs parviennent par téléphone ou courrier. Elles disposent par ailleurs des avis d'approvisionnement émis par les DR et des avis de cession entre entrepôts le cas échéant.

L'annexe A schématise ce fonctionnement.

L'annexe B fournit quelques données quantitatives.

L'annexe C décrit succinctement les propositions effectuées par trois fournisseurs informatiques suite à une consultation lancée par le BOA pour son équipement.

ANNEXE A

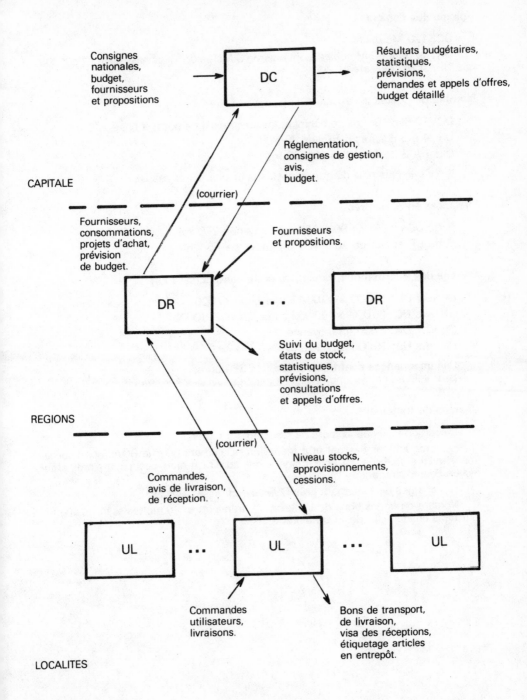

Consignes nationales, budget, fournisseurs et propositions

DC

Résultats budgétaires, statistiques, prévisions, demandes et appels d'offres, budget détaillé

Réglementation, consignes de gestion, avis, budget.

CAPITALE

(courrier)

Fournisseurs, consommations, projets d'achat, prévision de budget.

Fournisseurs et propositions.

DR   ...   DR

Suivi du budget, états de stock, statistiques, prévisions, consultations et appels d'offres.

REGIONS

(courrier)

Niveau stocks, approvisionnements, cessions.

Commandes, avis de livraison, de réception.

UL   ...   UL   ...   UL

Commandes utilisateurs, livraisons.

Bons de transport, de livraison, visa des réceptions, étiquetage articles en entrepôt.

LOCALITES

ANNEXE B

Volume des fichiers

DC : 120 Mc utiles.

DR : de 30 à 50 Mc utiles (dont environ 3 Mc de données nécessaires pour chaque UL : stock, utilisateurs...).

Nombre de postes de travail

DC : 12 dans un même bâtiment (distance maxi de poste à poste : 40 m).
DR : 4 à 6 distants d'au plus 30 m.
UL : 1 à 2 distants d'au plus 20 m.

Il n'y a jamais plus de quinze postes pour une DR et ses UL.

Distances entre centres

Entre DC et DR : de 90 à 550 km (moyenne 270 km).
Entre DR et UL : de 10 à 110 km (moyenne 65 km).

Volume des informations transmises entre centres (par jour)

UL vers DR : 10 000 à 30 000 c (moyenne 17 000).
DR vers DC : 60 000 à 190 000 c (moyenne 130 000).
DC vers DR : 3 000 en moyenne.
DR vers UL : 15 000 en moyenne.

Ces informations sont traitées dans les 36 heures.
Leur volume correspond environ à celui des saisies sur site émetteur.

Charges de traitement

Proportionnelles au nombre de caractères à traiter.

Les programmes devront être réalisés spécialement pour le BOA ; une application similaire réalisée au sein d'une autre administration occupe un ordinateur
moyen depuis cinq ans.

Les charges de traitement prévisibles seront assez stables.

Nombre de lignes bons de livraison, de transport et étiquettes établis chaque
jour dans chaque UL : de 1 000 à 1 200.

ANNEXE C

Solution 1

Ordinateur central à configuration doublée assurant une disponibilité du système de 99 % (en cas de panne de l'ordinateur de traitement, l'exploitation est «basculée» sur le second qui prend la relève en moins de 5 minutes).

Cette machine dispose, par ailleurs, de tous les équipements nécessaires pour gérer jusqu'à 500 terminaux clavier / écran avec des temps de réponse pouvant descendre à 5 secondes pour des transactions prioritaires.

Le matériel et le logiciel de base sont éprouvés et le service après-vente irréprochable.

Prix de l'équipement : 21 MF.

Coût d'exploitation annuel des lignes de transmission estimé : 900 000 F.

Solution 2

Equipement des DR et de la Direction centrale en mini-ordinateurs, les UL disposant de terminaux clavier / écran. Temps de réponse sur les terminaux : 2 à 7 secondes.

La société dispose de sérieuses références dans le domaine des réseaux et son réseau d'après-vente peut intervenir et dépanner chaque site dans un délai d'au plus 36 heures.

Prix de l'équipement : 23 MF.

Coût des lignes estimé, par an : 600 000 F.

Solution 3

Mini-ordinateurs à la DC et aux DR, les UL étant équipées de très petits systèmes reliés aux Directions Régionales et disposant des fichiers utiles localement.

Ces systèmes équipant les UL peuvent au choix être équipés de disques souples (capacité totale jusqu'à 4 Mc), ou de disques technologie «Winchester» (capacité totale jusqu'à 40 Mc selon le nombre d'unités de disque).

Les références de la société sont également sérieuses, ainsi que son réseau après-vente : délai de réparation de 36 heures pour les sites proches des agences (80 %), de 48 heures pour les autres.

Prix des équipements : 25 MF (avec 4 Mc sur disques souples) et 26 MF (avec 5 Mc sur disque «Winchester»).

Coût des lignes estimé, par an : 400 000 F.

Temps de réponse : 2 à 7 secondes pour les minis, de 4 à 10 secondes aux UL avec disques souples, de 3 à 7 secondes avec disques «Winchester».

ANNEXE 2

CORRIGES INDICATIFS
DES EXERCICES

Chapitre 100

100.1 *Suivi des abonnements EDF, GDF, PTT;*
Paye de votre entreprise;
Réservation SNCF;
Suivi des contrats d'assurance;
Localisation automatique des navires.

100.2 *Fait auquel il se rapporte (commande par exemple);*
Références du client concerné (notamment n° de compte client si de tels comptes existent);
Procédure à suivre.

100.3 *Par ordre:*

    — *qualitative (puissance fiscale);*
    — *quantitative (cylindrée);*
    — *qualitative (date limite);*
    — *quantitative (âge);*
    — *quantitative (jours);*
    — *qualitative (date de naissance).*

100.4 *Par ordre :*

- *analogique (compte-tours) ;*
- *langage (montre digitale) ;*
- *analogique (feux) ;*
- *langage (sommaire) ;*
- *langage (mot mémoire) ;*
- *analogique (voyant).*

100.5 *L'ancien numéro est-il présent ?*

Vérification de ce numéro :

- *répartition correcte des chiffres et des lettres (contrôle de forme) ;*
- *valeur du code département entre 1 et 97 (contrôle arithmétique) ;*
- *le numéro de département correspond-t-il à l'adresse (contrôle logique par redondance) ?*
- *le numéro existe-t-il au fichier des immatriculations (contrôle par rapprochement) ?*

Autres contrôles : signatures, etc.

100.6

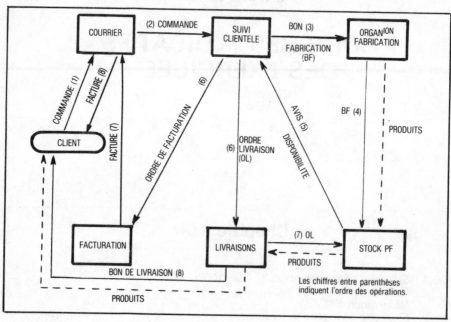

100.7 *Système astral, système métrique, système nerveux, système «D», système économique.*

100.8 *Fonctions fondamentales :*

- *acquisition (lecture des bons de commande, des fiches articles...) ;*
- *mémorisation (écritures sur le brouillon, éventuellement sur les fiches clients et articles) ;*
- *traitement (calcul des montants de la facture, totaux hors taxes, calcul de TVA, total TTC...) ;*
- *présentation (rédaction de la facture, mise sous enveloppe).*

Entrées: commandes.

Sorties: factures.

Les «règles» ou «instructions» que doit suivre l'employé sont dans leurs grandes lignes consignées dans son guide de tâche; leur détail, qui correspondrait à un éventuel programme d'ordinateur, pourrait être le suivant:

— *prendre une commande;*
— *lire la première ligne non traitée;*
— *rechercher dans les fiches articles celle qui correspond à cette ligne;*
— *l'article existe-t-il, est-il en stock?*
— *si non classer la commande en vue d'un examen spécial et passer à la suivante;*
— *si oui débiter la fiche de stock de la quantité commandée, relever le prix de l'article;*
— *rédiger la ligne facture;*
— *ligne commande suivante;*
    ...
— *la commande est épuisée, alors calculer les totaux;*
— *rechercher le client dans les fiches;*
— *y noter la commande, débiter le solde du compte client;*
— *porter l'adresse du client sur la facture;*
— *mettre sous enveloppe;*
— *courrier;*
— *passer à la commande suivante.*
    ...

Chapitre 101

101.1 *Le contenu d'un fichier est parfaitement caractérisé par la donnée des rubriques composant ses articles.*

101.2 *Les principales caractéristiques d'un fichier sont:*
— *son contenu (cf. 101.1);*
— *les accès qu'il doit autoriser;*
— *son volume (en nombre de caractères);*
— *la taille en nombre de caractères de ses articles;*
— *son indicatif.*

101.3 *Par ordre:*
— *fusion (mais attention, les deux entreprises auront certainement des fichiers définis de façons différentes, la fusion est alors impossible, il faut ramener préalablement les fichiers à une définition commune);*
— *éclatement;*
— *mise à jour, adjonction d'articles au fichier;*
— *consultation, pouvant être accompagnée d'un éclatement du fichier si l'on désire isoler les futurs retraités.*

101.4 *Les vendeuses ne peuvent connaître les codes clients et les clients ignoreront probablement souvent ce code: il sera donc ajouté par le service de gestion du fichier clients.*

Les autres éléments du code dossier peuvent par contre être déterminés par la vendeuse.
Globalement, le code sera articulé (descriptif), par exemple sur 16 caractères :

0	6	8	4	H	2	4	7	3	2	4	2	7	1	0	0

Mois/année   Rayon   Type   Zone   Code client
de vente

101.5 *Les numéros de postes peuvent être attribués, en partant du nombre total de lignes, proportionnellement à la répartition actuelle des accès au réseau.*
Il convient cependant d'arrondir les chiffres obtenus pour permettre une bonne clarté des numéros vis-à-vis de leurs possibilités.
0000 à 0999 : international.
1000 à 2999 : France.
3000 à 5999 : local.
6000 à 9999 : interne.

101.6 *Il est possible de coder ces deux informations sur deux positions numériques à l'aide d'un code combiné :*

Inscription	1	2	3	4	5	6	7	8	9	10	11	12	13	14	15
Association															
1	01	02	03	04	05	06	07	08	09	10	11	12	13	14	15
2	16	17	18	19	20	21	22	23	24	25	26	27	28	29	30
3	31	32	33	34	35	36	37	38	39	40	41	42	43	44	45
4	46	47	48	49	50	51	52	53	54	55	56	57	58	59	60
5	61	62	63	64	65	66	67	68	69	70	71	72	73	74	75

Ex. : association 2, inscription en septième position : code 22.

101.7 *Des codes mnémoniques sont souhaitables ; exemple :*

ED-PAYE (édition paye)
ED-STCK (édition stock)
ED-FCTR (édition facture)
ED-BLNN (édition bilan)
AT-MATR (attrib. matricule)

SA-CMND (saisie commandes).
ST-MENS (statistiques mensuelles).
ST-ANN (statistiques annuelles).
SV-FICH (sauvegarde fichiers).
ET-BUDG (établissement budget).

101.8 *Avec leur lettre de contrôle placée à gauche, les codes deviennent : D 234 G 007 R 453 M 679 R 476.*

Ce mode de calcul ne permet pas de détecter toutes les erreurs, puisque deux codes peuvent avoir la même clé de contrôle (en réalité il y en a même bien plus).

101.9 *La méthode consiste à affecter à chaque chiffre du code un poids calculé en fonction du rang « r » du chiffre dans le code (2^r).*

La somme des chiffres pondérés permet de calculer la clé.

Pour réduire le code : transformer les chiffres de contrôle en une lettre (cf. 101.8) par l'utilisation d'une table.

Reprise de l'exerce 101.8 : 03234 03007 03453 06679 06476.

Ce mode de calcul de clé ne permet pas de détecter toutes les erreurs, celles qui seront détectées seront différentes de celles détectées dans l'exercice 101.8.

Chapitre 102

102.1 *Principales critiques :*
- *rubriques en désordre (titre en bas, lieu de séjour sur deux lignes et mélangé avec la date et le prix, caractéristiques client séparées par celles de la location...) ;*
- *renvois compliqués (-1 - avec deuxième renvoi au verso par exemple) ;*
- *utilité de certaines rubriques douteuses (profession, employeur, prix minimum, prix...) : une enquête sera nécessaire auprès du syndicat pour savoir si l'on peut les supprimer ;*
- *adresse du syndicat non normalisé, zones mal dimensionnées.*

Exemple de présentation modifiée :

SYNDICAT D'INITIATIVE
3, rue des Ours, 06139 BEAUCHAMP

Demande de location
(à nous retourner remplie)

Demandeur :
NOM : .... Prénom : ....
Adresse : ....

Location recherchée :
Campagne ☐   Bord de mer ☐   Montagne ☐
(cocher la ou les cases de votre choix)
Dates : du .... au ....
Nombre de pièces : .... Nombre de personnes : ....
Prix souhaité : ....

102.2 *Cas «SA CARTON»*
- *Survol (résumé) : la SA CARTON fabrique et commercialise papier et carton sous diverses formes, grâce à 12 usines et 25 centres de vente. Les 2 300 produits vendus sur stock par l'intermédiaire de vendeuses sont entreposés dans les centres de vente. Les moyens de traiter l'information semblent inadaptés et les délais de livraison ne sont pas respectés.*
- *Domaine étudié : vente sur stock (seule activité décrite et posant problème dans le cas présenté). La gestion du stock ne sera pas, faute d'information, étudiée dans son ensemble.*

● *Description du poste «vendeuse»*:

FICHE DESCRIPTIVE DE POSTE

ACTIVITE: *vente sur stock.*
SERVICE:

ETABLI PAR: *Langlois.*
LE: *25 novembre 1984.*
FICHE: *EPO1 1/1.*

POSTE: *vendeuse.*
QUALIFICATION:
MISSIONS DU POSTE: *réception des commandes téléphoniques, ajustement négocié des commandes selon disponibilités, établissement des bons de commande (BC).*

INFORMATIONS, DOCUMENTS ET FICHIERS

Arrivant au poste	Conservés au poste	Emis par le poste
— *Commandes clients (téléphone).* — *En moyenne 2,8 produits par commande et 50 commandes par jour.* — *Etat stock et arrivages (sur demande, par téléphone).*	— *Dossier client, BC en un exemplaire.* — *Liste des substitions.* — *Cahier (brouillon).* — *Tarif.* — *Fichier clients.*	— *BC en quatre exemplaires (1 à 16 lignes par commande).*

ACTIVITES - TRAITEMENTS

1. Réception commande.
2 Détermination des disponibilités   }   *de 12" à 9'*
   des produits commandés.   *(moyenne 23")*
3. Négociation avec le client.
4. Etablissement BC (5 exemplaires, entre les appels téléphoniques).
5. Transmission des BC par courrier interne et archivage (un exemplaire).

OBSERVATIONS

Une information permanente de la vendeuse sur la disponibilité des produits serait souhaitable.

● *Diagramme de circulation :*

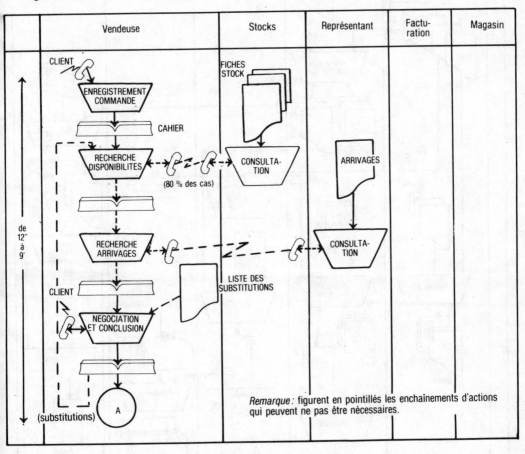

	Vendeuse	Stocks	Représentant	Factu-ration	Magasin

Remarque : figurent en pointillés les enchaînements d'actions qui peuvent ne pas être nécessaires.

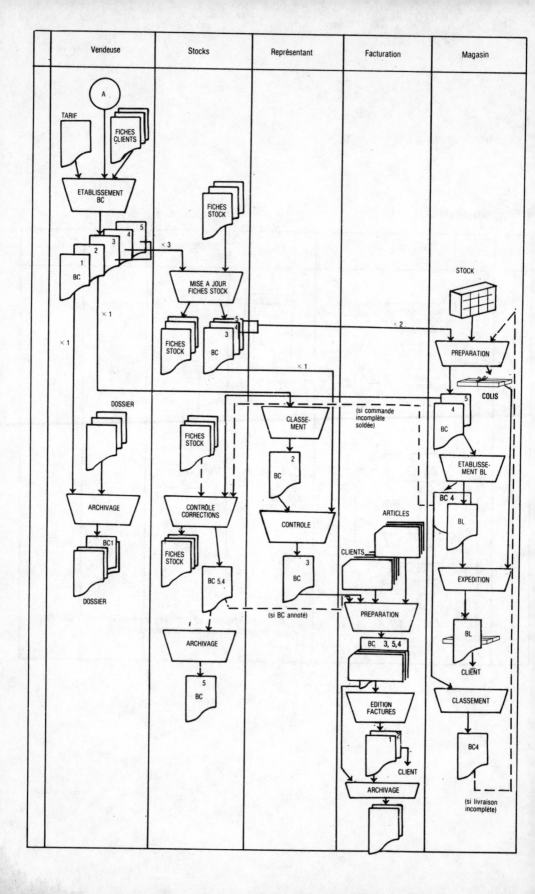

● *Critiques principales :*
— *niveau du stock mal connu lors de la prise de commande («mémoire» de la vendeuse ou service stock, dans les deux cas plusieurs vendeuses peuvent simultanément envisager de livrer les mêmes articles à des clients différents);*
— *décalage possible entre fiches stock et réalité du magasin, nécessité de corrections en ce cas;*
— *attente du client aléatoire, parfois longue (9');*
— *contrôles effectués par le représentant quelquefois inefficace (BC différents des BL quand le magasinier ne peut livrer toute la commande),*
— *complément des livraisons incomplètes à l'initiative du magasinier, sans contrôle ni intervention du représentant;*
— *nombreux archivages de BC, chacun risquant de contenir des informations différentes;*
— *facturation lourde, équipément démodé, de même pour la tenue des fiches de stock;*
— *cas des nouveaux clients non évoqué;*
— *pas de mémorisation des réservations sur arrivage.*

● *Rôle éventuel de l'ordinateur :*
— *fournir à la vendeuse toutes les informations dont elle a besoin, en temps réel, grâce à un terminal (niveau stock, arrivages, subsitutions);*
— *remplacer la facturière;*
— *enregistrement des commandes, éditions diverses (BC, BL), tenue à jour d'un fichier clients, information rapide des intéressés (représentant notamment).*

● *Codification des articles :*

P	3	7	2	3	0	S	A	4	P	E	R	V

P = papier   Sorte   Grammage   Qualité   Format   Couleur
E = emballage   (valeur)   (mnémonique)

Un livre des codes sera établi pour aider les vendeuses.

● *Dialogue vendeuse client : ce dialogue est souple (commande annoncée dans l'ordre choisi par le client) et probablement apprécié des clients; il sera donc conservé si possible. La vendeuse continuera à noter la commande sur papier dans un premier temps, pour la saisir ensuite sur son terminal et engager la négociation. Le cahier pourrait être remplacé par un formulaire simple, favorisant une saisie rapide de son contenu sur clavier.*

Chapitre 210

210.1 *L'informaticien a un rôle essentiellement technique et doit conseiller les utilisateurs dans son domaine de compétence: il ne prendra aucune décision mettant en jeu l'organisation des services utilisateurs.*

210.2 *Planning de principe (échelle approximative), en supposant que toutes les opérations sont présentes:*

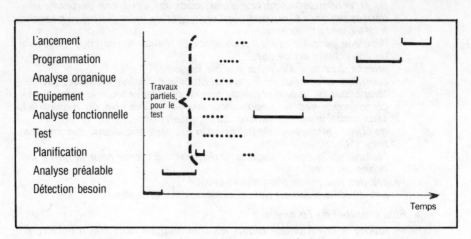

210.3 *Seul l'utilisateur peut juger qu'une application répond à son besoin.*

210.4 *Programmation claire, bien structurée, accompagnée de programmes bien documentés (voir chapitres 234 et suivants).*

210.5 *Avantages: bon historique du projet, passation des informations plus fiable d'une équipe à l'autre, moins de risques en cas de départ du personnel.*

Inconvénients: place occupée par les dossiers, aspect dissuasif des dossiers trop volumineux (ils seront rarement utilisés à 100 %), volume important des modifications à effectuer quand une caractéristique de l'application évolue (tous les dossiers devront être mis à jour).

Les dossiers seront donc complets et précis, mais en nombre aussi limité que possible, en évitant les répétitions et auront un volume réduit au maximum.

210.6 *L'informatique influera au moins sur la façon de travailler de certains postes de travail (ajout d'un terminal ou introduction de documents appropriés à la saisie des informations par exemple).*
Elle pourra introduire de nouvelles compétences dans l'organisation, voire un service informatique, ou sera l'occasion de modifier certaines procédures devenues inadaptées.
En général, l'informatique conduira donc à des modifications plus ou moins importantes de l'organisation existante.

Chapitre 211

211.1 *En reprenant le tableau (OUI pour correction possible par l'informatique):*

	Information erronée	Délais longs	Manque d'information
Masse d'informations supérieure aux moyens de traitement		OUI	
Masse variable		OUI	
Défaut des procédures de circulation	NON *a priori* (OUI si l'installation de terminaux peut résoudre le problème)	NON *a priori* (comme première colonne)	NON *a priori* (comme première colonne)
Défaut des procédures de traitement	NON (revoir les procédures)	OUI (si les procédures sont inadaptées au traitement manuel)	NON (revoir les procédures)
Présence d'informations inutiles		NON	
Manque de contrôles	NON *a priori* (OUI si l'informatique permet plus de contrôles)		
Trop de contrôles		NON *a priori* (OUI si les contrôles sont nécessaires et peuvent être automatiques)	
Manque de sources d'information			NON (rechercher de nouvelles sources)

211.2 *Cas «INTERINFO»*

- *Survol (résumé): le cas nous présente des besoins en informatique interne de la filiale d'un groupe industriel.*

  Ces besoins représentent des applications relativement modestes, spécifiques à l'entreprise, qui peuvent difficilement être pris en charge par l'informatique du siège et devront être satisfaits localement dans le cadre d'un budget limité (800 000 F).

- *Pourquoi contacter les services comptables? Le service du personnel?*

  Les premiers entretiens font apparaître que ces services interviennent dans les procédures actuelles (fourniture d'une liste du personnel au standard) ou sont concernés par des informations manipulées (code section).

- *Répertoire des besoins :*
  - *— explicites : annuaire complet pour le standard ; terminal pour gérer les emplacements de parking ; statistiques médicales ;*
  - *— implicites : unification de la codification des sections ; reprise de l'application «gestion technique du réseau téléphonique» ; suivi rapide des mouvements de personnel ; harmonisation des équipements informatiques.*

- *Points communs et globalisation : toutes ces applications gravitent autour de données sur le personnel de l'entreprise.*

  L'importance modeste de chacune risque de lui ôter tout intérêt économique (frais d'étude, d'équipement) ; la globalisation permettra d'absorber plus facilement les frais incompressibles de mise en œuvre.

- *Entretiens complémentaires et objectifs :*
  - *— Le Floch : possibilité de codification unique des sections ? Approfondissement de l'application actuelle et des besoins potentiels.*
  - *— Responsable comptable : est-il intéressé par une reprise de ses applications dans le cadre de l'étude en cours ?*
  - *— Chefs d'ateliers et secrétariats : analyse du problème posé par l'appel téléphonique de personnes n'ayant pas de postes ; dérangements occasionnés ?*
  - *— Services de surveillance : solution pour l'affectation rationnelle des parkings, examen des fiches actuelles ?*
  - *— Services médicaux : examen de dossiers médicaux, statistiques désirées ?*
  - *— Responsable du personnel : comment suivre rapidement les mouvements ?*
  - *— Siège : peut-on améliorer l'existant (annuaire) ? Le problème de l'UPL est-il généralisable à d'autres filiales ?*

Chapitre 212

212.1 *L'analyse critique précède toujours l'analyse informatique. Elle peut être une partie de l'étude d'organisation, le cas échéant et, à défaut, elle pourra succéder à cette étude d'organisation, ou encore s'y substituer si le domaine d'étude est limité.*

212.2 *La recherche des besoins est une étude rapide, assez superficielle : son but est de détecter un besoin potentiel d'informatique, de définir un domaine aussi vaste que possible d'automatisation.*

L'analyse critique est précise, approfondie, sélective : sa conclusion doit être sûre en ce qui concerne l'utilité de recourir à l'ordinateur ; elle restreint généralement le domaine établi lors de la recherche des besoins.

212.3 *Cas «SA CARTON»*

● *Critiques, à partir de la plus grave, et précision des causes réelles:*

Anomalies	Causes
Niveau du stock inconnu, gestion du stock imprécise.	Moyens de traitement inadaptés.
Compléments de livraison à l'initiative du magasinier.	Défaut de procédure.
Pas de réservation sur arrivage.	Défaut de procédure.
Autres: attente client, contrôles représentant, archivages...	Moyens de traitement et procédures inadaptés.

● *Diagnostic:*

Points forts (à conserver)	Point faibles (à revoir)
Enregistrement rapide de la commande client et négociation.	Voir les anomalies ci-dessus:
Personnalisation de la vente (clients attribués).	Méthode de mise à jour des fiches de stock, de facturation.
Principe d'utilisation des arrivages et substitution.	Mode d'information de la vendeuse sur stock, arrivage...
Etablissement (saisie) de la commande par la vendeuse (limite les erreurs).	Suivi des arrivages et de leur attribution.
	Complément des commandes à l'initiative du magasin.
	Efficacité incertaine des contrôles par le représentant.
	Incohérence des informations (BC) mémorisées aux différents postes.

Chapitre 213

213.1 *Cas «INTERINFO»*

● *Applications:*
   — *réseau téléphonique interne (annuaire standard et suivi technique);*
   — *gestion des codes de regroupement;*
   — *accidents du travail;*
   — *affectation des emplacements de parking.*

Ces applications seront supposées être développées conjointement, elles sont en partie complémentaires et utiliseront des fichiers communs (un fichier personnel par exemple); l'ensemble constitue un projet de gestion «intégrée» (à petite échelle dans ce cas).

● *Tableau économique et argument non chiffrables (en kF):*

Date : 28 novembre 1984

POSTES	ANNEES					
	X	X + 1	X + 2	X + 3	X + 4	TOTAL
A. COUTS ANCIEN SYSTEME :						
— Entretien	48	48	48	48	48	
— Maintenance applications	50	50	50	50	50	
TOTAL A	98	98	98	98	98	490
B. COUTS NOUVEAU SYSTEME :						
— Développements	300	—	—	—	—	
— Entretien	18	18	18	18	18	
— Maintenance applications	30	30	30	30	30	
— Equipement	400	—	—	—	—	
TOTAL B	748	48	48	48	48	940
C. GAINS ESCOMPTES :						
— Taxes PTT (10 %)	55	60,5	66,5	73,2	80,5	
— Personnel (2 h par jour .... sur 220 jours)	40 (environ)	40	40	40	40	
TOTAL C	95	100,5	106,5	113,2	120,5	535,7
RESULTAT A — B + C	— 555	+ 150,5	+ 156,5	+ 163,2	+ 170,5	
TOTAL						+ 85,7

Autres avantages :

— Remplacement d'équipements anciens (à changer probablement d'ici peu).
— Applications existantes bloquées (téléphone).
— Coût de mauvais fonctionnement, pertes de temps probablement croissants.
— Prévention des accidents de travail.

Remarquons que ce projet est compatible avec le budget autorisé pour l'année x (748 kF, soit moins de 800 kF).

Par prudence, nous n'avons pris en considération que les 2 heures perdues chaque jour au standard, les autres temps passés risquent d'être simplement transformés en heures d'utilisation de terminaux.

Dans ce cas, le gain Financier espéré à l'issue des cinq années est trop faible pour justifier à lui seul le projet : les avantages non chiffrables auront un grand poids dans la décision.

● *Diagramme des flux et fichiers:*

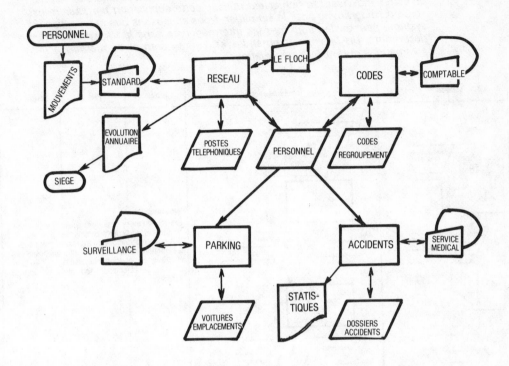

Dans cette solution, nous supposons donner au standard la responsabilité de répercuter les mises à jour fournies par le service du personnel dans le fichier partagé par les quatre applications.

De même, le service comptable met à jour dans ce fichier le code section de rattachement de chaque personne.

Les autres fichiers ne sont accessibles que par les services concernés.

213.2   Cas «SA CARTON»

● *Description de la solution proposée:*
— la vendeuse disposera d'un terminal lui fournissant, immédiatement après saisie de la commande, les informations permettant de négocier avec le client. Ce terminal sera utilisé tout au long de la négociation, durant laquelle la vendeuse saisira des informations complémentaires;
— quatre exemplaires de BC édités automatiquement pourront être conservés, à défaut d'installer des terminaux à tous les postes de travail, et pour éviter un changement trop radical des méthodes dans un premier temps;
— la mise à jour d'un fichier «stock» sera automatique, suite à la saisie des commandes par les vendeuses. Il devra en être de même lors de l'arrivée des articles au magasin; ce fichier reflétera alors précisément le contenu du magasin;
— la facturation sera automatique également, mais nous prévoyons un déclenchement des traitements correspondants par le responsable de la facturation.

● *Diagramme de circulation avec ordinateur (le service facturation n'a plus à préparer cette opération, mais reste responsable de son déclenchement et de son déroulement). La gestion des stocks n'intervient plus lors de la prise de commande (seul le fichier est utilisé), cette application particulière est sortie du diagramme pour le simplifier. Nous supposons que la précision du système permet de supprimer les intermédiaires dans la transmission des documents. Un fichier «commandes en cours» permet de mémoriser les commandes durant leur négociation :*

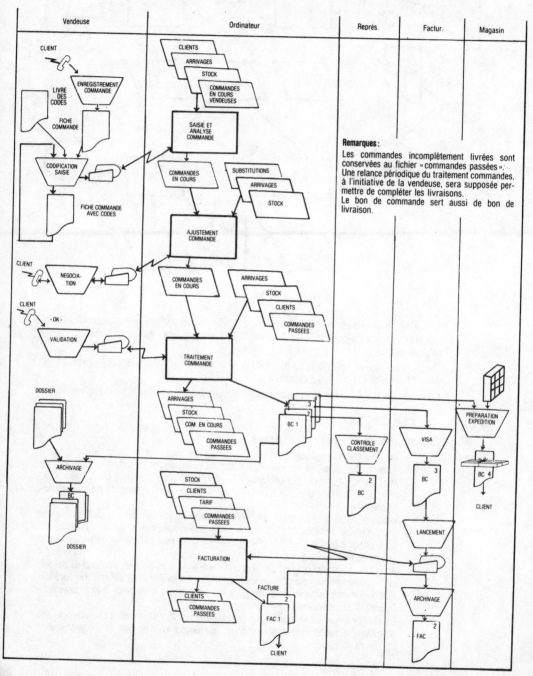

Remarques :

Les commandes incomplètement livrées sont conservées au fichier «commandes passées».
Une relance périodique du traitement commandes, à l'initiative de la vendeuse, sera supposée permettre de compléter les livraisons.
Le bon de commande sert aussi de bon de livraison.

Chapitre 214

214.1 *Le comité effectue une synthèse des différents besoins et des différentes contraintes de l'organisation, il définit des priorités et une politique informatique d'ensemble.*

Le plan est la traduction de ces priorités, concrètement, dans le temps; il permet d'écouler la charge des développements informatiques dans de bonnes conditions.

214.2 *L'informatique existe pour les utilisateurs, il est normal qu'ils participent à la définition de la politique informatique de l'organisation, sans exclusive.*

214.3 *Cas «SOMECACE»*

● *Survol: la SOMECACE (fabrications mécaniques) envisage l'utilisation de son ordinateur, assez peu employé, pour gérer sa production qui est très standardisée.*

Les problèmes rencontrés actuellement sont pour l'essentiel une mauvaise maîtrise des délais, des erreurs de planification de la production et une connaissance imprécise des charges des usines.

● *Applications:*
   — *gestion des gammes de production (produit par produit, un catalogue général pourrait être obtenu en sous-produit de cette application);*
   — *planification (planning de fabrication et suivi des charges);*
   — *gestion des stocks et des approvisionnements nécessaires à la production;*
   — *suivi des commandes clients (pour contrôler et maîtriser les délais résultant des applications précédentes).*

Ces applications sont complémentaires, la gestion des gammes par exemple est nécessaire pour planifier la fabrication des produits dans les ateliers en fonction des tâches que cela représente.

● *Ordre logique de mise en œuvre: il correspond à l'ordre de citation des applications dans la question précédente. La planification est nécessaire pour prévoir les approvisionnements et les trois premières applications doivent être opérationnelles pour justifier un suivi des commandes qui jauge l'efficacité du système.*

● *Planning:*

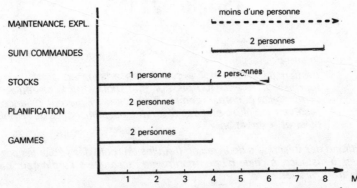

Les deux applications «gammes» et «planification» peuvent être utilisées dès le quatrième mois. Le personnel disponible est alors suffisant pour leur exploitation et leur maintenance (1 personne).

Chapitre 220

220.1 *Approche par les fichiers:*
Utilité des informations contenues dans les fichiers?
             → *règles*
Produits des traitements, des règles?
             → *sorties*
Informations nécessaires en plus des fichiers?
             →*entrées*
Comment replacer l'ensemble dans l'organisation?
             → *insertion, fonctions réalisées*

220.2 *L'étude d'opportunité fournit des critiques et des avant-projets de solution peu détaillés; l'analyse fonctionnelle décrit avec précision les solutions informatiques présentées, sans rien omettre de ce qui représente les points de contact organisation-informatique.*

220.3 *Par ordre:*
             — *oui (travaux administratifs);*
             — *oui (entrées et sorties);*
             — *non (programmes);*
             — *oui (règles de décision);*
             — *oui (mode de diffusion);*
             — *oui (fichiers);*
             — *non (supports des fichiers);*
             — *non (description au caractère près).*

220.4 *Anticipent sur l'analyse fonctionnelle: la citation de certains documents d'entrée ou de sortie, des principaux fichiers, les liaisons entre éléments de l'organisation grâce à l'informatique.*

Chapitre 221

221.1 *Unités de sortie:*
             — *gestion de stock: état imprimé des articles en stock, commande fournisseur, relance fournisseur, statistiques sur le niveau du stock;*
             — *comptabilité générale: compte d'exploitation, journal, balance, bilan;*
             — *réservation SNCF: état des réservations, statistiques de remplissage, billet et réservation.*

221.2 *Edition des descriptifs de livraison (feuilles de route des véhicules par exemple), à distance, à l'aide d'une imprimante raccordée à l'ordinateur par ligne de transmission.*

221.3 Cas « SOGECODIAL »

● Documents de sortie et fréquences d'obtention:
— selon le texte et ses annexes, tous les 15 jours: état des stocks; factures; journal des ventes; situation client; états de ventilation et des commissions. S'y ajoutent le barême des commissions (par exemple tous les six mois, car il doit être assez stable) et le relevé annuel client;
— une réflexion plus approfondie sur le cas pourrait nous amener à définir d'autres sorties, par exemple un catalogue destiné aux représentants tous les six mois, des avis de modification du catalogue chaque jour, des commandes de réapprovisionnement du stock chaque quinzaine et l'édition quotidienne de bons de livraison.

● Etat de ventilation du chiffre d'affaires:

DESCRIPTIF D'UNITE DE SORTIE

APPLICATION: *Suivi des ventes*   ETABLI PAR: *Emile*
PROJET: *Gestion des ventes*   LE: *28 novembre 1984*   PAGE: *1/1*

DESIGNATION: *Etat de ventilation CA*   CODE: *VCA 01*
                par représentant

CARACTERISTIQUES	CONTENU				
	Mnémo.	Désignation	Type	Long.	Obs.
MODE DE SORTIE:					
— Papier - 2 exemplaires					
	CATCLI	*Catégorie client*	*N*	*1*	} *dans le*
FREQUENCE:	*FAMAR*	*Famille d'articles*	*N*	*2*	} *cadre*
— 1 par quinzaine	*NORD*	*N° d'ordre quinzaine*	*N*	*2*	
VOLUMES	*RNOM*	*Nom représentant*	*AN*	*25*	
— 45 lignes par état	*RMAT*	*Matricule représentant*	*N*	*4*	
— 60 états par édition	*TITRE*	*Titre de l'état*	*AN*	*58*	*maximum*
— 2 700 lignes au total	*TOTCAT*	*Total catégorie client*	*N*	*10*	*7 fois*
	TOTFAM	*Total famille articles*	*N*	*10*	*18 fois*
DESTINATIONS	*TOTGEN*	*Total général*	*N*	*10*	
— Directeur des ventes	*VTCA*	*Ventes client/article*	*N*	*8*	*126 fois*
— Représentant					

REMARQUES: *Edité sur papier listing standard en liasse double carbonée. Totaux et ventes comporteront deux décimales.*

Ici, le titre est une variable utilisée par un traitement d'édition qui sera probablement commun pour les trois documents de présentation similaire: état des commissions — état de ventilation — barême.
Cette particularité notée par l'analyste sera précisée, le cas échéant, lors de l'analyse organique.

● Volume des impressions (en se limitant au texte du cas):
— Etat stock, environ 6 600 l/mois: 2 états, 3 000 articles et en-tête;
— Factures, environ 198 000 l/m: 600 × 22 jours ouvrables × 15 lignes

environ imprimées par facture, en supposant un cadre préimprimé et 4 à 5 articles par facture ;
— *Journal des ventes, 13 200 l/m : une ligne par facture environ ;*
— *Situation client, 13 200 l/m : une ligne par client + 10 % d'en-tête et présentation, 2 états ;*
— *Etats ventilation et commissions : 10 800 l/m : 2 états de chaque ;*
— *Autres : négligeable.*
— *TOTAL MENSUEL : environ 241 800 lignes, soit 6 à 7 heures de fonctionnement de l'imprimante qui semble donc « a priori » assez performante.*

221.4 *Ce catalogue facilitera la recherche des unités de sortie concernées par une modification.*

Chapitre 222

222.1 *Prime d'ancienneté :*

Age	—	—	—	≥ 30	< 30	≥ 40	< 40 / ≥ 30
Ancienneté	< 1	≥ 1	> 1 / < 4	≥ 4 / < 6	≥ 4	≥ 6	≥ 6
Cadre	—	N	O	O	O	O	O
Prime = 5 % salaire mensuel (SM).	×						
Prime : 20 % SM		×	×		×		
Prime : 30 % SM				×			×
Prime : 40 % SM						×	

Il serait possible de tracer deux tables de décision complémentaires : une table « cas général » et une table « cadre » à laquelle la première renverrait, ou de faire apparaître les deux conditions d'âge dans la souche (≥ 30 et ≥ 40).

222.2

PIC ou PEL	O	N	N
Inférieur à 50 000	—	O	N
Enregistrement par employé	×	×	×
Dossier établi par l'employé	×	×	
Dossier établi par la Direction			×
Visa directeur et décision	×	×	×

Chapitre 223

223.1 *Des applications intégrées ayant des données communes, les différents descriptifs risquent de contenir des informations identiques mais repérées par des noms mnémoniques ou des désignations différentes, car ils sont établis indépendamment pour chaque application.*
Une synthèse doit donc être effectuée pour clarifier cette situation ; elle pourra conduire à l'harmonisation des données et à l'établissement d'un catalogue général des informations utilisées, ou d'un catalogue des informations communes.

223.2 *Le système des feuillets de commande préimprimés est inadapté, en raison de son volume (donc de son coût et de la lourdeur de son utilisation), et en raison des fréquentes modifications d'articles conduisant à des réimpressions continuelles des bons de commande.*

Une solution serait d'éditer périodiquement un catalogue, d'imprimer plus souvent ses modificatifs, et de ne noter sur le bon de commande standard que les articles désirés par le client.

223.3   *Cas «SA CARTON»*

• *Esquisse du bon de commande - bon de livraison :*

SA CARTON	**COMMANDE**			
xxxxxxxxxx				
xxxxxxx	de	(nom - adresse client)		

N° vendeuse : ....
N° client : ....
Commande n° : ....   En date du : ....

Désignation	Code art.	Quantité commandée	Quantité livrée	Délai demandé
	(prévoir 16 lignes)			

Mode de paiement : ....   Date d'expédition : ....

• *Approche la mieux adaptée : ici, les sorties finales (BC) ne reflètent qu'incomplètement les traitements effectués et les données qui leur sont nécessaires. L'approche sera donc plutôt celle des traitements, des entrées ou des fichiers. Tous ces éléments sont très interdépendants durant le processus de prise de commande et de négociation, leur étude se fera donc conjointement : les fichiers utilisés commandent les traitements possibles, à l'inverse, les traitements nécessaires pour répondre aux «entrées» fournies par le client imposent certains fichiers, de même les sorties provisoires en cours de négociation.*

● *Fiche de saisie :*

FICHE COMMANDE		Client : N° :								
Annonce client	Délai	Qté	Code							
			P/E	Sorte	Gram.	Q	Format		Coul.	
(prévoir 8 lignes)										

La vendeuse notera la commande du client dans un premier temps, comme sur son cahier, dans la partie gauche de la fiche. Elle procédera ensuite au codage des articles dans la partie droite du document, avant de saisir la commande sur terminal et de la négocier.

Chapitre 224

224.1 *Par ordre :*
- *permanent (clients) ;*
- *permanent (fournisseurs) ;*
- *temporaire (commandes) ;*
- *temporaire (embauches) ;*
- *permanent (automobiles) ;*
- *permanent (emprunts) ;*
- *permanent (personnel) ;*
- *permanent (immeubles) ;*
- *permanent (contrats) ;*
- *temporaire (charges) ;*
- *permanent (salaires) ;*
- *temporaire (bulletins).*

Notons que des fichiers tels «commandes», «embauches» sont de plus des fichiers mouvements (ils permettent de mettre à jour des fichiers permanents, par exemple un fichier «stock» ou un fichier «personnel»).

224.2 *Chaque article logique contient 103 caractères (somme des longueurs de chaque rubrique le constituant), et ce fichier est supposé recevoir de 300 à 600 articles, avec une moyenne de 400.*

Les volumes correspondants sont donc établis en nombre de caractères par les calculs :
- *$103 \times 300 = 30\,900$;*
- *$103 \times 400 = 41\,200$ (moyenne) ;*
- *$103 \times 600 = 61\,800$ (maximum, dans 2 ans).*

224.3 *La grille des informations permettra de repérer rapidement toutes les unités d'entrée, de sortie, et tous les fichiers fonctionnels contenant une information donnée.*

Ceci peut être utile quand une rubrique doit être redéfinie (taille, nature) lors de la vie d'une application, les éléments modifiés sont alors de suite connus.

224.4 Cas «SOGECODIAL»

● *Descriptif du fichier «stock» en se limitant aux données explicites du texte : ce fichier permanent contient des informations signalétiques de valeur stable (n° article, désignation article, seuil et quantité de réapprovisionnement), et une information de situation dont la valeur change fréquemment (quantité en stock).*

DESCRIPTIF DE FICHIER LOGIQUE

APPLICATION : *Suivi des ventes.*　　　　　ETABLI PAR : *Emile.*
PROJET : *Gestion des ventes.*　　　　　　LE : *28 novembre 1984.*　　　PAGE : *1/1.*

FICHIER : *Stock*　　　CODE : *STK*　　　INDICATIF : *N° article*　　PAGE : *1/1*

CARACTERISTIQUES	CONTENU				
	Nom	Désignation	Type	Lon.	Observations
UTILISATION :					
— ajouts, suppressions d'articles : chaque jour, autres opérations chaque quinzaine.	DART	Désignation article	AN	25	
	NART	Numéro d'article	N	5	(2 caractères famille et 3 caractères n°) Indicatif.
VOLUME :					
— article = 44 caractères ;					
— fichier = 132 000 caractères.	QST	Quantité en stock	N	5	Disponible.
	QECO	Quantité économique	N	3	
ACCES :	SEUIL	Seuil de réapprovisionnement	N	5	
— direct (ajouts, suppressions) ;	SUP	Indicateur de suppression du catalogue	N	1	
— séquentiel pour traitements chaque quinzaine.					0 = supprimé. 1 = au catalogue.
SECURITES :					
Recopie de sauvegarde quotidienne du fichier.					

REMARQUES : *QST donne la quantité à un moment donné. Les quantités commandées et livrées pour une période, mémorisées par ailleurs, permettent les calculs (taux d'acceptation, stock final...).*

● *Principaux fichiers utilisés :*
　　— *tarif ;*
　　— *stock ;*
　　— *clients (n°, adresse, nom, compte...) ;*
　　— *représentants (matricule, nom, secteur...) ;*
　　— *barème des commissions (table) ;*
　　— *commandes ;*
　　— *factures.*

Les fichiers factures et commandes sont temporaires ; ils seront étudiés en détail lors de l'analyse organique et pourraient, par exemple, être réunis en un seul fichier où un article décrirait une ligne de commande et la ligne facture correspondante.

Un fichier «Fournisseurs» pourrait compléter cette liste qui est strictement induite par le texte du cas.

●*Grille des informations :*

<table>
<tr><td colspan="11" align="center">**GRILLE DES INFORMATIONS**</td></tr>
<tr><td colspan="5">APPLICATION : *Suivi des ventes.*
PROJET : *Gestion des ventes.*</td><td colspan="4">ETABLI PAR : *Emile.*
LE : *28 novembre 1984.*</td><td colspan="2">PAGE : *1/1.*</td></tr>
<tr><td rowspan="3">RUBRIQUE</td><td rowspan="3">MNEMO</td><td colspan="9" align="center">ENSEMBLES D'INFORMATIONS</td><td rowspan="3">OBSERVATIONS</td></tr>
<tr><td colspan="3" align="center">Entrées</td><td colspan="3" align="center">Fichiers</td><td colspan="3" align="center">Sorties</td></tr>
<tr><td>—</td><td>—</td><td>—</td><td>STK</td><td>—</td><td>—</td><td>VCA-01</td><td>—</td><td>—</td></tr>
<tr><td>Catégorie client ....</td><td>CATCLI</td><td></td><td></td><td></td><td></td><td></td><td></td><td>×</td><td></td><td></td><td></td></tr>
<tr><td>Désignation article ....</td><td>DART</td><td></td><td></td><td></td><td>×</td><td></td><td></td><td></td><td></td><td></td><td></td></tr>
<tr><td>Famille d'articles ....</td><td>FAMAR</td><td></td><td></td><td></td><td></td><td></td><td></td><td>×</td><td></td><td></td><td>apparaît dans NART</td></tr>
<tr><td>Numéro d'article ....</td><td>NART</td><td></td><td></td><td></td><td>×</td><td></td><td></td><td></td><td></td><td></td><td></td></tr>
<tr><td>N° d'ordre quinzaine ....</td><td>NORD</td><td></td><td></td><td></td><td></td><td></td><td></td><td>×</td><td></td><td></td><td></td></tr>
<tr><td>Quantité en stock ....</td><td>QST</td><td></td><td></td><td></td><td>×</td><td></td><td></td><td></td><td></td><td></td><td></td></tr>
<tr><td>Quantité économique ....</td><td>QECO</td><td></td><td></td><td></td><td>×</td><td></td><td></td><td></td><td></td><td></td><td></td></tr>
<tr><td>Nom représentant ....</td><td>RNOM</td><td></td><td></td><td></td><td></td><td></td><td></td><td>×</td><td></td><td></td><td></td></tr>
<tr><td>Matricule représentant ....</td><td>RMAT</td><td></td><td></td><td></td><td></td><td></td><td></td><td>×</td><td></td><td></td><td></td></tr>
<tr><td>Seuil de réapprovisionnement ...</td><td>SEUIL</td><td></td><td></td><td></td><td>×</td><td></td><td></td><td></td><td></td><td></td><td></td></tr>
<tr><td>Indicateur suppression ....</td><td>SUP</td><td></td><td></td><td></td><td>×</td><td></td><td></td><td></td><td></td><td></td><td></td></tr>
<tr><td>Titre de l'état ....</td><td>TITRE</td><td></td><td></td><td></td><td></td><td></td><td></td><td>×</td><td></td><td></td><td></td></tr>
<tr><td>Total catégorie client ....</td><td>TOTCAT</td><td></td><td></td><td></td><td></td><td></td><td></td><td>×</td><td></td><td></td><td></td></tr>
<tr><td>Total famille articles ....</td><td>TOTFAM</td><td></td><td></td><td></td><td></td><td></td><td></td><td>×</td><td></td><td></td><td></td></tr>
<tr><td>Total général ....</td><td>TOTGEN</td><td></td><td></td><td></td><td></td><td></td><td></td><td>×</td><td></td><td></td><td></td></tr>
<tr><td>Ventes client/article ....</td><td>VTCA</td><td></td><td></td><td></td><td></td><td></td><td></td><td>×</td><td></td><td></td><td></td></tr>
</table>

224.5 *Cas « EMMANUEL SAND »*

● *Survol, caractéristiques de l'entreprise : il s'agit d'une très petite entreprise commerciale devant s'adapter rapidement au marché. Son équipement informatique devra être parfaitement adapté économiquement et s'intégrer aux activités quotidiennes des employés et de Claude Simah avec une grande souplesse.*

● *Type de solution : micro-ordinateur monoposte avec unité de disque et imprimante, installé au centre commercial. Des développements informatiques seront probablement inévitables, le projet de Claude Simah étant très précis et très particulier (absence de programmes standard d'application).*

● *Modalités de saisie : les saisies pourront être effectuées par Claude Simah et surtout par la vendeuse itinérante en ce qui concerne les données quotidiennes relatives à chaque magasin. Des étiquettes bien conçues, conservées et annotées par les vendeuses lors des ventes, pourraient en particulier permettre la collecte des informations correspondantes.*

● *Fichiers permanents et tables :*
— *fichier « produits » ;*
— *fichier « fournisseurs » ;*
— *diverses tables donnant les libellés correspondant à des codes représentatifs des types d'articles (famille, matière, façon, couleur) ou des magasins. La taille, déjà représentée par une donnée succincte, ne sera pas de nouveau codée.*

●*Descriptif du fichier «produits»:*

DESCRIPTIF DE FICHIER LOGIQUE

APPLICATION: *Boutique.*   ETABLI PAR: *Simah.*
PROJET: LE: *10 décembre 1982.*   PAGE: *1/1.*

FICHIER: *Produits*   CODE: *PROD*   INDICATIF: *N° article.*

CARACTERISTIQUES	CONTENU				
UTILISATION:	Nom	Désignation	Type	Lon.	Observations
— *création annuelle;*					
— *mises à jour chaque jour.*	*CFAM*	*Code famille*	*A*	*2*	
	CFAC	*Code façon*	*A*	*2*	
VOLUME:	*CCOUL*	*Code couleur*	*A*	*1*	*Voir tables*
— *article = 113 caractères;*	*CMAT*	*Code matière*	*N*	*2*	*de codage.*
— *fichier = 300 produits,*	*CFOUR*	*Code fournisseur*	*N*	*3*	
soit 33 900 caractères.	*NART*	*Numéro article*	*N*	*3*	*Indicatif.*
ACCES:	*TAIL*	*Taille*	*N*	*2*	
Direct sur clavier-écran	*PRIX*	*Prix de vente TTC*	*N*	*6*	*Dont 2 décimales.*
	RFOUR	*Référence fournisseur*	*AN*	*10*	
SECURITES:	*NFAB*	*Nom fabriquant*	*AN*	*20*	
Copie de sauvegarde quoti-	*CE*	*Cumul entrées (quantités)*	*N*	*4*	
dienne du fichier.	*CS*	*Cumul sorties (quantités)*	*N*	*4*	*2 fois*
	MAG	*Code magasin*	*N*	*1*	*(une*
	QST	*Quantité en stock*	*N*	*3*	*fois par*
	TAUX	*Taux de marque de base*	*N*	*3*	*2 décimales* *magasin).*
	VTA	*Valeur totale achats*	*N*	*8*	"
	VTV	*Valeur totale ventes*	*N*	*8*	"

REMARQUES: *Les cumuls VTA et VTV permettent le calcul des taux de manque réels. Un article est créé au fichier pour chaque taille et couleur d'un même modèle (les numéros NART sont attribués en conséquence).*

Chapitre 225

225.1   *UF1: «saisie des ordres»; découpage par fonction de traitement.*

UF2: «prise en compte clients», ce libellé correspond à une fonction de gestion; l'UF2 réalise cependant, sur le plan technique, une fonction de traitement («mise à jour du fichier clients»). Le découpage utilisé n'est donc pas nettement différencié.

UF3: «service des commandes», fonction de gestion.

UF4: «préparation comptable», fonction de traitement.

225.2 *Cas «SOGECODIAL»*

●*Les terminaux clavier-écran seront utilisés pour saisir les documents de base (fiches nouveaux clients, bons de commandes, avis de règlements notamment). Cette saisie sera centralisée au service informatique.*

●*Organigramme fonctionnel:*

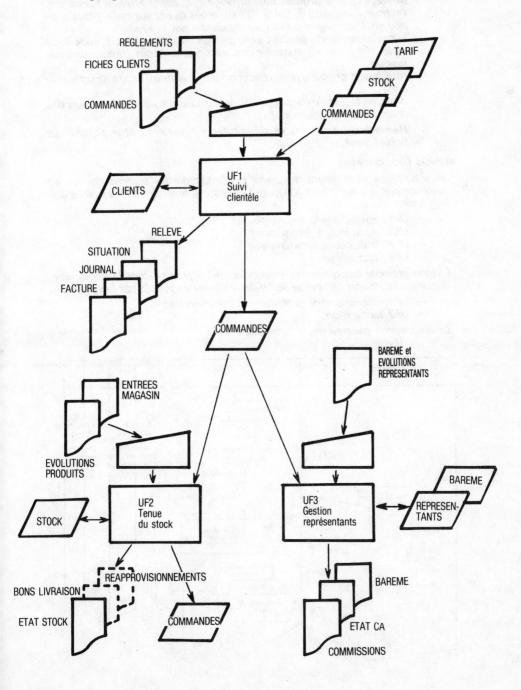

225.3 *Cas «SA CARTON»*

● *Fichiers et tables (les indicatifs sont en caractères gras):*

— *Clients (**n° client**, nom, adresse, solde du compte, cumul achats...), accès direct sur numéro;*

— *stock (**code produit**, désignation, quantité en stock, code fournisseur...), accès direct sur code;*

— *arrivages (**code produit**, date arrivage 1, quantité arrivant 1, quantité retenue 1, ..., date 6, QA 6, QR 6), accès direct sur code. Nous supposons 6 arrivages prévus au maximum par produit.*

— *substitution (**code produit**, code produit de substitution 1, code 2, ..., code 10) pour 10 substitutions maximum. Accès direct sur code produit;*

— *tarif (**code produit**, prix, réduction par quantité), accès direct sur le code;*

— *diverses tables de décodage donnant en clair les caractéristiques des produits (sorte, couleur...).*

Remarque: arrivages et substitutions pourraient être intégrés au fichier stock.

● *Unités fonctionnelles:*

Nous pouvons simplement reprendre le découpage des traitements mis en évidence par le diagramme où figure l'ordinateur (exercice 213.2). Nous distinguerons alors:

— *UF1: saisie, analyse commande;*

— *UF2: ajustement commande;*

— *UF3: traitement commande;*

— *UF4: facturation.*

L'organigramme fonctionnel correspondant est déjà tracé dans le diagramme. Variante: regrouper en une seule UF les traitements pilotés par la vendeuse:

— *UF1 établissement et traitement commandes;*

— *UF2 facturation.*

Le diagramme pourrait alors commencer par:

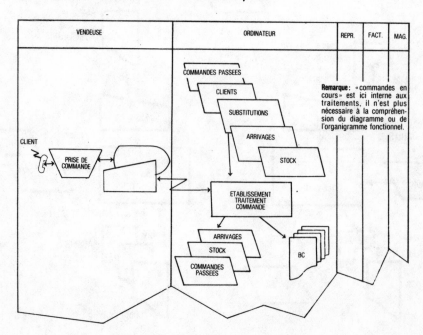

Remarque: «commandes en cours» est ici interne aux traitements, il n'est plus nécessaire à la compréhension du diagramme ou de l'organigramme fonctionnel.

Chapitre 226

226.1 *Il faut distinguer le cas d'une démonstration standard, reposant sur un logiciel et un matériel disponibles, et le cas d'une démonstration spécifique nécessitant quelques développements selon des spécifications généralement fournies par le client.*

Dans le premier cas, l'absence de démonstration sera due essentiellement au fournisseur, et les raisons possibles lui seront défavorables : désintérêt pour l'affaire concernée, absence de systèmes disponibles ou en état de marche.

Dans le second cas, il peut s'agir simplement d'un manque de temps, de personnel qualifié pour réaliser une application, d'une charge estimée trop importante de l'opération. Le jugement du client pourra donc être moins sévère. Il devra en tous cas éviter de spécifier des démonstrations trop lourdes.

226.2 *Informaticien : aspects techniques (fonctionnement interne, fiabilité, adaptation...).*

Utilisateur : aspects fonctionnels (encombrement, ergonomie, facilité d'utilisation...).

226.3 *Cas « SA CARTON »*

● *Sommaire du cahier des charges, application :*
— *présentation de l'application, des services concernés ;*
— *description des fonctions à réaliser au poste vendeuse ;*
— *description de la fonction facturation ;*
— *diagramme ;*
— *liste des documents utilisés ;*
— *temps de réponse souhaités sur terminal, type de dialogue, volumes d'informations à traiter et à mémoriser.*

● *Sommaire du cahier des charges fournisseurs :*
— *présentation de la société et de l'activité « vente sur stock » ;*
— *fonctionnement désiré des terminaux ;*
— *accès aux fichiers ;*
— *exemple de traitement vendeuse avec délai maximum d'exécution ;*
— *volumes et charges de traitement, de mémorisation, d'impression ;*
— *nombre de terminaux, d'imprimantes, type et distance par rapport à l'ordinateur ;*
— *nature des traitements à exécuter en simultanéité ;*
— *divers autres (assistance technique, formation, démonstrations...).*

Chapitre 230

230.1 *Par ordre :*
— *COBOL (fichier « client ») ;*
— *FORTRAN (statistiques) ;*
— *COBOL (relevés mensuels) ;*
— *COBOL (listage).*

230.2 Regrouper dans une UP des traitements s'exécutant en même temps permet de simplifier sa mise en œuvre, d'éviter des erreurs, d'en faciliter la maintenance. En enchaînement supervisé, chaque module répond à cette exigence, seul le module maître est le cas échéant utilisé en différentes occasions : les avantages cités plus haut sont conservés.

230.3 Cas «EMMANUEL SAND»

● Liste des UP courantes (hors créations de fichiers) :
— UP-01 : saisie approvisionnements ;
— UP-02 : édition des étiquettes ;
— UP-03 : saisie des ventes ;
— UP-04 : mise à jour fichier produits ;
— UP-05 : lancement des commandes ;
— UP-06 : inventaire du jour ;
— UP-07 : comparatif des taux de marque ;
— UP-08 : liste des produits en commande ;
— UP-09 : montant des commandes ;
— UP-10 : montant en caisse.

● Mode d'enchaînement supervisé par un menu.

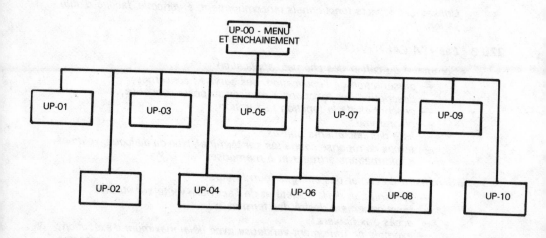

Chapitre 231

231.1 Par ordre :
— disque (tarif, supposé en accès direct) ;
— disque (fournisseurs, avec un taux d'utilisation supposé faible lors des réapprovisionnements) ;
— bande (taux d'utilisation de 100 % lors du traitement des commandes regroupées sur le support) ;
— bande (archives peu utilisées et stockage sur bande moins volumineux que sur disque) ;
— bande (taux d'utilisation de 100 % à l'édition du fichier factures) ;
— bande (transfert PTT du récapitulatif plus facile sur bande).

Dans chaque cas, nous avons utilisé le support le plus économique quand cela était possible, d'autres solutions sont bien sûr envisageables (le disque peut toujours être utilisé, des disques souples peuvent avantageusement remplacer les bandes en certains cas...).

231.2 Solution 1 : *un enregistrement par commande, de longueur fixe correspondant au nombre maximum de lignes possibles (il y aura perte de place sur le support).*

Solution 2 : *un enregistrement par « ligne commande », de longueur fixe et contenant l'identification de la commande complétée par un numéro de ligne. La perte de place sur le support sera moins importante si l'identification n'est pas trop longue.*

Exemple pour la commande de deux produits :

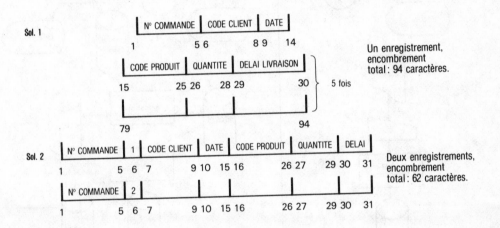

Sol. 1 — Un enregistrement, encombrement total : 94 caractères.

Sol. 2 — Deux enregistrements, encombrement total : 62 caractères.

231.3   Cas « REGATES DE LA GRANDE-MOTTE »

● *Organigramme des données avec organisations sélectives :* (page 252).

Organisation des fichiers : fichier « classes » relatif, accès par le numéro de classe ; fichier « inscrits » indexé, accès par le matricule.

● *Traitements préalables à l'enregistrement des résultats d'une course en organisations séquentielles :* (page 253).

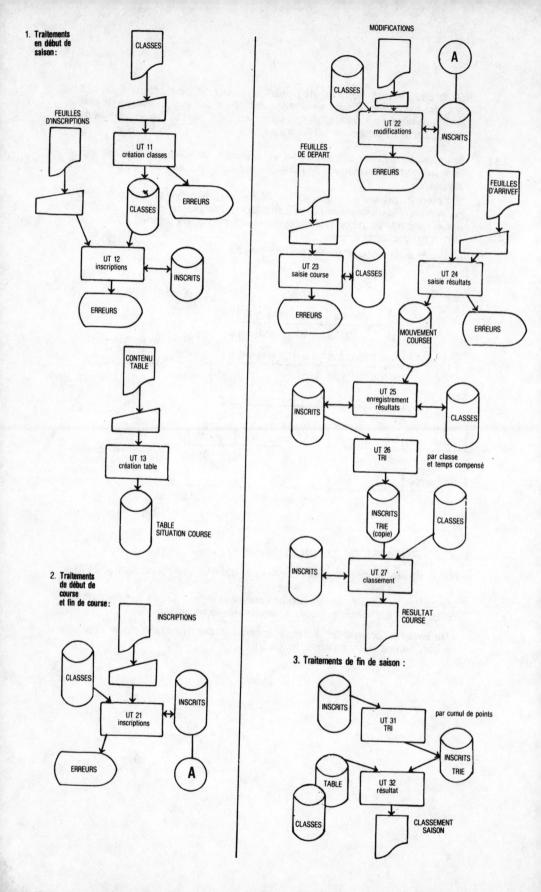

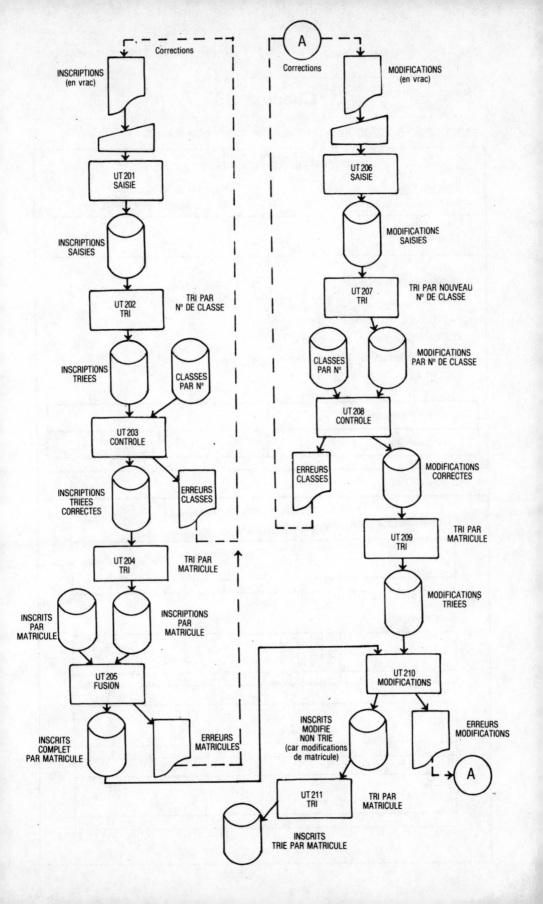

Chapitre 232

232.1 *Cas «SOGECODIAL»: descriptif de fichier physique «stock».*

DESCRIPTIF DE FICHIER PHYSIQUE

APPLICATION: *Suivi des ventes*   ETABLI PAR: *Dubois*
PROJET: *Gestion des ventes*   LE: *25 décembre 1984* PAGE: *1/1*

FICHIER: *Stock*   CODE: *STK*

ORGANISATION: *Indexée*   LABEL: *Omis*
SUPPORT: *Disque*   CRITERES DE TRI: —
FACTEUR DE BLOCAGE: *1*
CLE D'ACCES: *Numéro d'article NART*
LONGUEUR ENREGISTREMENT: *44 caractères*
SECURITES:

Préservation	Contrôles d'accès
Sauvegarde avant UP 23	

OBSERVATIONS

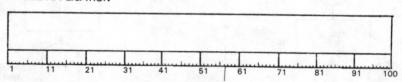

DESSIN D'ENREGISTREMENT
LABEL APPLICATION

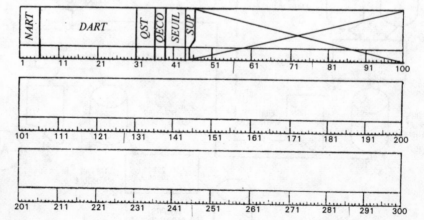

INFORMATION

232.2 *Cas «EMMANUEL SAND»*

Le fichier «produits» sera enregistré en longueur fixe et organisé en relatif sur disque (nous supposerons que les numéros d'articles en constituant les clés d'accès sont attribués consécutivement en début de saison).

Les sélections, pour être rapides, nécessitent la création de fichiers inverses qui peuvent être définis comme suit :
— *fichier inverse «familles» (code famille suivi de 100 numéro d'articles), accès par code famille, organisation indexée ;*
— *fichier inverse «matière» (code matière suivi de 100 numéros d'articles), accès par code matière, organisation relative ;*
— *fichier inverse «façon» (code façon suivi de 100 numéros d'articles), accès par code façon, organisation indexée ;*
— *fichier inverse «couleur» (code couleur suivi de 150 numéros d'articles), accès par code couleur, organisation indexée ;*
— *fichier inverse «tailles» (taille suivie de 100 numéros d'articles), accès par taille, organisation relative ;*
— *fichier inverse «prix» (valeur de base d'une tranche de prix suivie de 100 numéros d'articles), relatif, accès par un numéro d'ordre associé à la valeur de base ; les tranches seront d'amplitude constante.*

Le nombre de numéros d'articles que nous avons choisi de placer au maximum dans chaque article des fichiers inverses est supposé convenir à tous les cas (il n'y aura par exemple jamais plus de 150 produits appartenant à une même catégorie de couleur).

Ces fichiers, mis à jour en même temps que le fichier «produits», permettront une sélection rapide et combinée de ceux-ci.

Par exemple, pour sélectionner tous les produits de taille 36 et de couleur bleue, le programme correspondant effectuera les opérations suivantes :
— *lecture de l'article du fichier inverse «couleur» correspondant à «bleu» ;*
— *lecture de l'article du fichier inverse «tailles» de clé «36» ;*
— *comparaison des numéros d'articles contenus dans chacun de ces articles de fichier pour ne conserver que les numéros communs aux deux ;*
— *accès au fichier «produits» à l'aide des numéros d'articles ainsi sélectionnés.*

Nous constatons que cette méthode limite le nombre d'accès au disque dans notre exemple (il en faudrait 300 — nombre d'articles du fichier produits — pour faire la même sélection en l'absence de fichiers inverses).

En revanche, elle augmente le nombre d'accès au disque lors des modifications du fichier «produits».

Chapitre 233

233.1 *Par ordre :*
— *conversationnel (billet) ;*
— *transactionnel (saisie de masse) ;*
— *transactionnel (commandes) ;*
— *transactionnel (accidents : il faut limiter la charge de l'ordinateur et donc éviter un dialogue compliqué).*

233.2   Cas «SA CARTON»

●*Fichiers temporaires :*

— *commandes en cours de négociation (n° client, n° vendeuse, code produit, quantité commandée, quantité à livrer, délai), accès direct sur code produit-numéro de vendeuse. Ce fichier est organisé par ligne de commande ;*

— *commandes passées (n° commande, n° client, date, n° de vendeuse et 16 fois — code produit, quantité commandée, délai, quantité livrée, quantité à facturer), accès direct sur numéro de commande. Ce fichier mémorise les commandes confirmées par les clients à l'issue des négociations (il pourrait aussi être organisé par ligne de commande).*

●*Grilles d'écran pour la prise de commande :*

SAISIE DE COMMANDE	REFERENCES CLIENT
N° CLIENT : _____	N° CLIENT : XXXX
Code produit Qté Délai	NOM : XXXXXXXXXXXXXX
_____ ____ ____	ADRESSE : XXXXXXXXXXXXXXXXXXXXXX
_____ ____ ____	SOLDE COMPTE : XXXXXX
_____ ____ ____	
(jusqu'à 8 lignes)	
VALIDATION : ___	VALIDATION : ___

Légende :

_____   Caractères saisis par la vendeuse.

XXXXX   Caractères affichés par le programme.

La grille de saisie est utilisée pour entrer la commande initiale.

La grille de références est affichée pour contrôle après validation de la saisie, la mention «INCONNU» y sera mentionnée si le numéro de client saisi n'est pas trouvé au fichier.

```
┌─────────────────────────────────────────────────────────────────────────┐
│                    AJUSTEMENT DE COMMANDE                                 │
│                                                                           │
│   N° COMMANDE : XXXXXX                    DATE : XX/XX/XX                  │
│                                                                           │
│                                              ARRIVAGE      SUBSTITUTION    │
│        CODE PROD.    DESIGNATION    QTE  DEL  QLIV   QTE   DEL   QTE  DEL  │
│     1  XXXXXXXXXXXX  XXXXXXXXXXXX   XXX   XX  XXX   XXX   XX   XXX   XX     │
│     2                                                                     │
│     3                                                                     │
│     4                                                                     │
│     ¦                                                                     │
│     ¦                                                                     │
│     ¦                                                                     │
│     ¦                                                                     │
│     ¦                                                                     │
│    16                                                                     │
│                                                                           │
│   ─────────────────────────────────────────────────────────────────      │
│                                                                           │
│  LIGNE : _____  FONCTION DESIREE : _____  PRODUIT : _____  QTE : _____ │
│  XXXXXXXXXXXXXXXXXXXXXXXXXXXXXXXXXXXXXXXX                                   │
└─────────────────────────────────────────────────────────────────────────┘
```

La vendeuse ayant affiché sous les yeux le haut de la grille peut demander certaines actions au programme afin de négocier la commande.

A cet effet, elle désignera par un numéro la ligne affichée concernée, par un code la fonction désirée, et elle fournira si nécessaire un code produit et une quantité. Un dialogue s'instaure ainsi au bas de l'écran, la dernière ligne étant réservée à l'affichage par programme de messages à destination de la vendeuse.

Les modifications de commande enregistrées seront par ailleurs affichées au fur et à mesure dans la partie haute de l'écran.

Exemple de fonctions envisageables :

— A   : affichage de l'arrivage suivant ;
— S   : affichage du détail d'un produit de substitution ;
— VL : validation d'une ligne et affichage ;
— EL : suppression d'une ligne et effacement ;
— VC : validation commande ;
— EC : annulation (effacement) commande.

Cette grille succède à la grille de références (après sa validation).

Chapitre 234

● *Langage structuré :*
Acquérir A et N.
Si N est négatif ou nul
alors calculer A — N et mettre le résultat dans R
sinon mettre 1 dans R puis,
    tant que N est positif, répéter :
    diminuer N de 1
    calculer R × A et mettre le résultat dans R.

● *Organigramme :*

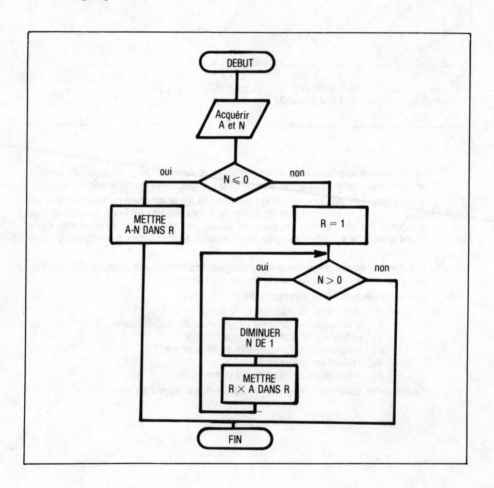

Chapitre 235

235.1 *Ce jeu d'essais devra permettre l'exécution du programme dans un maximum de cas de figures possibles.*
Le principe pourra en être le suivant:

Valeur A	0	0	0	x 1	x 2	x 3
Valeur N	< 0	= 0	> 0	< 0	= 0	> 0
Valeur R	r1	r2	r3	r4	r5	r6

Nous traitons ainsi l'essentiel des cas généraux et particuliers (d'autres combinaisons xi/N restent possibles).
Les valeurs concrètement utilisées pourront être:

A	0	0	0	−3	+2	+ 7
N	−2	0	+3	−2	0	+ 3
R attendu	+2	0	0	−1	+2	+343

235.2 *La mise au point de plusieurs applications intégrées nécessitera de définir un jeu d'essais pour l'ensemble du projet, en plus des essais de chaque programme et de chaque application.*

Chapitre 236

Cas «SA CARTON»

● *Contenu du dossier d'exploitation du terminal «vendeuse»:*
— *description du terminal, du clavier, de sa mise sous tension (joindre des schémas);*
— *liste des traitements accessibles, index;*
— *cas de panne, essais de redémarrage, marche à suivre, personne à contacter;*
— *arrêt du travail, mise hors tension;*
— *explications relatives à chaque traitement (lancement, rôle, options, codes utilisés).*

● *Contenu du dossier d'exploitation pour l'édition des factures:*
— *situation du traitement (heure, ce qui doit précéder);*
— *mention du projet, de l'application;*
— *coordonnées du responsable du traitement;*
— *référence du papier «factures»;*

— *référence du disque à monter sur l'ordinateur et où se trouvent les factures à éditer;*
— *de même pour le disque où est rangé le programme d'édition;*
— *comment lancer le programme, dialogue nécessaire, messages d'erreur pouvant apparaître;*
— *comment arrêter le programme;*
— *destination des factures imprimées.*

Chapitre 300

Cas «REGATES DE LA GRANDE-MOTTE»

●*Volume des programmes:*

— *en toute première estimation, considérant que les programmes à réaliser sont relativement simples, le nombre de lignes COBOL peut être évalué à 10 programmes × 300 lignes = 3 000 lignes COBOL (les tris ne sont pas comptabilisés);*
— *en reprenant chaque programme et les indications moyennes du § 2.2, nous obtenons:*

	Nombre d'échanges fichier ou imprimante	Rubriques saisies ou contrôlées	Nombre total lignes
UT11 : création	1	5	195
UT12 : inscriptions	3	9	405
UT13 : tables	2	4	210
UT21 : inscriptions	(identique à UT12)		—
UT22 : modifications	3	7	345
UT23 : course	2	13	480
UT24 : résultats	2	5	240
UT25 : enregistrement	5	—	225
UT27 : classement	8	—	360
UT32 : résultat	7	—	315
	TOTAL		2775

— *nous retiendrons cette dernière estimation, soit environ 2 600 lignes.*

●*Charge de personnel: Sur la base de 20 lignes par jour, nous obtenons une charge de 130 jours soit environ 4,5 hommes × mois.*

●*Délais: en supposant la charge parfaitement divisible, 3 personnes travailleront un mois et demi au projet, soit un délai équivalent.*
Un délai de deux mois serait probablement plus réaliste.

Chapitre 301

301.1 *Une telle politique est envisageable dans une organisation assez importante pour s'équiper de plusieurs ordinateurs.*

Avantages : fiabilité, adaptabilité aux charges, à l'augmentation du nombre d'applications, possibilité d'évolution progressive des logiciels d'exploitation, possibilité d'expérimenter sans interférences entre applications (ou du moins en les réduisant), répartition.

Inconvénients : coût (capacité de chaque machine probablement pas exploitée au maximum), liaisons entre applications compliquées, nécessité de locaux plus grands en certains cas.

Réseaux : moyen de relier les machines affectées à différentes applications et pouvant être réparties.

301.2 *Cas «BOA»*

● *Avantages et inconvénients :*

	Avantages	Inconvénients
Solution 1	— Equipement éprouvé. — Prix d'achat. — Fiabilité, après-vente.	— Solution centralisée, lourde, peu évolutive. — Coût des lignes. — Temps de réponse incertains.
Solution 2	— Compétences réseau du fournisseur. — Temps de réponse plus fiables qu'en 1. — Service après-vente convenable. — Evolutions possibles, décentralisation. — Coût des lignes.	— Prix de l'équipement.
Solution 3	Comme solution 2 mais : — Après-vente, 80 % des cas. — Temps de réponse disques «Winchester». — Décentralisation accrue.	— Prix de l'équipement. — Après-vente, 20 % des cas. — Temps de réponse disques souples.

Coûts approchés (équipement et lignes) :
— sur 5 ans : sol. 1 : 25,5 ; sol. 2 : 26 ; sol. 3 : 27 ou 28 ;
— sur 10 ans : sol. 1 : 30, sol. 2 : 29 ; sol. 3 : 29 ou 30.

Le choix n'est donc pas évident et dépendra de critères propres au BOA (durée d'utilisation, budget, politique de décentralisation...).

● *Problèmes de mise en œuvre : ce seront essentiellement des problèmes de coordination consécutifs au nombre de sites à équiper, et des problèmes de formation des personnels. Par exemple :*

— dans quel ordre installer les sites (il est probable que tous ne pourront pas être mis en service simultanément, cela peut même être souhaitable pour tester les systèmes progressivement)?

— *formation des personnels, notamment pour la mise en œuvre des raccordements aux réseaux;*
— *organisation d'un service d'assistance permanente aux utilisateurs;*
— *suivi central des opérations de maintenance effectuées par le fournisseur, sans retarder ses interventions;*
— *approvisionnements en matières consommables;*
— *contrôle du bon fonctionnement de chaque site, de sa bonne utilisation;*
— *comment répercuter les évolutions du logiciel de base sur les sites sans perturber les transmissions entre sites?*
— *de même pour les logiciels d'application.*

Chapitre 302

Cas « BOA »

● *Tableau résumé: en reprenant les annexes du cas, avec une modification concernant les UL que nous supposerons disposer de leur propre fichier stock, nous obtenons:*

		DC	DR	UL
Rôles		Définition budget. Réglementation. Statistiques. Achats importants.	Suivi, prévision budget. Achats non centralisés. Statistiques. Commandes aux fournisseurs. *Contrôle UL.*	*Suivi stock.* Information DR. Livraisons. Réception. Commandes DR.
Echanges (de gauche à droite dans le tableau)	DC		Règles. Budget. Avis. (3 000 c/j en moyenne.)	—
	DR	Fournisseurs. Consommations. Projets d'achats. Budget. (130 000 c/j en moyenne.)		Approvisionnements. Cessions. (Moins de 15 000 c/j en moyenne.)
	UL	—	Commandes à passer. Avis livraisons et réceptions. (17 000 c/j en moyenne.)	

● *Configuration des UL:*

— *une unité centrale capable de gérer un ou deux postes de travail;*
— *un équipement de raccordement à la ligne de transmission reliant DR et UL;*
— *plus de 3 Mc sur disque « Winchester » (les disques souples n'autorisent ni évolution de la capacité, ni temps de réponse convenables);*
— *une imprimante (bons, étiquettes) capable d'éditer 1 200 lignes par jour (un débit de 80 caractères par seconde est largement suffisant).*

BIBLIOGRAPHIE

Sans prétendre à l'exhaustivité dans un domaine où les ouvrages sont nombreux, nous citerons quelques titres susceptibles de compléter ce livre :

Christian BONNIN, *Le COBOL ANS*, Eyrolles.

Xavier CASTELLANI, *Méthode générale d'analyse d'une application informatique*, Masson.

André CUGY, *Organisation de l'entreprise moyenne*, les Editions d'Organisation.

Michel DASSE, *Organisation de l'informatique*, Masson.

James MARTIN, *L'informatique sans programmeurs*, Les Editions d'Organisation.

Jacques MELEZE, *Approches systémiques des organisations*, les Editions d'Organisation.

Pierre MORVAN, *Dictionnaire informatique*, Larousse.

R. REIX, *Informatique appliquée à la comptabilité et à la gestion*, Foucher.

J.-L. THOMAS, *Bases de données*, Masson.

Jean-Dominique WARNIER, *Construction et transformation des programmes*, les Editions d'Organisation

INDEX ALPHABETIQUE
DES PRINCIPALES NOTIONS PRESENTEES
(les chiffres renvoient aux chapitres)